미래산업 대비
전문직업인 양성을 위한
직업기초역량

미래산업 대비
전문직업인 양성을 위한

직업
기초
역량

정승혜 · 유지선 · 정지선 · 박에스더

역락

머리말

    그동안 우리는 산업현장에서 직무를 수행하기 위해 요구되는 지식·기술·태도 등의 내용을 국가가 체계화한 국가직무능력표준(NCS, National Competency Standards)이라는 기준에 따라 교육과정에 개발하고 운영해 왔다. 능력 있는 인재를 개발해 핵심 인프라를 구축하고, 나아가 국가경쟁력을 향상시키기 위한 노력이었다고 할 수 있다. 이 가운데 직업기초능력은 직무자에게 반드시 필요한 핵심적이고 공통적인 능력이며, 단순히 글을 읽거나 셈을 하는 기초 능력의 범위를 넘어 직무에 반드시 필요한 핵심적인 능력을 의미한다. 직업기초능력에는 10개의 하위 영역이 있는데, 의사소통능력, 수리능력, 대인관계능력, 정보능력, 자기개발능력, 문제해결능력, 자원관리능력, 기술능력, 조직이해능력, 직업윤리가 그것이다. 대부분의 대학에서 이들 10개의 하위 영역에 속하는 직업기초능력을 각각의 과목으로 운영하고 있다.

    최근 미래 산업의 변화라 할 수 있는 제4차 산업혁명에서 비롯된 직무환경 변화에 따라 산업현장에서 필요한 인재의 유형이 급속하게 변화하면서 고등직업교육 기관인 전문대학의 교육과정 방향도 새로운 혁신이 요구되고 있다. 이러한 미래사회와 산업의 변화, 특히 지식정보사회로의 전환에 적극적으로 대응하기 위해 교육 방향의 근본적인 혁신 노력이 이루어지고 있는데 이러한 혁신의 중심방향이 역량중심 교육과정과 교수학습방법의 개선이라 할 수 있다.

    역량중심 교육과정은 이전의 지식 전달 위주의 교육과정에서 학습자가 실제로 정보와 지식을 활용할 수 있는 역량중심 교육과정으로의 변화가 절실히 필요하다는 인식에 그 기초를 두고 있다. 이러한 시대적 변화에 따라 그동안 직업기초능력이라는 이름으로 운영해 온 교육 과정을 역량중심 교육과정으로 전환할 필요성이 대두되었다. 이에 필자들은 10개의 직업기초능력 가운데 대학에서 직업기초능력과목으로서 꼭 필요하다고 할 수 있는 5개의 과목을 설문조사 등을 통하여 선정하고, 이들을 과감하게 통합하여 새로운 역량중심 교육과정의 직업기초과목으로 개발하였다.

본 교재는 직업기초 핵심역량으로 의사소통역량, 대인관계역량, 문제해결역량, 자기개발역량, 직업윤리역량으로 구성되어 있다. 이 핵심역량은 다시 의사전달1(읽기와 쓰기), 의사전달2(말하기), 경청·공감, 리더십, 갈등관리, 배려, 문제인식, 대안도출, 문제처리, 자기인식, 자기관리, 경력개발, 책임감, 윤리의식이라는 하위역량으로 구분하였다.

필자들은 대학에서 오랜 기간 직업기초능력 과목을 강의한 경험을 토대로, 기존의 직업기초능력 과목에서 다루었던 기본적인 내용과 새로 선정한 핵심역량에 해당하는 내용들을 아울러 한 학기 동안 강의할 수 있는 교재로 만들었다. 총 14개의 장으로 구성되어 있으므로 한 주에 한 장, 또는 두 주에 한 장씩 적절히 배분하여 강의할 수 있을 것이다.

약 8개월 동안 네 명의 필자가 한 학기 동안 강의한 강의 노트를 단 몇 개의 장으로 정리하는 일이 쉽지 않았다. 최종 집필 단계에서는 분량을 과감하게 삭제하느라 어려움을 겪기도 하였다. 원고가 필자들의 손을 떠나는 날, 홀가분하기보다는 앞으로 수정할 내용에 대한 부담감이 컸음을 고백한다.

책의 출판을 결정해 주신 역락출판사의 관계자 여러분께 감사를 드린다. 원고를 내기 전부터 설문조사와 온갖 어려운 일들을 도와주신 수원여자대학의 전 NCS지원센터 윤혜정 교수님과 박세현 선생님의 노고에 깊은 사의를 표한다. 바쁜 일정 중에도 즐거운 마음으로 교재를 집필한 필자들의 우정에도 감사한다. 이 교재로 공부하는 학생들이 직업기초의 핵심역량을 조금이나마 성장시킬 수 있다면 그 이상 좋은 일이 없겠다.

2020년 2월 7일 대표필자 정승혜 씀

Contents

PART

01

의사소통역량

CHAPTER 02 의사전달 2(말하기)

CHAPTER 03 경청 · 공감

PART

02

대인관계역량

PART 03   문제해결역량

CHAPTER 07   문제인식

PART 04 자기개발역량

PART 05 직업윤리역량

CHAPTER 13   책임감

CHAPTER 14   윤리의식

■ 개요

의사전달역량은 문서를 읽거나 상대방의 말을 듣고 의미를 파악하고, 자신의 의사를
정확하게 표현하는 역량이다.

의사전달역량에서는 세 가지 하위 역량을 다룬다. 의사소통의 기본 요소인 읽기와 쓰
기, 상대방을 효과적으로 설득하기 위한 설득과 프레젠테이션, 타인의 감정, 사고, 관점
에 대해 이해하고 상대방의 말이 전하고자 하는 의미와 내포된 의도를 정확하게 해석하
기 위한 공감과 경청이다.

1. 읽기와 쓰기
목적과 상황에 따른 문서를 읽고 이해하며 업무 수행에 필요한 문서를 작성할 수 있
는 역량

2. 말하기
목적과 상황에 맞는 말과 비언어적 행동을 통해서 아이디어와 정보를 찾고, 이를 효
과적으로 전달하는 역량

3. 공감과 경청
타인의 감정, 사고, 관점에 대해 이해하고 상대방의 말이 전하고자 하는 의미와 내포
된 의도를 정확하게 해석하기 위하여 효과적으로 듣고 이해하는 역량

의사소통역량

■ 정의
문서를 읽거나 상대방의 말을 듣고 의미를 파악하고, 자신의 의사를 정확하게 표현하는 역량이다.

■ 학습목표
1.1. 의사소통의 개념과 중요성을 설명할 수 있다.
1.2. 직장생활에서 필요한 문서를 확인하고, 읽고, 내용을 이해하여 업무 수행에 필요한 요점을 파악하는
     능력을 기를 수 있다.
1.3. 직업생활에서 직업인으로서 자신에게 주어진 상황과 목적에 따라 다양하게 요구되는 문서를 파악하
     고 작성하는 능력을 기른다.
1.4. 의사표현의 개념 및 중요성을 설명할 수 있다.
1.5. 의사표현의 방해요인과 제거방법을 설명할 수 있다.
1.6. 설득력 있는 의사표현의 기본요소 및 특성을 설명할 수 있다.
1.7. 경청의 개념 및 중요성을 설명할 수 있다.
1.8. 올바른 경청을 방해하는 요인을 찾을 수 있다.
1.9. 경청의 바람직한 자세에 대해 설명할 수 있다.
1.10. 타인의 감정, 사고, 관점에 대해 이해하고 적절하게 대응할 수 있다.

■ key word
· **읽기와 쓰기**: 목적과 상황에 따른 문서를 읽고 이해하며 업무 수행에 필요한 문서를 작성할 수 있는 역량
· **말하기**: 목적과 상황에 맞는 말과 비언어적 행동을 통해서 아이디어와 정보를 찾고, 이를 효과적으로 전달
  하는 역량
· **경청**: 상대방의 말이 전하고자 하는 의미와 내포된 의도를 정확하게 해석하기 위하여 효과적으로 듣고 이
  해하는 역량
· **공감**: 타인의 감정, 사고, 관점에 대해 이해하고 더 나아가 적절하게 대응하는 역량

▶▶ 정의

직장생활에서 문서를 읽거나 상대방의 말을 듣고 의미를 파악하고, 자신의 의사를 정확하게 표현하는 역량이다.

▶▶ 학습목표

1.1. 의사소통의 개념과 중요성을 설명할 수 있다.

1.2. 직장생활에서 필요한 문서를 확인하고, 읽고, 내용을 이해하여 업무 수행에 필요한 요점을 파악하는 능력을 기를 수 있다.

1.3. 직업생활에서 직업인으로서 자신에게 주어진 상황과 목적에 따라 다양하게 요구되는 문서를 파악하고 작성하는 능력을 기른다.

▶▶ 행동사례

1. 해석이나 추론에 의거해서 말하기보다는 사실에 근거하여 의사를 표현한다.

2. 말하는 내용을 상대방이 쉽게 이해할 수 있게 하여 오해를 방지하게 한다.

3. 자신의 생각을 조리 있게 설명할 수 있다.

4. 업무 성과를 발표하는 것과 같은 복잡한 상황에서 논리적으로 의사를 표현한다.

5. 부서의 회의 중 토론을 하는 것과 같은 기본적인 상황에서 주제에 맞게 의사를 표현한다.

6. 상사에게 결과를 보고하는 것과 같은 간단한 상황에서 이해하기 쉽게 의사를 표현한다.

7. 제안서, 기술매뉴얼과 같은 복잡한 내용에의 문서를 읽거나 작성함으로써 정보를 종합하고, 업무 성과를 발표하는 상황에서 논리적으로 의사를 표현한다.

8. 메일, 공문과 같은 기본적인 내용의 문서를 읽거나 작성함으로써 정보를 요약하고, 회의와 토론같은 상황에서 주제에 맞게 의사를 표현한다.

9. 지시문, 메모와 같은 간단한 내용의 문서를 읽거나 작성함으로써 정보를 이해하고, 결과를 보고하는 간단한 상황에서 이해하기 쉽게 의사를 표현한다.

01 의사소통이란 무엇인가?

1.1. 의사소통의 개념

의사소통(커뮤니케이션 communication)의 원래 뜻은 '상호 공통점을 나누어 갖는다.'로 라틴어'communis(공통, 공유)'에서 나온 말이다. 의사소통이란 두 사람 또는 그 이상의 사람들 사이에서 일어나는 의사의 전달과 상호교류가 이루어진다는 뜻이며, 어떤 개인 또는 집단이 개인 또는 집단에 대해서 정보, 감정, 사상, 의견 등을 전달하고 그것들을 받아들이는 과정이라고 할 수 있다.

'의사소통'이라는 용어는 워낙 다양한 맥락에서 광범위하게 사용되고 있고 주어진 상황에 따라 여러 가지 의미를 내포하기 때문에 이에 대한 명확한 정의는 아직 보편화되어 있지 않다. 지금까지 이루어진 의사소통에 대한 변별적인 정의는 100개도 넘는다 (Frank Dance, 1970).

- 케네스 핸스 외(Kenneth G. Hance, David C. Ralph and Milton J.Wiksell) : 의사소통이란 본래의 의미에 근접한 의미를 청자에게 전달되도록 하는 과정이다. 자신의 지식이나 관심, 태도, 의견, 생각을 다른 사람과 공유할 수 있게 시도하는 과정이다.
- 제임스 맥크로스키(James C. McCroskey) : 의사소통이란 어떤 사람이 전언이라는 수단을 이용하여 다른 사람의 마음에 의미가 떠오르도록 자극을 주는 과정이다.
- 유기현 : 의사소통이란 의사를 소통하고 정보를 교환하며 감정을 이입시키는 행위의 수단이다.
- 오이어(Ayer) : 의사소통이란 말은 전달되는 것 자체이나, 그 수단 또는 전 과정을 의미.

- 반런드(Banlund) : 의사소통이란 의미를 창조하는 과정.
- 배럴슨과 스타이너(Berelson & Steiner) : 의사소통이란 기호, 언어, 그림, 도형, 도표 등을 사용하여 정보, 사상(Idea) 등을 전달하는 행위나 과정.
- 셰논과 위버(Shannon and Weaver) : 넓은 의미에서 의사소통이란 하나의 마음이 다른 마음에 영향을 미치는 모든 과정을 뜻하는 것으로, 그 수단으로는 언어뿐만 아니라 음악, 그림, 연극, 무영 등 모든 인간의 행동을 포함한다.
- 제럴드 밀러 (Gerald Miller) : 의사소통이란 정보원이 수용자의 행동에 영향을 미치기 위한 의식적인 의도를 가지고 수용자에게 메시지를 전달하는 행동적 상황을 뜻한다.

이들을 종합하여 볼 때 의사소통의 공통 정의는 "생물들이 기호를 통하여 서로 정보나 메시지를 전달하고 수신해서 서로 공통적인 의미를 수립하고 나아가서는 서로의 행동에 영향을 미치는 과정 및 행동"이라고 말할 수 있다.

1.2. 순기능적 의사소통과 역기능적 의사소통

인간이 지구상에 나타난 후로 커뮤니케이션은 사람들이 타인과 어떤 관계를 맺을 것인지 그리고 그를 둘러싼 세계 속에서 그에게 어떤 일이 일어날 것인지를 결정하는 가장 커다란 단일 요소이다. (Virginia Satir, 1972)

정신의료와 사회사업을 전공한 사티어(V. Satir)는 '가족 치료'를 위한 방편으로 '의사소통'에 주목하였다. 의사소통법을 교정함으로써 가족 치료가 가능하다는 것이었다. 가족 치료에 개입하는 형태는 의사소통에 숨겨져 있는 진정한 감정을 알도록 하는 것이다. 현재의 문제 행동을 인식하고 변화시키는 것은 행동 밑에 깔려 있는 감정을 인식하게 되거나 새로운 견해에 따라 행동을 변화시키는 것으로 보는 것이다. 즉 사티어는 의사소통을 정보 공유 과정으로서 중요시하였고, 의사소통의 언어적·비언어적 과정을 중요시하였으며, 메시지의 일치성과 불일치성에 많은 관심을 두었다. 사티어(1972)에 따르면 순기능적으로 의사소통을 하는 사람과 역기능적으로 의사소통을 하는 사람의 특징은 다음과 같다.

1) 순기능적 의사소통을 하는 사람

① 상대방의 메시지를 경청하며, 명확하게 질문한다.

② 질문에 대하여 적절하게 대답한다.

③ 상대방에게 자신의 의견을 명확하게 전달한다.

④ 찬성이나 반대의 반응을 분명히 하지만 반대 의견을 직접적이고 노골적으로 표현하지 않는 기술이 있다.

⑤ 상대방의 반응(Feedback)을 잘 받아들인다.

⑥ 언어적 의사소통이 합리적이고 분명하다면 메시지 내용에 대하여 책임을 진다.

⑦ 분명하고 적절한 의사소통으로 내용을 지나치게 일반화하지 않고, 자신의 희망, 생각, 개념을 다른 사람에게 투사하지 않는다. 그리고 다른 사람에게 제삼자의 사적인 이야기를 전하지 않는다.

2) 역기능적 의사소통을 하는 사람

① 자신이 혼자 일반화하거나 확실한 증거 없이 짐작하여 의사 전달한다는 사실을 인지하지 못한다.

② 사용하고 있는 단어나 의사소통을 하는 내용을 확인하지 않고 구체화하지도 않는다.

③ 미완성의 메시지를 전달하며, 완성된 문장을 사용하지 않고 발음도 명확하지 않다.

1.3. 의사소통이 왜 중요한가?

개인들이 집단을 이루어 활동할 때 그 활동을 효과적으로 수행하기 위해서는 조직구성원 간의 의사소통이 원활하게 이루어져야 한다. 효과적이고 원활한 의사소통은 조직과 팀의 핵심적인 요소이며, 구성원 간에 정보를 공유하거나 의사결정을 전달하는 중요한 수단이기도 하다. 의사소통이란 가장 단순하게 말하면 개인 간에 정보를 교환하는 과정이라고 할 수 있다. 다시 말해 의사소통은 조직과 팀의 효율성과 효과성을 성취할 목적으로 이루어지는 구성원간의 정보와 지식의 전달 과정으로서 여러 사람의 노력으로 공통의 목표를 추구해 나가는 집단 내의 기본적인 존재 기반이고 성과를 결정하는 핵심 기능이라 할 수 있다. 자신의 생각과 느낌을 효과적으로 표현하는 것과 타인의 생각과 느낌, 사고를 이해하는 노력은 개인은 물론이고 조직이나 팀과 관련된 핵심적인 요소이다.

인간관계 특히 조직 내에서 의사소통이 중요시 되는 이유는 직장생활에서 필수적이며 대인관계의 기본이 되고, 인간관계가 의사소통을 통해서 이루어지는 상호과정이고, 상호간의 일반적 이해와 동의를 얻기 위한 유일한 수단이기 때문이다. 또한 의사소통은 제각기 다른 사람들이 서로에 대한 지각의 차이를 좁혀주며, 선입견을 줄이거나 제거해 줄 수 있는 수단이기 때문이다. 우리들은 직장에서 상사나 동료 혹은 부하와의 사이에 작업상 의사소통이 이루어져 상호간에 공감하게 된다면 직장의 팀워크는 높아지고 그로 인해 사기가 높아져 능률이 향상 될 것이다. 따라서 직장 내에서 의사소통은 반드시 필요하다.

1.4. 의사소통의 종류

직장 내에서 의사소통은 매우 다양하게 이루어지고 있다. 직업생활에서 가장 흔하게 이뤄지는 활동은 기획서나 보고서, 공문서 등을 작성하는 문서작성 활동이지만, 문서작성을 위해서는 작성하고자 하는 문서의 이해가 선행되어야 하며, 문서의 내용에 무엇이 들어가야 하는지 동료에게 묻고, 듣는 의사표현과 경청이 필요하다. 직업생활을 함에 있어 직업인에게는 다양한 능력이 요구되는데, 이를 구체적으로 정리하여보면 문서적인 의사소통능력으로서 문서이해능력과 문서작성능력, 언어적인 의사소통능력으로서 경청능력, 의사표현력이 있다.

1) 문서적인 의사소통능력으로서의 문서이해능력(읽기)과 문서작성능력(쓰기)

직업생활에서 요구되는 문서적인 의사소통능력은 문서로 작성된 글이나 그림을 읽고, 내용을 이해하고 요점을 판단하며, 이를 바탕으로 목적과 상황에 적합하도록 아이디어와 정보를 전달할 수 있는 문서를 작성하는 능력을 말한다. 직업인이 갖춰야 할 문서적인 의사소통능력은 직업생활의 대부분에서 필요한 능력이라고 할 수 있으며, 전화메모로부터 고객을 위한 예산서나 주문서, 직장 내에 의견전달을 위한 보고서나 공문에 이르기까지 다양한 상황에서 요구된다. 그러므로 의사소통능력으로서 문서이해능력과 문서작성능력은 직업인으로서 업무에 관련된 문서를 통해 구체적인 정보를 획득하고, 수집하고, 종합하기 위한 능력으로서, 또한 이를 바탕으로 상황과 목적에 적합한 문서를 시각적이고 효과적으로 작성하기 위한 능력으로서 꼭 갖추어야 한다.

문서적인 의사소통은 언어적인 의사소통에 비해 권위감이 있고, 정확성을 기하기 쉬우며, 전달성이 높고, 보존성도 크다.

2) 언어적인 의사소통능력으로서 경청능력(듣기)과 의사표현력(말하기)

언어를 통해서 의사소통을 하는 방법은 가장 오래된 것으로 사람은 언어를 수단으로 하는 의사소통에 공식적이든 비공식적이든 간에 자신의 일생에서 75%의 시간을 사용한다고 한다. 원활한 의사소통의 방법으로서 직업인에게 요구되는 언어적인 의사소통능력은 상대방의 이야기를 듣고, 의미를 파악하며, 이에 적절히 반응하고, 이에 대한 자신의 의사를 목적과 상황에 맞게 설득력을 가지고 표현하기 위한 능력으로서 꼭 필요하다.

언어적인 의사소통은 여타의 의사소통보다는 정확을 기하기 힘든 경우가 있는 결점이 있기는 하지만 대화를 통해 상대방의 반응이나 감정을 살필 수 있고, 그때그때 상대방에게 설득시킬 수 있으므로 유동성이 있다. 또한 모든 계층에서 관리자들이 많은 시간을 바치는 의사소통 중에서도 듣고 말하는 시간이 상대적으로 비교할 수 없을 만큼 많다는 점에서 경청능력과 의사표현력은 매우 중요하다.

02 어떻게 읽을까?

2.1. 교양서적 읽기 - 문학 텍스트

갈수록 문학 읽기에서 문화 읽기로 대체되거나 확장되는 추세이기는 하지만, 그래도 문학 작품은 교양과 식견을 넓히고 정서를 풍요롭게 하는 데 있어서 가장 기본적이고 핵심적인 텍스트라고 할 수 있다. 문학 텍스트는 단시일에 이루어진 새로운 문화적 산물들에 비하면 오랜 역사와 전통을 통해 축적된 방대한 폭과 깊이를 지니고 있다. 그 많은 책 중에서 자신의 지적 역량에 적합하면서 양질의 책을 선택하는 것부터가 문학 텍스트 읽기의 중요한 과정에 속한다고 할 수 있다. 그러나 문학을 전공하지 않는 학생들은 어디서부터 어떻게 읽어야할지 선택의 어려움을 느끼는 것이 보통이다. 바람직하지 못한 구매 기준이 독서 습관을 지닌 경우도 적지 않다. 예를 들어, 자신이 주체적으로 책을 선택하는 것이 아니라 시중의 베스트셀러를 무조건 따라 읽는 현상을 들 수 있다. 잘 팔리는 책이라고 반드시 좋은 책은 아니며, 더욱이 최근의 많은 베스트셀러가 어떤 공정과 배경 속에서 이루어지는가를 생각해보면 적지 않은 문제점을 지니고 있음을 발견하게 된다.

최근 자신이 읽은 도서 목록을 만들어 보고 그 중에 베스트셀러가 차지하는 비율이 어느 정도인지 살펴보도록 하자. 그리고 베스트셀러 중 한 권을 선택해서 그 기회 의도나 내용에 대해 비판적으로 검토해 볼 필요가 있다. 이 외에도 교정해나가야 할 독서 습관이나 태도는 적지 않을 것이다. 흔히 독서에는 왕도가 없다고 하지만, 그래도 주체적인 독서를 해나가는 데 필요한 몇 가지 조언을 곁들일 수는 있을 것이다. 문학 텍스트의 선택 기준을 정리하면 다음과 같다.

1) 즐길 수 있는 책부터 읽어라.

2) 우리 문학 작품부터 읽어라.

3) 번역된 작품을 읽을 때는 우리 작품과 구체적인 비교를 해가며 읽어라.

4) 많이 읽는 것도 중요하지만, 반복해서 읽어라.

5) 연계된 독서를 통해 전체적인 이해를 가져라.

6) 편향된 독서 습관을 고쳐라.

2.2. 전공서적 읽기

1) 학술 환경에서의 읽기

대학이라는 학술 환경에서 읽기 활동을 하려는 학습자들은 효율적이고 적합하게 저자의 의도와 독자의 견해를 표현하는 능력을 계발하면서, 그 과목 영역의 개념과 내용을 정통하게 터득해 내야 한다. 특히 중고등학교 때와 다르게 특정한 분야에 대해 나름대로 깊이 있게 탐구하고 학술적 이론에 대한 글을 읽어본 경험을 많지 않을 것이다. 전공 서적은 목적이나 용도, 다루는 대상, 규모 등에 따라서 더 세분화할 수 있다.

2) 전공 텍스트 수집

아무리 높은 지적 수준을 갖고 있는 사람이라고 하더라도, 자신이 전혀 모르는 분야에 대해서는 글로 쓰기가 매우 어렵다. 반대로 자신의 전공 분야라면 자신이 갖고 있는 지식을 조합하여 추상적이고 상식적인 수준으로 글을 쓸 수 있을지도 모른다. 그러나 전공 분야에 대해서 구체적이면서도 명쾌한 글을 쓰려면 그와 관련된 정보들을 머릿속에 차곡차곡 쌓아야 한다. 쌓인 그 정보들이 결국은 좋은 글을 만드는 밑거름이 되기 때문이다. 따라서 올바르게 전공 자료를 읽는 것은 매우 중요한 일이다.

전공 텍스트 중 문헌 자료는 인쇄된 형태로 되어 있는 자료들을 말한다. 전공 주제와 직접 혹은 간접적으로 관련되는 것들로, 단행본이나 논문 등의 형태로 나와 있는 것들을 접할 수 있다. 최근 디지털 기술의 일반화에 따라, 이러한 인쇄된 형태의 자료들의 디지털화가 활발해졌다. 단행본의 경우에는 e-Book 형태로, 논문의 경우에는 논문 검색 및 제공 서비스를 제공하는 사이트를 통해 PDF 형식의 파일로 받아볼 수 있다. 인쇄되어 있는 단행본을 구입하거나 각종 학술지에 수록된 논문을 복사해야 하는 번거로움을 줄여줄 뿐만 아니라, 인터넷을 통해 24시간 접근 가능하다는 면에서도 매우 유용하다. 또한 서술 형식으로 되어 있는 단행본이나 논문 이외에도 주제의 성격에 따라 실험자료·측정자료·통계자료 등이 포함된다.

3) 읽기와 요약하기

전공 텍스트를 수집하였다고 해서 준비가 끝난 것은 아니다. 대상 텍스트를 완전히 읽고 이해하여야 한다. 요즘 학생들은 읽기 활동이라고 하면 글 마지막 부분의 내용만 읽고 이해하는 경우가 대부분이다. 특히나 전공 서적은 텍스트의 끄트머리에서 벗어나야 한다. 글의 처음부터 끝까지 전체 글을 숙독하도록 한다. 이때에 요약하는 활동을 함께 할 수 있다. 요약하기의 전제가 바로 그 요약 대상이 되는 글을 완전히 읽고 이해하는 것이기 때문이다.

전체 글을 요약하는 것은 글을 통합적으로 정리하고 이해하는 과정이다. 전체의 글을 몇으로 쪼개는 과정에서 생기는 문단을 요약하고, 그것을 바탕으로 각 문단의 요점을 단락 간 연결을 통해서 간추려 글 전체의 중심 의미를 파악해 내는 것이다. 아래와 같은 방법이 전체 글을 요약하는 방법이 될 수 있을 것이다.

- 글 전체를 글의 종류에 따라 몇 부분으로 나누어본다.
- 각 부분의 중심 내용을 파악한다.
- 각 부분이 있는 여러 단락들의 중심 내용을 파악한다.
- 여러 단락들의 중심 내용을 연결하여 전체 내용을 파악한다.
- 파악된 전체 내용을 자신만의 문장으로 재구성하여 완성한다.

2.3. 문서 읽기

　문서란 제안서, 보고서, 기획서, 편지, 이메일, 팩스, 메모, 공지 사항 등 문자로 구성된 것을 말한다. 사람들은 일상생활에서는 물론 다양한 직업현장에서 다양한 문서를 자주 사용한다. 그리고 이런 문서를 통하여 상대방에게 효율적으로 의사를 전달함으로써 자신의 의사를 상대에게 설득하고자 한다. 따라서 우리는 다양하게 주어지는 문서를 보다 정확하게 읽고, 이해하여 전달하고자 하는 내용을 명확하게 인식하여야 한다.

　문서이해능력이란 직업현장에서 자신의 업무와 관련된 인쇄물이나 기호화된 정보 등 필요한 문서를 확인하여 문서를 읽고, 내용을 이해하고 요점을 파악하는 능력이다. 우리는 직업생활을 하며 자신의 업무와 관련된 수많은 문서를 접하게 되며, 이를 적절하게 처리해야 한다. 하지만 이때 문서를 제대로 이해하지 못한다면 자신에게 주어진 업무가 무엇인지, 자신에게 요구된 행동이 무엇인지 파악하지 못해 원활한 직업생활을 영위할 수 없다. 그러므로 자신에게 주어진 각종 문서를 읽고 적절히 이해하여야 하며, 각종 문서나 자료에 수록된 정보를 확인하여, 알맞은 정보를 구별하고 비교하여 통합할 수 있어야 한다. 더 나아가 문서에서 주어진 문장이나 정보를 읽고 이해하여, 자신에게 필요한 행동이 무엇인지 추론할 수 있어야 하며, 도표, 수, 기호 등도 이해하고 표현할 수 있어야 한다.

1) 문서의 종류

　우리는 직업생활에서 수많은 문서를 접하게 되는데 문서의 종류가 다양하고, 각 문서에 따라 용도가 다르다.

① 공문서

　정부 행정기관에서 대내적, 혹은 대외적 공무를 집행하기 위해 작성하는 문서를 의미하며, 정부기관이 일반회사, 또는 단체로부터 접수하는 문서 및 일반회사에서 정부기관을 상대로 사업을 진행하려고 할 때 작성하는 문서도 포함된다. 엄격한 규격과 양식에 따라 정당한 권리를 가진 사람이 작성해야 하며 최종 결재권자의 결재가 있어야 문서로서의 기능이 성립된다.

② 기획서
적극적으로 아이디어를 내고 기획해 하나의 프로젝트를 문서 형태로 만들어, 상대방에게 기획의 내용을 전달하여 기획을 시행하도록 설득하는 문서이다.

③ 기안서
회사의 업무에 대한 협조를 구하거나 의견을 전달할 때 작성하며 흔히 사내 공문서로 불린다.

④ 보고서
특정한 일에 관한 현황이나 그 진행 상황 또는 연구·검토 결과 등을 보고하고자 할 때 작성하는 문서이다.

⑤ 설명서
대개 상품의 특성이나 사물의 성질과 가치, 작동 방법이나 과정을 소비자에게 설명하는 것을 목적으로 작성한 문서이다.

⑥ 보도자료
정부 기관이나 기업체, 각종 단체 등이 언론을 상대로 자신들의 정보가 기사로 보도되도록 하기 위해 보내는 자료이다.

⑦ 자기소개서
개인의 가정환경과 성장과정, 입사 동기와 근무자세 등을 구체적으로 기술하여 자신을 소개하는 문서이다.

⑧ 비즈니스 레터(E-mail)

사업상의 이유로 고객이나 단체에 편지를 쓰는 것이며, 직장업무나 개인 간의 연락, 직접 방문하기 어려운 고객관리 등을 위해 사용되는 비공식적 문서이나, 제안서나 보고서 등 공식적인 문서를 전달하는 데도 사용된다.

⑨ 비즈니스 메모

업무상 필요한 중요한 일이나 앞으로 체크해야 할 일이 있을 때 필요한 내용을 메모 형식으로 작성하여 전달하는 글이다.

03 어떻게 쓸까?

3.1. 글쓰기의 기초

1) 글쓰기의 일반적 유의사항

① '문단-문장-단어' 의 구조를 갖추자

글을 이루는 최소의 단위는 단어이다. 단어가 모여 문장이 되고, 문장이 모여 문단이 된다. 단어는 뜻을, 문장은 단편적인 생각을, 문단은 중심생각을 나타낸다. 글을 쓰는 사람의 생각을 효율적으로 나타내는 것이므로 글을 쓸 때에는 중심생각이 담기는 문단이 제일 중요한 역할을 한다. 몇 개의 단어가 빠지거나 한 두 문장이 없어도 글 쓴 사람의 생각을 읽어내는 데 큰 어려움이 없는 것은 문단이 중심생각을 전하기 때문이다.

문단이 글의 구조에서 가장 중요하기 때문에 문단을 형식적으로도 구분할 필요가 있다. 문장이 새로운 행에서 시작되고 첫 칸이 비어 있으면, 그것은 문단의 시작을 의미한다. 첫 칸의 비움은 한글은 스페이스로 두 칸, 즉 글자로는 한 칸으로 하고, 영어는 4~6칸으로 하고 있으나 요즈음은 전혀 비워두지 않는 것도 많이 쓰이고 있다. 한 문단의 길이는 6문장 내외로 구성하는 것이 적당하다. 요즈음은 문단의 길이도 점점 짧아지는 경향이 있어 3~4문장을 한 문단으로 하는 경우도 많다. 문단은 단락(Paragraph)이라고도 불린다.

② 문단, 하나의 소주제문과 이를 돕는 뒷받침문장

글 전체가 하나의 주제 아래 이루어진 큰 덩어리 생각이라면 문단은 이를 이루는 작은 덩어리의 생각이다. 한 문단은 이러한 작은 덩어리의 중심생각을 압축하여 표현하는 소주제문(topic sentence)과 이를 뒷받침하는 몇 개의 뒷받침문장(supporting sentences)들로 구성된다. 이를 문단의 완결성이라고 부르며, 이때 한 문단은 하나의 중심사상만 다루어 통일성을 갖추어야 한다.

③ 효과적으로 배열하기

중요한 사항을 첫 문단에서 먼저 설명하는 두괄식 배열이나 결과를 먼저 언급하고 원인이나 배경은 뒤에 설명하는 연역적 배열이 글의 형식에서 많이 쓰인다. 상대에게 중요한 사항이나 결과를 알리는 데 중점을 두기 때문에 신문의 보도기사는 이러한 배열이 주류를 이루는데 이를 역피라미드형 배열이라고도 부른다. 뉴스의 핵심이 서두의 첫 문단에 요약 제시되고, 그 다음에 중요한 보충 사실과 흥미 있는 세부사실이 뒤따른다. 이는 독자로 하여금 첫 문단의 요약만으로 전체 기사의 내용을 충분히 파악할 수 있도록 하기 때문에, 미국의 남북전쟁 때 AP통신사가 이 유형을 처음으로 채택한 이래 백년이 넘도록 기사의 표준형태가 되고 있다.

④ 문장끼리의 연관성을 놓치지 마라

단편적인 생각을 나타내는 문장은 따로 두지 않고 같은 범주에 들어갈 수 있는 문장들을 한데 묶어서 문단을 만든다고 하였다. 이것을 다른 말로 하면 문장은 문단 안에서 서로 잘 어울려야 한다고 말할 수 있다. 엉뚱한 성격의 문장이 도중에 나타나면 좋은 글이 되지 못한다.

⑤ 논리적 연결을 생각한다

탄탄한 구조물은 연결이 견고하다. 글도 마찬가지이다. 문장과 문장이 탄탄하게 연결되려면 문장의 개념들이 논리적으로 이어지고 이들을 문장연결 장치인 접속어, 반복어 및 지시어로 묶어두어야 한다. 문장은 그 자체가 논리적이고 뒷문장과 논리적으로 이어져야 상대가 납득할 수 있다.

⑥ 문장의 연결 장치 사용하기

접속어로 연결할 때에는 접속어만 보아도 뒤에 어떤 문장이 나올지를 짐작할 수 있다. 그러나 접속어를 많이 쓰면 문장이 경박하여지므로 접속어를 남발하지 않도록 유의하여야 한다.

⑦ '1문장, 1개념'의 원칙을 따르자

문장에는 글 쓰는 사람의 단편적인 생각이 담겨 있다. 이러한 단편적인 생각을 개념이라고 하자. 한 개의 문장 속에 여러 개의 개념이 들어 있으면 읽는 사람이 그 개념을 모두 알아내기 힘들어진다. 그러므로 하나의 문장에는 하나의 개념만을 담아야 한다는 '한 문장, 한 개념(one sentence, one idea)' 원칙이 적용되어야 한다.

⑧ 홑문장을 쓰자

문장이 겹문장으로 확장되어 주어와 서술어가 몇 번씩 반복하다 보면 글이 복잡해진다. 글 잘 쓰는 사람이 한결같이 강조하는 것이 '홑문장(단문)을 써라'이다.

⑨ 단어끼리의 연관성을 생각하자

한 문장에서 의미의 연관성이 약한 단어를 사용하지 않아야 문장이 자연스러워진다.

⑩ 일물일어(一物一語)의 법칙

글쓰기는 단어부터 시작한다. 문맥에 맞는 정확한 단어를 찾아내도록 노력하여야 한다. 하나의 사물을 나타내는 단어는 오직 하나이다. 정확한 단어를 고를 수 있는 능력은 어휘력에서 나오므로 어휘력을 키우는 독서가 매우 중요하다.

⑪ 단어의 대등성을 살려라

단어는 서로 동일한 성격을 가진 것끼리 비교 또는 대조되어야 한다.

3.2. 직장에서의 문서 작성

직업인에게 있어서 글을 쓰는 행위는 또 다른 대화의 방법이다. 우리는 글쓰기를 통해 자신의 생각을 보다 구체적이고 논리적으로 정리하여 표현할 수 있다. 직업인의 글쓰기는 주로 직장생활에서 업무와 관련된 문서 작성을 말한다. 개인적인 이메일뿐만 아니라 이메일을 통한 업무보고가 당연시되는 시대가 되면서 직업인들은 자신의 생각을 논리정연하게 표현해야 하는 문서작성이 더욱 절실하게 되었다.

1) 문서작성의 개념

문서란 제안서·보고서·기획서·편지·메모·공지사항 등 문자로 구성된 것을 말한다. 사람들은 일상생활에서는 물론 직업생활에서도 다양한 문서를 자주 사용한다. 하지만 직장에서의 문서작성은 업무와 관련된 일로 조직의 비전을 실현시키는 생존을 위한 것이라 할 수 있다. 그렇기 때문에 직업인으로서 문서작성은 개인의 의사표현이나 의사소통을 위한 과정으로서의 업무일 수도 있지만 이를 넘어 조직의 사활이 걸린 중요한 업무이기도 하다.

문서는 왜 작성하여야 하며, 문서를 통해 무엇을 전달하려 하는지 명확히 한 후에 작성해야 한다. 문서를 작성할 때에는 작성하는 개인의 사고력과 표현력이 총동원된 결정체이며, 문서에는 대상과 목적, 시기가 포함되어야 하며, 기획서나 제안서 등 경우에 따라 기대효과 등이 포함되어야 한다.

2) 문서작성의 구성요소

직업인이 작성하는 문서는 치열한 경쟁상황에서 상대를 설득하거나 조직의 의견을 전달하는 기능을 하는 공적인 문서이다. 따라서 내용이 일관적이며 통일성을 갖추고 전체 흐름이 일목요연한지, 객관적인 근거가 정확한지, 핵심사항이 정확한지를 확인해야 하며, 다음의 5가지를 갖추어야 한다.

- 품위 있고 짜임새 있는 골격
- 객관적이고 논리적이며 체계적인 내용
- 이해하기 쉬운 구조
- 명료하고 설득력 있는 구체적인 문장
- 세련되고 인상적인 레이아웃

직장에서의 업무는 대부분 문서에 의해 이루어지고 있다. 문서는 어디까지나 자신의 생각을 상대방에게 정확하게 전달하기 위한 것으로 '읽게 해주는 것'이 아니라 '읽어주기를 바라는 것'이어야 한다. 따라서 내가 어떤 생각을 전달할 필요가 있을 때 작성하는 것이 문서이므로 직업생활에서 우리는 많은 문서작성의 상황과 마주하게 된다.

3) 문서를 작성해야 하는 상황

직업생활에서 요구되는 문서는 작성해야 하는 상황에 따라 내용이 결정되고, 내용에 따라 문서의 성격이 달라지며, 그에 따라 구성도 변한다.

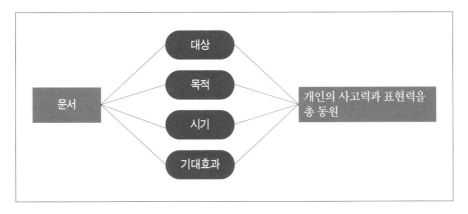

- 요청이나 확인을 부탁하는 경우

업무를 추진하다 보면 업무 내용에 대한 요청이나 확인을 요구해야 할 때가 있다. 특히 부서 내에서가 아니라 사소한 업무라도 다른 부서차원이나 회사차원으로, 더 나아가서는 외부기관이나 단체에 확인이나 요청을 요구해야하는 일도 생기기 마련이다. 이

때는 대개 공문서 형식으로 작성하며, 공문서는 공식적인 문서를 의미하는 만큼 일정한 양식과 격식을 갖추어 작성하여야 한다.

• 정보제공을 위한 경우

직업생활 중에 회사차원이나 대외적으로 추진하는 일은 정보는 제공해야 성사가 되는 경우가 많다. 자신과 부서에 대한 정보뿐만 아니라 행사를 개최하거나 제품을 개발했을 때에는 반드시 정보를 제공해야 한다. 일반적으로 회사 자체에 대한 인력보유 홍보나 기업정보를 제공하는 경우가 있는데 이때에는 홍보물이나 보도자료 등의 문서가 필요하다. 또한 제품이나 서비스에 대해 정보를 제공해야 하는 경우가 있는데 이때에는 설명서나 안내서 등이 필요하며, 정보제공을 위한 문서를 작성하고자 하는 경우에는 시각적인 자료의 활용이 더욱 유익하다. 또한 정보제공을 위한 문서는 신속하게 정보를 알리는 것이 중요하므로 빠르면 빠를수록 효과적이다.

• 명령이나 지시가 필요한 경우

업무를 추진하다보면 관련 부서나 외부기관, 단체에 명령이나 지시를 내려야 하는 일이 적지 않다. 보통 업무 지시서 등을 작성하는데 이때에는 어떤 내용을 어떤 식으로 명령하고 지시할지 분명히 해야 한다. 명령이나 지시는 막연하게 요청이나 협조를 구하는 차원의 사안이 아니고, 업무를 추진하기 위해 꼭 필요한 문서이다.

• 제안이나 기획을 할 경우

일을 하다 보면 업무에 대한 제안을 하거나 기획을 해야 할 때가 생긴다. 어떤 업무를 어떻게 혁신적으로 개선할지, 어떤 방향으로 추진할지에 대한 의견을 제시하는 것인데, 회사의 중요한 행사나 업무를 추진할 때 대부분 제안서나 기획서를 작성한다. 제안이나 기획을 위한 글에는 상당히 깊이 있는 내용을 담아내야 하므로 종합적인 판단과 예견적인 지식이 필요하다.

• 약속이나 추천을 위한 경우

약속이나 추천을 하기 위한 문서를 작성하기도 하는데 약속은 고객이나 소비자에게 제품의 이용에 관한 정보를 제공할 때, 추천은 개인이 다른 회사에 지원하거나 이직을 하고자 할 때 작성한다.

4) 문서의 종류에 따른 작성법

문서의 서식은 각 회사나 기관별로 고유의 양식이 있으면 그에 따라 작성하고, 결정되어 있지 않으면 많이 쓰여 지는 양식에 따라 작성하면 된다.

• 공문서

공문서는 회사외부로 전달되는 글인 만큼 누가, 언제, 어디서, 무엇을, 어떻게(혹은 왜)가 드러나도록 써야한다.
- 날짜는 연도와 월일을 반드시 함께 언급해야 한다.
- 날짜 다음에 괄호를 사용할 때에는 마침표를 찍지 않는다.
- 공문서는 대외문서이고, 장기간 보관되는 문서이기 때문에 정확하게 기술한다.
- 내용이 복잡할 경우 '-다음-', 또는 '-아래-'와 같은 항목을 만들어 구분한다.
- 공문서는 한 장에 담아내는 것이 원칙이다.
- 마지막엔 반드시 '끝'자로 마무리 한다.

• 설명서
- 설명서는 상품이나 제품에 대해 설명하는 글이므로 정확하게 기술한다.
- 문장의 내용이 길면 내용을 정확하게 전달하기 어려우므로 간결하게 작성한다.
- 전문용어는 소비자들이 이해하기 어려우므로 가급적 전문용어의 사용은 삼간다.
- 복잡한 내용은 도표화한다.
- 명령문보다 평서형으로, 동일한 문장 보다는 다양하게 표현하는 것이 이상적이다.

• 기획서

- 무엇을 위한 기획서인지 핵심 메시지가 정확히 도출되었는지를 확인한다.

- 기획서는 상대에게 어필해 상대가 채택하게끔 설득력을 갖춰야하므로, 상대가 요구하는 것이 무엇인지 고려하여 작성한다.

- 보통 기획서는 분량이 많으므로 글의 내용이 한눈에 파악되도록 목차구성에 신경 쓴다.

- 기획서는 많은 내용을 담아내므로 핵심내용을 전달하기 힘들기 때문에 핵심 내용의 표현에 신경을 써야 한다.

- 내용의 효과적인 전달을 위해 표나 그래프를 활용하는 경우, 내용이 제대로 도출되었는지 확인한다.

- 전체적으로 내용이 많은 만큼 깨끗하고 산뜻한 느낌을 줄 수 있도록 작성한다.

- 기획서는 완벽해야 하므로 제출하기 전에 충분히 검토한다.

- 인용한 자료의 출처가 정확한지 확인한다.

• 보고서

- 보통 업무 진행 과정에서 쓰는 경우가 대부분이므로, 무엇을 도출하고자 했는지 핵심내용을 구체적으로 제시한다.

- 보고서는 간결하고 핵심적인 내용의 도출이 우선이므로, 내용의 중복은 피한다.

- 업무상 상사에게 제출하는 문서이므로, 궁금한 점을 질문 받을 것에 대비한다.

- 산뜻하고 간결하게 작성한다.

- 복잡한 내용일 때에는 도표나 그림을 활용한다.

- 보고서는 개인의 능력을 평가하는 기본요인이므로 제출하기 전에 최종점검을 한다.

- 참고자료는 정확하게 제시한다.

5) 문서 작성의 원칙

직장에서의 문서작성은 일반 글에 비해 형식적인 면을 상당히 중요시한다. 내용 또한 일목요연하고 간단하게 전개해야 한다. 무엇보다도 개인적인 글이 아니고 직업생활에서 의무적으로 작성해야 하는 글인 만큼 정확하고 확실하게 작성해야 한다.

① 문서작성의 원칙

- 문장은 짧고, 간결하게 작성하도록 한다.

  문서의미 전달에 문제가 없다면 끊을 수 있는 부분은 가능한 끊어서 문장을 짧게 만들고, 문장표현에서 되도록 기교를 피하고 실질적인 내용을 담을 수 있도록 한다.
- 상대방이 이해하기 쉽게 쓴다.
- 중요하지 않은 경우 한자의 사용을 자제해야 한다.
- 간결체로 작성한다. 문장 표현 시에 되도록 간결체로 쓰는 것이 의미전달에서 가장 이해가 빠르다. 적절하게 행과 단락을 나누어 문서가 난잡하게 보이지 않도록 하여야 하며, 그 내용에 따라 알맞게 행과 단락을 바꾸도록 한다.
- 문장은 긍정문의 형식으로 써야 한다.
- 간단한 표제를 붙인다.
- 문서의 주요한 내용을 먼저 쓰도록 한다. 결론을 먼저 쓰도록 하는 것이 직업생활에서 문서작성의 핵심이다.

② 문서작성 시 주의사항

회사마다 각 문서에 대한 정형화된 기본 틀을 유지하고 있는 경우가 많다. 그러나 문서작성은 공적으로 자신을 표현하고, 대외적인 문서의 경우 회사를 대표하는 것이기 때문에 실수가 있어서는 안 된다. 그러므로 문서작성 시 항상 주의해야 한다.

- 문서는 육하원칙에 의해서 써야 한다.

- 문서는 그 작성시기가 중요하다.
- 문서는 한 사안을 한 장의 용지에 작성해야 한다.
- 문서작성 후 반드시 다시 한 번 내용을 검토해야 한다.
- 문서의 첨부자료는 반드시 필요한 자료 외에는 첨부하지 않도록 한다.
- 문서내용 중 금액, 수량, 일자 등의 기재에 정확성을 기하여야 한다.
- 문장표현은 작성자의 성의가 담기도록 경어나 단어사용에 신경을 써야 한다.

6) 문서표현의 시각화

문서를 구성하는 방법은 크게 개념이나 주제 등을 나타내는 문장표현, 통계적 수치 등을 한눈에 알아볼 수 있게 표현하는 차트표현, 수치를 표로 나타내는 데이터표현, 전달하고자 하는 내용을 그림이나 사진 등으로 나타내는 이미지 표현으로 구분하여 볼 수 있다. 하지만 이들 모두 문서를 보다 효과적으로 표현하기 위한 방법이므로, 문서 표현을 시각적으로 하기 위해 그래프나 표, 그림 등을 많이 사용하는데 간결하게 잘 표현된 그림 한 장이 한 페이지의 긴 글보다 훨씬 효과적일 수 있다.

- 문서를 시각화 하는 4가지 포인트
  시각자료는
  1. 보기 쉬워야 한다.
  2. 이해하기 쉬워야 한다.
  3. 다채롭게 표현되어야 한다.
  4. 숫자는 그래프로 표시한다.

CHAPTER 02

의사
전달
2
(말하기)

▶▶ 정의

목적과 상황에 맞는 말과 비언어적 행동을 통해서 아이디어와 정보를 찾고, 이를 효과적으로 전달하는 역량

▶▶ 학습목표

1.1. 의사표현의 개념 및 중요성을 설명할 수 있다.

1.2. 의사표현의 방해요인과 제거방법을 설명할 수 있다.

1.3. 설득력 있는 의사표현의 기본요소 및 특성을 설명할 수 있다.

▶▶ 행동사례

1. 해석이나 추론에 의거해서 말하기보다는 사실에 근거하여 의사를 표현한다.

2. 말하는 내용을 상대방이 쉽게 이해할 수 있게 하여 오해를 방지하게 한다.

3. 자신의 생각을 조리 있게 설명할 수 있다.

4. 업무 성과를 발표하는 것과 같은 복잡한 상황에서 논리적으로 의사를 표현한다.

5. 부서의 회의 중 토론을 하는 것과 같은 기본적인 상황에서 주제에 맞게 의사를 표현한다.

6. 상사에게 결과를 보고하는 것과 같은 간단한 상황에서 이해하기 쉽게 의사를 표현한다.

7. 제안서, 기술매뉴얼과 같은 복잡한 내용에의 문서를 읽거나 작성함으로써 정보를 종합하고, 업무 성과를 발표하는 상황에서 논리적으로 의사를 표현한다.

8. 메일, 공문과 같은 기본적인 내용의 문서를 읽거나 작성함으로써 정보를 요약하고, 회의와 토론 같은 상황에서 주제에 맞게 의사를 표현한다.

9. 지시문, 메모와 같은 간단한 내용의 문서를 읽거나 작성함으로써 정보를 이해하고, 결과를 보고하는 간단한 상황에서 이해하기 쉽게 의사를 표현한다.

01 의사표현이란 무엇인가?

의사표현이란 한마디로 말하기이다. 즉, 말하는 이가 자신의 생각과 감정을 듣는 이에게 음성 언어나 신체언어로 표현하는 행위이다. 의사표현에는 음성언어와 신체언어가 있는데, 음성언어는 입말로 표현하는 구어이고, 신체언어는 신체의 한 부분인 표정, 손짓, 발짓, 몸짓 따위로 표현하는 몸말을 의미한다.

의사표현의 종류는 상황이나 사태와 관련하여 공식적 말하기, 의례적 말하기, 친교적 말하기로 구분하며, 구체적으로 대화, 토론, 보고, 연설, 인터뷰, 낭독, 구연, 소개하기, 전화로 말하기, 안내하는 말하기 등이 있다.

첫째, 공식적 말하기는 사전에 준비된 내용을 대중을 상대로 하여 말하는 것이다. 공식적 말하기에는 연설, 토의, 토론 등이 있는데, 연설은 말하는 이 혼자 여러 사람을 대상으로 자기의 사상이나 감정에 관하여 일방적으로 말하는 방식이고, 토의는 여러 사람이 모여서 공통의 문제에 대하여 가장 좋은 해답을 얻기 위해 협의하는 말하기이다. 토론은 어떤 논제에 관하여 찬성자와 반대자가 각기 논리적인 근거를 발표하고, 상대방의 논거가 부당하다는 것을 명백하게 하는 말하기이다.

둘째, 의례적 말하기는 정치적 문화적 행사에서와 같이 의례 절차에 따라 하는 말하기이다. 예를 들어 식사, 주례, 회의 등이 있다.

셋째, 친교적 말하기는 매우 친근한 사람들 사이에 가장 자연스런 상태에 떠오르는 대로 주고받는 말하기이다.

1.1. 말하기와 이미지

의사표현, 즉 말이 그 사람의 이미지를 결정한다.

누구나 시인이나 작가가 아니더라도 말을 할 때에, 영상언어를 사용해야 상대가 잘 기억한다는 것은 알고 있을 것이다. 마치 그림을 그리듯이 언어를 이용해서 이미지를 만들어내면, 그 미학적 효과로 인해서 그 말은 살아 있고 좀 더 역동적으로 상대방에게 전달된다는 것이다. 그러나 우리의 말에는 그보다 더한 힘이 감추어져 있다. 우리가 자주 하는 그 말로써 우리의 이미지가 결정된다는 것이다. 말로 먹고사는 직업을 택한 사람이 아닐지라도, 자신의 운명을 말과 더불어 하게 된다.

1.2. '나-언어(I language)' 사용법

효율적인 커뮤니케이터들은 자신의 생각과 감정을 담은 말을 사용함으로써 자신에 대한 책임을 스스로 진다. 그들은 자신의 느낌을 주장하고 자기 자신에게 일어난 것들에 대해 다른 사람을 비난하지 않는다. 그들은 자신의 느낌을 책임지는 표현으로 '나-언어(I language)'를 사용한다. '나-언어'와 '너-언어'는 두 가지 차이점이 있다.

첫째로 '나-언어'는 '책임감'을 담고 있지만 '너-언어'는 책임을 다른 사람에게 전가한다. 둘째로 '나-언어'는 '너-언어'보다 훨씬 많은 기술을 한다. '너-언어'는 구체적인 행동이나 느낌에 대해서가 아닌 추상적 비난인 경우가 많다. 이로 인해 '너-언어'는 변화 추구에 비효율적이다. 반면에 '나-언어'는 우리의 느낌에 대한 책임을 다른 사람에게 전가하지 않고 느낌이나 행동에 대하여 구체적으로 기술한다.

한국 사람이 '나-언어'를 처음 사용하려면 생소함을 느끼는 것은 당연하다. 왜냐하면 우리들은 거의 대부분 '너-언어'를 듣고 자랐기 때문이다. 자꾸 해보고 연습하면서 우리는 '나-언어'로 말하는 것을 배울 수 있게 된다. '나-언어'를 쓰는 것이 편하게 느껴지게 되면 '나-언어'가 매우 많은 이점을 가지고 있음을 알게 된다.

'나-언어'는 '너-언어'에 비해 다른 사람들에게 방어적 심리를 덜 갖게 함으로써 대화의 물꼬를 튼다. 또한 '나-언어'는 '너-언어'에 비해 솔직하다. '너, 나를 속상하게 하는구나.'와 같이 말하는 것은 자신을 감추는 것이다. 왜냐하면 우리의 느낌은 스스로에 의한 것이지 다른 사람이 조절할 수 있는 것이 아니기 때문이다. '너는 나를 ---'과 같이 말하거나 '네가 이렇게 했지'라고 말할 때 우리는 우리의 감정 조절을 다른 사람에게 맡기는 것이 된다. 이와 같은 방식으로 말하는 것은 우리에게 일어나는 일들에 대해 변화를 추구할 수 있는 '동기'나 '힘'을 감소시키게 된다. 그러나 '나-언어'를 사용하게 되면 다른 내가 어떻게 해석하는지 그들에게 설명할 수 있으면서 동시에 자신의 감정을 갖게 되는 것이다.

1) '나-언어'의 장점

① 방어심리의 감소 : '나-언어'는 상대방을 직접 판단·평가, 공격하는 것이 아니기 때문에 방어심리를 덜 유발한다. 상대방은 '너-언어'의 경우보다는 '나-언어'를 통해 훨씬 편안하게 대화에 임할 수 있다.

② 솔직성 : '나-언어'는 나의 입장과 감정을 솔직하게 전달하는 기능을 한다. 누구든 솔직한 이야기를 들으면 함께 솔직해지기 쉽고 훨씬 진지하게 대화에 임할 수 있게 된다.

③ 완전성 : '나-언어'는 완전한 메시지를 전달한다. '너-언어'처럼 단순히 "…하다"라고만 단정적으로 말하는 것이 아니라, 전후사정과 그것에 대한 나의 입장까지 알려주는 것이기 때문에 '나-언어'는 완전한 메시지라고 할 수 있다.

2) 'I-message' 사용 원리

① 문제가 되는 상대방의 행동과 상황을 구체적으로 말한다. 이때 어떤 평가, 판단, 비난의 의미를 담지 말고, 객관적인 사실만을 말하는 것이 좋다.

② 상대방의 행동이 자신에게 미치는 영향을 구체적으로 말한다.

③ 그 영향 때문에 생겨난 감정을 솔직하게 말한다.

3) 'I-message' 사용 시의 주의점

① 'I-message'를 사용하여 자신의 언짢은 감정 표현을 한 다음에는 다시 적극적 경청의 자세를 취한다. 'You-message'보다는 위협감이나 방어적인 태도를 덜 일으키지만, 상대방 때문에 자신에게 좋지 않은 감정이 생겼다는 이야기를 반복하게 되면 상대방을 공격하는 셈이 된다. 그러므로 상대방의 감정을 존중하는 적극적 경청의 자세로 돌아와야 한다.

> 예) 작업시간에 잡담을 하고 있는 사원에게
> 상사: 작업 시간인데 그렇게 이야기를 하고 있으니 일이 늦어질까 걱정인데 …(I-message)
> 부하: 지금 꼭 할 얘기가 있어서 그래요.
> 상사: 꼭 할 얘기가 있었는데 지적을 해서 기분이 상한 모양이군. (적극적 경청)

② 상대방의 행동으로 인한 부정적인 감정만 강조하지 않는다.

> 예) 업무 보고를 하지 않은 부하 직원에게
> "자네가 제시간에 보고를 해주지 않아 화가 나는군."
> "자네가 제시간에 보고를 해주지 않아 무슨 일이 생긴 건가 걱정했었네."

③ 상대방의 행동으로 인한 표면적인 감정을 표현하기보다는 보다 본원적인 마음을 표시하도록 한다.

> 예) 지각한 사원에게
> 본원적 마음: 무슨 일이 생긴 것이 아닌가 궁금함
> 표면적 감정: 화가 치밈

④ 상대방의 습관적 행동이 문제가 되는 경우에는 'I-message'를 전달하기 보다는 적극적인 청취를 하면서 구체적인 문제해결 방법을 함께 모색한다.

02 의사표현의 방해요인과 제거방법

원활한 의사표현을 방해하는 요소는 여러 가지가 있다. 자신의 의사표현을 하는 습관을 체크해보고, 또한 원활한 의사표현을 하기 위해서 어떠한 노력을 하고 있는지 작성해 보자.

1. 나는 분명하고 정확하게 발음하고, 알맞은 속도로 말한다.

2. 나는 자연스럽고 듣기 좋은 목소리로 말한다.

3. 나는 표준말을 상대나 상황에 맞는 어휘를 골라 품위 있게 쓴다.

4. 나는 어법에 맞고 상대에 알맞게 예사말과 높임말을 가려 쓴다.

5. 나는 말하는 상황에서 필요한 만큼의 정보를 제공한다.

6. 나는 말할 내용을 차례로 순서 있고 조리 있게 말한다.

7. 나는 내용의 요점을 빠뜨리지 않고 말한다.

8. 나는 상대나 상황에 맞는 화제를 골라 말한다.

9. 나는 상대를 존중하면서 상대편의 입장과 처지를 생각하면서 말한다.

10. 나는 알기 쉽게 말한다.

11. 나는 미리 계획하지 않고 순발력 있게 즉흥적으로 대응한다.

12. 나는 활발하고 침착하고 협조적으로 말한다.

13. 나는 상황에 어울리는 효과적인 동작과 표정으로 말한다.

14. 나는 예의를 지키며 부드럽고 상냥하게 말한다.

2.1. 의사표현의 방해요인

의사표현에 영향을 미치는 요소에는 연단공포증, 말, 음성, 몸짓, 유머 등을 들 수 있다.

1) 연단공포증

우리는 연단에 섰을 때, 정도의 차이는 있지만 누구나 가슴이 두근거리고 입술이 타고 식은땀이 나고 얼굴이 달아오르는 생리적인 현상을 느끼게 된다. 이러한 공포증은 본질적인 것이기 때문에 이것을 완전히 치유할 수는 없다. 그러나 식사나 수면 욕구를 다소 통제할 수 있듯이, 우리는 의사전달시 노력에 의해서 우리를 당황케 하는 심리적 불안을 얼마간 유화시킬 수 있다.

공포증을 심하게 느끼는 사람은 가까운 친척 친구들을 제외하고는 의사전달을 회피하려고 한다. 또는 다른 사람과 별로 접촉이 없는 직업을 선택하려고 하며, 인적이 드문 장소에서 기거하기를 좋아하게 된다. 연단공포증의 원인은 아직 분명히 규명되고 있지는 못하다. 단지 인간이 선천적으로 가지고 있는 부끄러워하는 기질 또는 어린 시절부터 학습된 행동의 재현이라는 주장이 있다.

2) 말

의사표현, 즉 말은 일회성이기 때문에 우리는 책임 있는 말을 하여야 한다. 우리는 가능하다면 간결하게 상대방에게 의사전달을 하여야 한다. 또한 화자의 발음이 정확한지의 여부도 그 사람의 의사표현에 미치는 영향은 매우 크다. 여기서는 발음, 속도, 쉼에 대하여 알아보자.

• 발음

우리말의 발음은 음가대로 발음해야 할 경우, 음가를 더해 내는 경우, 음가를 줄여 내는 경우, 음가를 바꾸어 내는 경우, 이 소리 저 소리 두루 쓰이는 경우 등으로 나누어 볼 수 있다.

• 속도

말하는 속도는 화제의 난이도와 중요도에 비례해서 결정된다. 느린 속도는 내용을 보다 정확하게 전달할 수 있고, 빠른 속도는 청자로 하여금 지루하지 않고 긴박감을 가지게 하는 제 나름의 장점을 가지고 있으므로, 한 가지 속도로 시종일관 말하는 것은 좋지 않다.

- 쉼

쉼이란 이야기 속에 주어지는 침묵의 시간을 말한다. 이는 심리적 효과를 증대시키기 위하여 의식적으로 말을 끊는 것으로, 이를 잘 활용함으로써 우리는 논리성, 감정 제고, 동질감 등을 확보할 수 있다.

3) 음성

좋은 음성이란 개인의 취향, 시대, 지방, 직업에 따라 그 기준이 달라질 수 있다. 우리는 자신의 음성의 결함을 발견하고 그것을 고쳐보려는 노력을 해야 한다. 목소리는 메시지의 전달뿐만 아니라 화자에 대한 인상을 반영한다. 시각표현과 마찬가지로 청각 표현도 청자의 주의를 환기시킨다. 따라서 좋은 음성을 갖기 위한 노력도 필요하다.

4) 몸짓

성공적인 화자는 언어적인 요소와 비언어적인 요소를 잘 결합하여, '어떻게'와 '무엇을'이 일치가 되도록 노력한다. 청자에게 인지되는 비언어적 요소로 우리는 대체로 화자의 외모, 동작 등을 들 수 있다.

- 외모

자세, 복장, 얼굴 표정은 청자에게 보내는 신호이다. 몸동작의 기초가 되는 것은 화자의 자세이다. 여기서도 자연스러운 자세가 화자에게 좋은 자세이다. 그러나 실제 문제로서는 어느 사람에게나 공통되는 좋은 자세가 있는 것은 아니라는 점이다. 좋은 자세란 화자의 몸이 정상적일 때를 말한다. 가령, 화자가 근육을 움직여도 어색하거나 부자연스러운 점이 없고, 또 호흡이나 발성에 부담을 주지 않는 자세가 좋은 자세다.

- 동작

화자의 동작은 그것이 의도적이든 아니든 청자에게 어떤 의미를 부여한다. 연단에서 온몸의 움직임이 부자연스러워서는 안 된다. 분명한 동작, 명확한 움직임은 동작의 필수조건이다.

5) 유머

유머가 없는 의사표현은 새가 없는 정원에 비유될 수 있다. 하루아침에 유머가 있는 구두표현을 할 수 있는 것은 아니며, 일상생활에서 유머 감각을 훈련하여야만 자연스럽게 상황에 맞는 유머를 즉흥적으로 구사할 수 있다.

📝 학습 활동

아래의 문장들을 소리 내어 읽음으로써 어려운 발음을 연습해 본다.

어려운 발음 연습

▶ 봄밤 꿈 봄 저녁 꿈 여름 낮 꿈 여름밤 꿈
▶ 대한관광공사 곽진관 관광과장
▶ 안병휘 대통령 특별 보좌관
▶ 중앙청 철창살 쌍창살 철도청 쇠창살 겹창살
▶ 강낭콩 옆 빈 콩깍지는 완두콩 깐 빈 콩깍지이고,
  완두콩 옆 빈 콩깍지는 강낭콩 깐 빈 콩깍지이다.
▶ 인천 간장공장 공장장은 장공장장이고,
  부천 간장공장 공장장은 양공장장이다.
▶ 저기 저 뜀틀이 내가 뛸 뜀틀인가,
  내가 안 뛸 뜀틀인가
▶ 작년에 온 솥 장수는 새 솥 장수이고, 금년에 온 솥 장수는 헌 솥 장수이다.
▶ 저기 저 말뚝은 말 맬 수 있는 말뚝이냐 말 못 맬 말뚝이냐
▶ 내가 그린 기린 그린 그림은 암기린을 그린 기린 그린 그림이고,
  네가 그린 기린 그린 그림은 숫기린을 그린 기린 그린 그림이다.
▶ 앞집 팥죽은 붉은 팥 풋팥죽이고, 뒷집 콩죽은 햇콩 단콩 콩죽이고,
  우리집 깨죽은 검은깨 깨죽인데
  사람들은 팥죽 콩죽 깨죽 죽먹기를 워낙 싫어하더라.

2.2. 의사표현의 방해요인 제거방법

1) 연단공포증 극복 방법

익숙하지 못한 임무, 생소한 환경, 의사표현 성과에 대한 불안 등이 심리적 불안 요인이다. 이러한 요인들은 다음과 같은 방법으로 극복할 수 있다.

- 완전무결하게 준비하라
- 청중 앞에서 말할 기회를 자주 가지라
- 시간보다 더 많이 준비하라
- 충분히 휴식하라
- 처음부터 웃겨라
- 심호흡을 하라
- 청자분석을 철저히 하라
- 청자를 호박으로 보라.
- 청자의 코를 보라.

2) 성대의 보호와 목소리 관리

성대의 보호를 위해서는 다음에 유의해야 한다.

- 오랜 시간 동안 말하지 않는다.
- 너무 큰 소리나 너무 작은 소리로 노래하거나 말하지 않는다.
- 먼지가 심한 곳에서 말하지 않는다.
- 흡연 및 음주를 하지 않는다.
- 카페인이 들어간 음료나 탄산음료를 마시지 않는다.

3) 몸짓을 자연스럽게 하는 방법

- 두 다리 사이를 너무 넓게 벌리지 않는다.
- 몸의 체중을 한 쪽 다리에 의존하지 않는다.

- 지나치게 경직된 자세를 피한다.

- 뒷짐을 지든가, 팔짱을 끼든가, 손을 주머니에 넣지 않는다.

- 시선을 골고루 배분한다.

- 대화의 내용과 시선을 일치시킨다.

4) 유머를 활용하는 방법

- 기발한 재료를 모은다.

- 이야기는 빨리 하고 빨리 끝낸다.

- 서툰 유머를 해서는 안 된다.

- 무리하게 웃기려 해서는 안 된다.

- 청자를 염두에 두고 이야기를 선택해야 한다.

- 화자가 먼저 웃어버리면 안 된다.

- 성적인 내용이나 신체 비하 등 뒷맛이 나쁜 이야기는 하지 말아야 한다.

효과적인 의사표현

3.1. 효과적인 프레젠테이션

사례

3년차 직장인 K씨는 프레젠테이션에 자신이 없어 프레젠테이션 상황만 되면 겁 낸다. 실제로 프레젠테이션 도중 심하게 떨기도 한다. K씨의 프레젠테이션 실패 사례를 분석한 결과 다음과 같은 이유가 있었다.

첫째, K씨 스스로 '나는 자료를 멋있게 만드는 손재주가 없어서'라고 하는 자료 작성의 어려움을 느낀다. 이는 결국 글쓰기 능력이 부족함을 의미한다.

둘째, '나는 목소리도 작고, 남들 앞에서는 떨려서 발표를 잘 못해요'라고 하는 사람은 프레젠터로서의 실전 경험 부족이다.

셋째, '제가 잘 모르는 내용을 어떻게 프레젠테이션하죠?'라는 프레젠터의 능력 문제이다. 어떻게 하면 자신감이 넘치는 강력한 프레젠터가 될 수 있을까. 성공적인 프레젠테이션에는 프레젠터의 실전 경험과 배짱 그리고 승부욕이 전제 조건이다.

🔖 학습 활동

다음은 프레젠테이션에 서툰 A씨의 사례를 분석한 결과이다. 자신의 프레젠테이션 하는 상황을 생각해 보고, A씨와 비교하여 어떠한 수준인지 반성해 보자.

단계	분석	결과	반성
사전준비	1) 청중의 요구조사가 정확히 되었는가?	- 하: 고객사가 현재 시스템에 대하여 가장 아쉬워하는 부분이 파악이 미처 안 됨	
	2) 청중의 질문에 대하여 순발력 있는 답변이 가능한가?	- 중: 시스템이외의 질문에는 전문지식이 미흡하여 답변이 안 됨	
	3) 청중의 수준, 직급, 신분에 맞는 용어나 자료가 표현되는가?	- 하: 청중은 대표이사부터 부서 담당자까지 다양한 직급의 청중이 모인 상황이라 일일이 맞추어 줄 수는 없었을 뿐더러 극히 기술적인 용어를 자주 사용함.	
	4) 리허설이 선행되었나?	- 하: 한 번도 진행 안 함.	
	5) 발표자는 발표하는 내용에 대한 전문지식을 가지고 있는가?	- 하: 미리 조사가 이루어지지 않았음	
	6) 적절한 발표 매체를 이용하고 있나	- 중: Projector 1대만 이용했을 뿐 책자 배포가 없었음.	
발표자료	7) 발표 자료에 자료 수집은 철저히 되어 있나?	- 하: 예전에 다른 업종에 사용하던 자료를 그대로 활용함.	
	8) 발표 자료가 서론,본론,결론등 스토리보드구성이 적절한가?	- 중: 시장동향의 설명, 문제점의 제기, 그에 대한 해결방안 등 적절한 발표 시나리오를 가지고 발표함. 하지만 해당 업종에 꼭 맞는 자료는 아니었음.	
	9) 다양한 시청각 자료를 이용해서 시적적인 자료를 이용하는가?	- 중: Projector 1대만 활용함.	

발표자료	10) 객관적이고 구체적인 자료를 준비해서 발표하는가?	- 중: 예전 자료를 그대로 사용하니 객관성에서 뒤떨어지진 않지만 해당업계와 동떨어진 자료로 구체적이진 않음.	
발표기법	11) 적절한 유머를 사용하며 분위기를 좋게 유도하는가?	- 하: 딱딱한 분위기로 자료의 발표에만 치중함	
	12) 프레젠터의 의상,태도는 양호한가?	- 중: 의상은 일반 정장차림으로 양호 했지만 가끔 머리를 쓸어 올리고, 주머니에 손을 넣기도 함.	
	13) 프레젠터의 음량과 억양은 적절한가?	- 상: 양호함.	
발표기법	14) 발표 시간 존중은 잘 지켜 졌는가?	- 하: 질문과 답변이 좀 길어져서 시간이 많이 초과됨. 점심 식사시간 때문에 진행 도중에 마침.	
	15) 프레젠터는 원고를 읽고만 있지는 않는가?	- 하: 50%정도는 원고의 내용을 그대로 읽어 내려감.	
	16) 가벼운 시작으로 분위기를 유도해 가는가?	- 하: 지금 발표드릴 내용은...하고 곧바로 시작함. 인사도 안함.	
	17) 발표하고자 하는 핵심 주제는 잘 전달하고 있는가?	- 하: 고객이 듣고자 하는 내용에서 여러 번 빗나가고 중간 중간에 다른 업체의 상호를 실수로 부르기도 함.	
	18) 발표자와 청중이 컨센서스를 이루며 발표가 이루어 졌나.	- 하: 대부분의 청중은 주의 깊게 듣지 않고, 중간에 자리를 비운다든지, 발표자가 놓치는 핵심을 다시 짚어 준다든지 함.	

3.2. 설득력 있는 의사표현

인간은 다른 사람과의 관계 속에서 도움을 주기도 하고 받기도 하면서 살아가는 존재이다. 아무리 아는 것이 많고 실력이 뛰어난 사람이라도 모든 일을 스스로 해결할 수는 없다. 따라서 다른 사람의 도움을 얼마만큼 잘 받아낼 수 있느냐가 그 사람의 실력을 평가하는 잣대가 되기도 한다. 그런데 사람마다 각자 성격과 생각이 다르고 처한 입장이 다르기 때문에 다른 사람을 내 뜻대로 움직여서 내 사람으로 만드는 일이 결코 쉽지만은 않다. 말하는 데에 어떤 특별한 이론이 필요한 것은 아니지만, 상황에 맞는 전략과 요령이 필요한 것은 분명한 사실이다. 주변 사람들이 자신을 따르게 하기 위해서는 지금과는 다른 새로운 설득 기술이 필요하다. 설득 과정에서 영향을 끼치는 6가지 심리학의 법칙이 있다(로버트 치알디니, 『설득의 심리학』).

1) 상호성의 법칙

다른 사람이 우리에게 베푼 대로 우리도 그에게 되갚아야 한다는 심리. 공짜 샘플이 가장 많이 제공되고 있는 장소는 슈퍼마켓이다. 슈퍼마켓에 가면 많은 사람들이 다양한 음식을 시식하는 장면이 눈에 띈다. 여기서 미소를 잃지 않으면서 조금 더 들어보라고 권하는 판매원의 면전에서 공짜 음식을 시식하는 데 사용했던 이쑤시개만을 휑하니 남겨둔 채 아무런 제품도 구입하지 않고 유유히 사라지는 것은 말처럼 쉽지 않다.

2) 일관성의 법칙

우리가 지금까지 행동해 온 것과 일관되게 혹은 일관되게 보이도록 행동하려 하는 욕구를 말한다. 일단 우리가 어떤 선택을 하거나 입장을 취하게 되면, 그러한 선택이나 입장과 일치되게 행동해야 한다는 심리적 부담감을 느끼게 된다. 그리하여 그러한 부담감은 우리로 하여금 우리가 이전에 취한 선택이나 입장을 정당화하는 방향으로 행동하게 만든다는 것이다.

3) 사회적 증거의 법칙

무엇이 옳은가를 결정하기 위해서 우리가 사용하는 방법 중의 하나는 다른 사람들이 옳다고 생각하는 것이 무엇인지를 알아내는 것이라고 한다. 즉, 특별히 주어진 상황에서 우리 행동의 옳고 그름은 얼마나 많은 사람들이 우리와 행동을 같이 하느냐에 의해 결정된다는 것이다. 스탠드바의 바텐더들은 영업 시작 전에 팁을 담는 유리병에 미리 1달러짜리 지폐 몇 장을 넣어둔다. 이렇게 바텐더에게 팁을 남기는 것이 적절한 행동이라는 인상을 손님에게 의도적으로 주입시키기 위해서이다. '가장 많이 팔린', '무섭게 성장하는' 등과 같은 광고 카피들도 사회적 증거를 이용하여 소비자들을 유혹하고 있다.

4) 호감의 법칙

외모나 체격이 좋은 사람에게 더 끌리는 현상. 사회과학자들은 이를 '후광효과'라고 말한다. 후광효과란 어떤 사람의 긍정적인 특성 하나가 그 사람 전체를 평가하는 데 결정적인 영향을 미치는 이론을 말하는데, 지금까지의 연구 결과를 종합하면 우리의 신체적 매력이 바로 그러한 결정적인 영향을 미치는 역할을 담당한다고 말할 수 있다.

5) 권위의 법칙

우리들 마음 속 깊이 자리 잡고 있는, 합법적인 권위에 복종하려는 의무감을 말한다. 예를 들어, 사기꾼들을 보면 모두 그럴 듯한 직함을 갖고 있거나 번지르르하게 차려 입거나 또는 자기들의 권위를 상징하는 겉치장을 하고 있다. 최고급 수준의 근사한 차를 타고 다니면서 정장을 한 세련된 모습으로 박사, 판사, 교수, 사장 등등의 명함으로 무장하여 선량한 희생자들을 홀리고 있는 것이다. 그러한 권위의 상징들로 치장하면 사람들을 설득하기가 땅 짚고 헤엄치기보다 쉽다는 것을 이들은 너무도 잘 이해하고 있는 것이다.

6) 희귀성의 법칙

어떤 품목이 희귀하거나 희귀해지고 있는 중이라면, 그 가치는 더욱 높아진다. 희귀성의 법칙이 갖고 있는 영향력은 두 가지 종류의 원천에서 생성되고 있다. 첫째 원천은 일반적으로 쉽게 얻어지지 않는 것이 상대적으로 그 가치가 높다는 인식을 우리가 잠재적으로 가지고 있다는 데 있다. 한편, 희귀성의 법칙이 갖고 있는 또 다른 특성은 어떤 대상에 대한 이용 가능성이 줄어들수록 그 대상에 대한 선택의 자유도 줄어들게 되며, 그렇게 되면 우리는 이미 누리고 있는 자유가 상실된다는 사실을 견디지 못해 그 특권을 되찾기 위해 행동한다는 것이다.

CHAPTER 03

경청·공감

▶▶ 경청 역량

정의 상대방의 말이 전하고자 하는 의미와 내포된 의도를 정확하게 해석하기 위하여 효과적으로 듣고 이해하는 역량

▶▶ 공감 역량

정의 타인의 감정, 사고, 관점에 대해 이해하고 더 나아가 적절하게 대응하는 역량

▶▶ 학습목표

1.1. 경청의 개념 및 중요성을 설명할 수 있다.

1.2. 올바른 경청을 방해하는 요인을 찾을 수 있다.

1.3. 경청의 바람직한 자세에 대해 설명할 수 있다.

1.4. 대상과 상황에 따른 경청법을 파악하고, 훈련방법을 설명할 수 있다.

1.5. 타인의 감정, 사고, 관점에 대해 이해하고 적절하게 대응할 수 있다.

▶▶ 행동사례

1. 상대방이 말하고자 하는 내용의 핵심과 요점을 스스로 파악하고자 노력하면서 듣는다.

2. 다른 사람들로부터 대화하기 편한 사람 혹은 말이 통하는 사람이란 평가를 받는다.

3. 대화에서 제시된 사실이나 세부사항에 주의를 기울이고 이해한다.

4. 동료의 염려나 걱정을 이해했다는 것을 그들에게 보여주며, 적절한 조치를 취한다.

5. 다른 사람들의 다양한 의견을 듣는데 시간을 할애함으로써 이해의 폭을 넓힌다.

6. 나쁜 소식을 전하는 사람에게도 적절하게 대응한다.

7. 상대방이 자기 의사를 적극적으로 표현할 수 있도록 지지하고 경청한다.

8. 자식, 가치관, 태도와 의도를 포함하여 의미를 해석하기 위해 효과적으로 경청한다.

9. 본인과 다른 의견에 대해서도 경청하고 존중한다.

10. 고객의 주문전화를 받는 것과 같은 기본적인 업무상황에서 들은 내용을 요약한다.

11. 상사의 지시를 듣는 것과 같은 간단한 업무상황에서 들은 내용을 이해한다.

12. 타인의 말과 행동에 주목하여 상대방의 입장에서 생각한다.

13. 상대방의 감정을 들여다보고 상대방의 생각을 이해한다.

14. 상대방이 무엇을 생각하고 원하는지 알 수 있다.
    상대방에게 내가 제대로 이해했는지를 확인한다.

15. 상대방의 마음을 판단하지 않고 있는 그대로 심정을 읽을 수 있다.

16. 상대방의 기분, 감정, 상황, 동기 및 관심사를 이해한다.

01 경청이란 무엇인가?

1.1. 경청의 개념

경청이란 다른 사람의 말을 주의 깊게 들으며, 공감하는 능력이다. 경청은 대화의 과정에서 상대방에게 신뢰를 쌓을 수 있는 최고의 방법이다. 우리가 경청하면 상대는 본능적으로 안도감을 느끼고, 경청하는 우리에게 무의식적인 믿음을 갖게 된다. '聽'이라는 문자에는 귀[耳]와 눈[目]과 마음[心]이

들어 있다. '정성스런 마음으로 상대방의 눈을 바라보고 왕을 대하듯 한다'는 의미로 해석하기도 한다. 경청은 우리 삶의 중요한 영역에 큰 영향을 미친다. 친구 사이의 신뢰, 가족 간의 친밀감, 업무의 효율성이 듣는 능력에 달려 있다.

1.2. 경청의 중요성

성공한 많은 사람들이 경청의 중요성에 대하여 강조하고 있다. 『성공하는 사람의 7가지 습관』과 『성공하는 사람의 8번째 습관』을 쓴 스티븐 코비 박사는 아래와 같이 말한다.

"성공하는 사람과 그렇지 못한 사람의 대화 습관에는 뚜렷한 차이가 있다. 그 차이점이 무엇인지 단 하나만 꼽으라고 한다면, 나는 주저 없이 "경청하는 습관"을 들 것이다. 우리는 지금껏 말하기, 읽기, 쓰기에만 골몰해 왔다. 하지만 정작 우리의 감성을 지배하는 것은 '귀'다. 경청이 얼마나 주요한 능력인지, 그리고 우리가 어떻게 경청의 힘을 획득할 수 있는지 알아야 한다."

의사소통은 내가 상대방에게 메시지를 전달하는 과정이 아니라 상대방과의 상호 작용을 통해 메시지를 다루는 과정이다. 따라서 성공적인 의사소통을 위해서는 내가 가진 정보를 상대방이 이해하기 쉽게 표현하는 것도 중요하지만, 상대방이 어떻게 받아들일 것인가에 대한 고려가 바탕이 되어야 한다. 즉, 의사소통을 하기 위한 기본적인 자세는 경청하는 일이다.

1.3. 경청을 방해하는 요인

가장 인기 있는 사람이 되는 비결은 가장 잘 들어주는 사람이 되는 것이라고 한다. 많은 사람들은 다음에 무슨 이야기를 할 것인가에 정신이 팔려 있어서 남의 이야기는 거의 듣지도 않는다. 그러나 대단히 중요한 위치에 있는 사람들은 말을 잘하는 사람보다는 남의 이야기를 잘 듣는 사람을 높이 평가하며 남의 이야기를 잘 듣는 능력은 다른 어떤 특성보다도 바람직한 것이라고 생각한다고 말한다.

- 데일 카네기(『카네기 인간관계론』 중에서)

1) 짐작하기

상대방의 말을 듣고 받아들이기보다 자신의 생각에 들어맞는 단서들을 찾아 자신의 생각을 확인하는 것을 말한다. 짐작하고 넘겨짚으려 하는 사람들은 상대방의 목소리 톤이나 얼굴 표정, 자세 등을 지나치게 중요하게 생각한다. 이들은 상대방이 하는 말의 내용은 무시하고 자신의 생각이 옳다는 것만 확인하려 한다.

2) 대답할 말 준비하기

처음에는 상대방의 말을 듣고 곧 자신이 다음에 할 말을 생각하기에 바빠서 상대방이 말하는 것을 잘 듣지 않는 것을 말한다. 결국 자기 생각에 빠져서 상대방의 말에 제대로 반응할 수가 없다.

3) 걸러내기

상대의 말을 듣기는 하지만 상대방의 메시지를 온전하게 듣는 것이 아닌 경우이다. 상대방이 분노나 슬픔, 불안에 대해 말하는 것을 들어도 그러한 감정을 인정하고 싶지 않다거나 회피하고 싶다거나 무시하고 싶을 때 자기도 모르는 사이에 상대방이 아무 문제도 없다고 생각해 버린다. 걸러내기는 듣고 싶지 않은 것들을 막아버리는 것을 말한다.

4) 판단하기

상대방에 대한 부정적인 판단 때문에, 또는 상대방을 비판하기 위해 상대방의 말을 듣지 않는 것을 말한다. 당신이 상대방을 어리석다거나 고집이 세다거나 이기적이라고 생각한다면, 당신은 경청하기를 그만두거나 듣는다고 해도 상대방이 이렇다는 증거를 찾기 위해서만 귀를 기울일 것이다.

5) 다른 생각하기

상대방에게 관심을 기울이는 것이 점차 더 힘들어지고 상대방이 말을 할 때 자꾸 다른 생각을 하게 된다면, 이는 현실이 불만족스럽지만 이러한 상황을 회피하고 있다는 위험한 신호이다.

6) 조언하기

어떤 사람들은 지나치게 다른 사람의 문제를 본인이 해결해 주고자 한다. 당신이 말끝마다 조언하려고 끼어들면 상대방은 제대로 말을 끝맺을 수 없다. 올바른 해결책을 찾고 모든 것을 제대로 고치려는 당신의 욕구 때문에 마음을 털어놓고 이야기하고 싶은 상대방의 소박한 바람이 좌절되고 만다. 이야기를 들어주기만 해도 상대방은 스스로 자기의 생각을 명료화하고 그 사이에 해결책이 저절로 떠오르게 된다.

7) 언쟁하기

단지 반대하고 논쟁하기 위해서만 상대방의 말에 귀를 기울이는 것이다. 상대방이 무슨 말을 하든지 자신의 입장을 확고히 한 채 방어한다. 언쟁은 문제가 있는 관계의 전형적인 의사소통 패턴이다. 이런 관계에서는 상대방의 생각을 전혀 들을 생각이 없기 때문에 어떤 이야기를 해도 듣지 않게 된다. 상대방이 무슨 주제를 꺼내든지 설명하는 것을 무시하고 상대방의 생각과는 다른 자신의 생각을 장황하게 자기 논리대로 늘어놓는다. 지나치게 논쟁적인 사람은 상대방의 말을 경청할 수 없다.

8) 옳아야만 하기

자존심이 강한 사람은 자존심에 관한 것을 전부 막아버리려 하기 때문에 자신의 부족한 점에 대한 상대방의 말을 들을 수 없게 된다. 당신은 자신이 잘못했다는 말을 받아들이지 않기 위해 거짓말을 하고, 고함을 지르고, 주제를 바꾸고, 변명을 하게 된다.

9) 슬쩍 넘어가기

대화가 너무 사적이거나 위협적이면 주제를 바꾸거나 농담으로 넘기려 한다. 문제를 회피하려 하거나 상대방의 부정적 감정을 회피하기 위해서 유머를 사용하거나 초점을 잘못 맞추게 되면 상대방의 진정한 고민을 놓치게 된다.

10) 비위 맞추기

상대방을 위로하기 위해서 혹은 비위를 맞추기 위해서 너무 빨리 동의하는 것을 말한다. 그 의도는 좋지만 상대방이 걱정이나 불안을 말하자마자 "그래요, 당신 말이 맞아", "미안해, 앞으로는 안 할 거야"라고 말하면 지지하고 동의하는 데 너무 치중함으로써 상대방에게 자신의 생각이나 감정을 충분히 표현할 시간을 주지 못하게 된다.

사례 연구

사오정의 면접 상황

취업 준비생인 사오정이 친구인 손오공과 함께 면접시험을 보러 가서 손오공이 먼저 면접을 하게 되었다.

> 면접관 : "자네는 우리나라 축구 선수 중에서 누가 가장 뛰어나다고 생각하는가?"
> 손오공 : "네! 예전에는 박지성이었는데 지금은 손흥민입니다."
> 면접관 : "이순신 장군은 어느 시대 사람인가?"
> 손오공 : "조선시대입니다."
> 면접관 : "자네는 이 세상에 유에프오가 있다고 생각하는가?
> 손오공 : "많은 사람들은 그렇다고 하는데, 저는 확실한 근거가 없어서 단정적으로 말할 수 없습니다."

친절하게도 손오공은 면접을 마치고 나온 후 자기가 대답한 것을 적어서 사오정에게 주었고, 사오정은 그것을 달달 외웠다.

> 면접관 : "자네 이름은 뭔가?"
> 사오정 : "네! 예전에는 박지성이었는데 지금은 손흥민입니다."
> 면접관 : "음, 자네는 언제 태어났나?"
> 사오정 : "조선시대입니다."

면접관 : "으음~~ 자네는 자신이 바보라고 생각하지 않나?"

사오정 : "남들은 그렇다고 하는데, 저는 확실한 근거가 없어서 단정적으로 말할 수 없습니다."

윤치영 『설득 경청 논박의 기술』중에서 일부 인용

📝 학습 활동

앞에 보인 〈사오정의 면접상황〉 사례에서는 상대방의 이야기를 주의 깊게 듣는 경청의 중요성을 보여주고 있다. 자신의 경청하는 습관을 체크해보고, 구체적인 상황을 작성해보자. 또한 올바른 경청을 하기 위해서 어떠한 노력을 하고 있는지 작성해 보자.

나는 어려운 이야기는 흘려듣는 경향이 있다.

나는 반쯤 듣고 지레 짐작하는 경향이 있다.

나는 이야기하는 사람의 외모에 한눈파는 경향이 있다.

나는 잡음에 신경 쓰는 경향이 있다.

올바른 경청을 위해 노력하는 방법

학습 활동

1. 교수가 제시하는 동영상을 보고 느낀 점과 무엇이 문제인지를 토론한다.

동영상 100분토론

2. 동료와 함께 아래 내용에 대하여 이야기 나눈다.

| • 나는 상대방이 이렇게 할 때 대화하기가
어렵다! | • 나는 상대방이 이렇게 할 때 이야기할
맛이 난다! |

① 동료와 함께 상대방과 대화할 때 대화하기 어려운 경우에 대하여 이야기 나눈다.
② 반대로 대화할 때 이야기할 맛이 나는 경우에 대하여 이야기 나눈다.
③ 순서를 바꾸어 한 번 더 진행한다.
④ 아래 표에 대화한 내용을 적어본다.

상대방과 대화가 어려운 경우	상대방과 대화가 신나는 경우

02 바람직한 경청의 자세

2.1. 적게 말하고 많이 듣기

경청은 어떻게 할 것인가? 신이 인간에게 입은 하나, 귀를 두 개 준 것은 적게 말하고 많이 들으라는 목적에서였다고 한다. 경청을 할 때는 적게 말하고 많이 듣는다.

'경청'이란 단어에는 '침묵'이라는 철자를 포함하고 있다.
The word 'listen' contains the same letters as the word 'silent'
- 알프레드 브렌델(Alfred Brendel)

유명한 피아니스트 알프레드 브렌델이 자신의 연주를 경청해준 청중들에게 감사하며 'listen(경청)'과 'silent(침묵)'가 같은 철자로 구성되어 있다는 이야기를 한 적이 있다. 침묵 없이 음악을 듣는 것은 불가능하기 때문일 것이다. 대화에 있어서도 마찬가지다.

아래는 이건희 삼성그룹 전 회장이 한 말이다.

"선친께서 제가 부회장이 되자마자 직접 붓으로 쓰신 '경청'이라는 글귀를 선물로 주시더군요. 그래서 그 후엔 회의할 때나 현장에 갈 때 가능하면 한마디도 말을 안 하려고 했습니다. 그래서 이건희는 말을 못한다는 소문까지 돌았다고 합니다. 당시 제 짧은 생각에도 참으로 좋은 가르침인 것 같았어요. 그렇게 10년 가까이 지내는 동안 상대방의 처지를 헤아리고 생각하는 힘을 키울 수 있었습니다."
- 삼성 이건희 회장

선친이 창업해 놓은 삼성을 세계 초일류의 자리에 올려놓은 비결을 읽을 수 있는 대목이다. 삼성은 세계 어디에 내놓아도 초일류로 인정받고 있는 기업이다. 삼성이 그렇게 된 데는 여러 가지 이유가 있지만, 적지 않은 경영학자들은 삼성의 이건희 회장에게서 그 이유를 찾는다. 그의 경영스타일은 '경청(傾聽)'이다. 선친인 고(故) 이병철 회장은 그에게 삼성의 경영권을 물려주기로 결심한 후 '傾聽'이라는 휘호를 건넸다고 한다. 그 이후 이건희 전 회장은 이를 벽에 걸어놓고, 주변의 말을 경청하고 있는지 스스로 질문하면서 삼성을 이끌어온 것으로 돼 있다. 임직원들에게 귀를 열어 삼성이 초일류로 가는 지혜를 찾았고, 임직원들의 마음도 얻은 것이다. 경청하는 최고경영자(CEO), 경청하는 임직원이 많으면 그 기업의 미래는 밝다.

> 의사소통에 있어 가장 중요한 것은 상대방이 말하지 않은 것을 듣는 데 있다.
> The most important thing in communication is to hear what isn't being said.
> - 피터 드러커(Peter Drucker)

많은 사람들은 자기가 하고 싶은 말을 하기 위해 의사소통을 한다. 경청의 능력을 가진 사람들이 많지는 않다. 게다가 경청 후 상대방이 말하지 않은 부분까지 읽어내는 (read between the lines) 사람은 정말 소수에 불과하다. 그래서 간혹 그런 사람을 만나게 되면 더 오랜 시간 얘기를 나누고 싶어진다.

2.2. 공감적 경청

공감적 경청이란 상대방이 전달하고자하는 말의 내용은 물론 그 내면에 깔려 있는 동기나 정서에 귀를 기울여 듣고 이해한 바를 상대방에게 피드백해 주는 것이다. 이것은 평가, 의견, 충고, 분석, 의문을 전달하는 것이 아니라 상대방이 의미하는 것 자체가 무엇인가에 초점을 두고 듣는 것을 말한다.

1) 듣기의 수준

듣기 수준	태도
무시하기	들으려고 노력하지 않는다.
듣는 척하기	듣는 시늉만 보이려고 한다.
선택적 듣기	흥미 있는 부분에만 귀를 기울인다.
집중적 경청	상대방이 무엇을 말하는지에만 관심을 기울이거나 집중하며, 자신의 경험과 비교한다.
공감적 경청	상대방의 말, 의도, 감정을 이해하기 위해 가슴과 마음으로 듣고 응대한다.

2) 공감적 경청과 자서전적 반응

공감적 경청은 말하는 사람의 관점을 통해 사물을 보는 것이며, 상대방의 패러다임과 그가 느끼는 감정까지 이해하여, 상대방의 입장이 되어 이해하는 것을 말한다. 공감은 상대에게 그 자체로 치유의 효과가 있다. 어떤 사람을 이해시키는 데 가장 중요한 것은 무엇보다 먼저 상대방의 욕구, 관심, 우선순위를 이해하는 것이다. 상대방을 이해시킬 때는 '상대방'의 관점을 꼭 염두에 두어야 한다. 그러나 공감이 동의는 아니다.

많은 사람들은 충고하고, 상담하고, 응수하고, 논박하고, 해결하고, 고치고, 바꾸고, 판단하고, 동의하거나 반대하고, 분석하고, 단정 짓는 것을 공감적 경청으로 알고 있는데, 이런 행위들은 공감적 경청이 아니다. 자신의 경험에 의해 상대방의 경우를 적용시키는 것을 '자서전적 반응'이라 한다. 자서전적 반응에는 충고, 탐색, 해석, 평가 등이 있다.

- 충고(Advising): 문제에 대한 상담, 충고, 해결안을 제시한다.
- 탐색(Probing): 자기 자신의 준거 틀이나 관점을 가지고 질문을 한다.
- 해석(Interpreting): 자기 자신의 경험에 근거하여 다른 사람의 동기나 행동을 설명

한다. 사람들을 파악해 보려고 애쓴다.

- 평가(Evaluating): 판단한다. 또는 동의하거나 반대한다.

➡️ 학습 활동

1. 자서전적 반응을 예로 살펴보자. 여자 친구가 남자 친구와 싸워서 냉전중이다. 이 경우 친구에게 무슨 말을 해 줄 수 있을까?

자서전적 반응	대화 예시
충 고	"너 걔랑 헤어지는 게 나을 것 같다. 아니면 그 남자친구하고 계속 만나려면 옷차림에 신경 좀 써야 하지 않겠니?"
탐 색	"너 요즘에도 걔 만나니? 잘 만나지 않는 것 같던데…왜 잘 안 만나?"
해 석	"어쨌든 네 남자친구가 너한테 많이 매달린 건 아니었잖아? 네가 더 매달려서 걔가 너한테 관심이 없어진 것 아니니?"
평 가	"너무 안됐다. 하지만 네가 처음부터 잘못한 거야, 남자한테는 그렇게 하면 안 되지"

여러분이 실제로 위와 같은 반응을 보였다면 상대방은 어떤 생각이 들까? 아마도 이후로 그 친구와 다시 만나지 못하게 될 가능성도 있다. 그러면 어떻게 대화를 이끌어가야 할까?

※ 위의 상황에서 자신이 해줄 수 있는 말을 생각해보자

2.3. 공감적 경청의 방법

1) 공감적 경청의 단계(CARESS)

① 집중하라 (Concentrate)

② 인정하라 (Acknowledge)

③ 질문하고 반응하라 (Research & Respond)

④ 감정 억제 연습을 하라 (Exercise emotional control)

⑤ 비언어적 메시지를 포착하라 (Sense the nonverbal message)

⑥ 조직화하라 (Structure)

2) 공감적 경청의 자세

① 말하는 사람에게 어떻게 '올바른' 반응을 할 것인가에 신경 쓰지 말고 말하는 사람에게 초점을 맞춘다.

② 말이 막히면 상대방의 말을 그대로 반복한다. 당신이 성실하게 이해하려고 애쓰면, 당신 의도대로 조종하려는 사람으로 오해 받지 않을 것이다.

③ 침묵을 두려워하지 않는다. 때때로 아무 말 없이 그저 듣기만 하는 것으로 문제의 핵심에 다다를 수 있다.

공감적 경청에 도움이 되는 말
"시험을 그렇게 망쳤다니 정말 속상하겠네!" "아, 여자 친구가 양다리를 걸쳤다니 정말 화나고 속상했겠다." ☞ 내가 이해하기로는, 당신은 … 느낌이겠네요. ☞ 당신은 … 하게 보이네요

경청의 올바른 자세
• 상대를 정면으로 마주하는 자세는 그와 함께 의논할 준비가 되었음을 알리는 자세이다. • 손이나 다리를 꼬지 않는 소위 개방적 자세를 취하는 것은 상대에게 마음을 열어 놓고 있 다는 표시이다. • 상대방을 향하여 상체를 기울여 다가앉은 자세는 자신이 열심히 듣고 있다는 사실을 강 조하는 것이다. • 우호적인 눈의 접촉을 통해 자신이 관심을 가지고 있다는 사실을 알리게 된다. • 비교적 편안한 자세를 취하는 것은 전문가다운 자신만만함과 아울러 편안한 마음을 상대 방에게 전하는 것이다.

3) 소극적 청취와 적극적 청취

① 수동적(소극적)인 청취

수동적인 청취는 열심히 듣고 있다는 신호를 전혀 보이지 않는 것이다. 우리가 라디오를 들을 때는 대부분 소극적인 청취를 한다. 맞장구도 치지 않고 조용히 아무 말도 하지 않은 채로 그저 듣기만 한다. 그러나 일상적인 대화에서 이러한 청취 태도는 듣고 있는 상대가 이해를 했는지 관심이 있는지 전혀 알 수 없기 때문에 말하는 사람을 당황하게 만든다.

② 적극적인 청취

적극적인 청취란 다음의 세 가지를 모두 했을 때 이루어진다.

- 관심을 보인다.: 관심을 보인다는 것은 잘 듣고 있음을 보디랭귀지로 표현하는 것이다. 예를 들어 눈 맞추기(eye contact)가 이에 속한다.
- 말하는 사람의 흥을 돋운다.: 화자의 흥을 돋운다는 것은 대화가 흥이 나게 이어지도록 맞장구를 쳐 준다는 것이다. 흥을 돋우는 데는 두 가지 방법이 있는데, 하나는 즉시 답하기이다. 말하는 즉시 흥을 돋우어주는 기법으로, '아-', '예에', '오-' 등의 감탄사를 사용한다거나, 주요 단어를 반복하는 방법, 짧은 질문 등이 있다. 이때의 질문은 대화의 흐름을 연결시킬 수 있는 것이어야 하고 화자에게 다른 주

제로 빗겨가게 해서는 안 된다. 두 번째로 흥을 돋우는 방법은 코멘트 하기로 상
대의 말에 짧은 의견을 말하는 기법이다.

- 이해했음을 보여준다.: 이해했음을 보여주기 위해서는 그저 '이해합니다'라고 말
하지만 말고, 정말 상대방이 말한 것을 이해했다는 것을 증명해 보이는 것이 필
요하다. 이해했음을 보이는 두 가지 방법으로는 고개를 끄덕이거나, 반응을 보이
는 것이다.

2.4. 여러 가지 잘못된 듣기의 태도

미국의 화법학자 로스(Raymond S. Ross)는 그릇된 듣기 방법의 소유자들을 다음의
여섯 유형으로 나누었다(차배근 1996:115).

1) 끄덕거리기형

다른 사람의 이야기에 고개를 끄덕거리거나 반응을 보이며 듣는 척 하지만 실제로
는 듣지 않고 딴 생각을 하는 사람을 말한다.

2) 돼지형

다른 사람이 자기 이야기를 들어 줄 것을 바라면서도 상대방의 이야기는 들으려는
의지가 없는 사람을 말한다. 남의 말을 도중에 막고 자기 말만 하려는 사람 중에 이런
경향이 많다.

3) 빈 칸 채우기형

다른 사람의 이야기를 들을 때 그 전체는 듣지 않고 일부분만 들으면서 듣지 않은

부분은 자기 생각을 멋대로 채워 넣어 말하는 이의 이야기 내용을 자기 나름대로 해석하는 사람을 말한다.

4) 꿀벌형

자기에게 흥미 있거나 중요한 내용만 듣고, 그 나머지는 듣지 않는 사람을 말한다. 이런 사람은 마치 꿀벌이 꽃에서 필요한 꿀만 따고, 꽃을 보지 않는 것과 같기 때문에 이렇게 부른다.

5) 귀머거리형

남의 말에 완전히 귀를 닫고 전혀 듣지 않는 사람을 말한다. 겉으로도 전혀 듣지 않는 것처럼 행동하거나, 말하는 이의 이야기를 전혀 이해 못하는 척하기도 하며 설사 듣더라도 그 내용을 잊어버리는 유형이다.

6) 창던지기형

남의 이야기를 들으면서 말하는 이가 잘못을 저지르기를 기다리다가 만약 잘못을 발견하면 곧 적에게 창을 던지듯 그것을 반박하는 사람을 말한다. 이렇게 듣는 것을 방어형이라고도 부른다.

03 경청을 어떻게 할 것인가?

자신이 이야기를 진지하게 들어주는 사람이 있다는 것은 고맙고 기쁜 일인 만큼 상대방에게 호감을 얻기 위한 첫째 조건으로 좋은 청자가 되는 것을 들 수 있다. 그리고 좋은 청자가 되기 위해서는 마음이 편안한 상태로 듣는다거나 듣고 있다는 것을 맞장구로 표현하여 상대가 알도록 한다거나 질문을 활용하는 등으로 평소에 경청훈련을 해 두어야 한다. 대화법을 통한 경청 훈련을 통해서 습득한 대화법은 부모-자녀 관계, 직장 동료와의 대화 등 모든 인간관계에서 그대로 적용될 수 있다.

3.1. 주의 기울이기(바라보기, 듣기, 따라하기)

상대방의 이야기에 주의를 기울일 때는 몸과 마음을 다하여 들을 수 있어야만 한다. 따라서 산만한 행동은 중단하고 비언어적인 것, 즉 상대방의 얼굴과 몸의 움직임뿐만 아니라 호흡하는 자세까지도 주의하여 관찰해야 한다. 또한 상대방이 하는 말의 어조와 억양, 소리의 크기까지도 귀를 기울인다.

3.2. 상대방의 경험을 인정하고 더 많은 정보 요청하기

다른 사람의 메시지를 인정하는 것은 당신이 그와 함께하며 그가 인도하는 방향으로 따라가고 있다는 것을 언어적·비언어적인 표현을 통하여 상대방에게 알려주는 반응이다. 아울러 상대방이 말하고 있는 것에 대해 관심과 존경을 보이게 되면, 비록 상대방의 말에 완전히 동의하지 않더라도 상대방의 경험이 무엇인지 알게 된다. 또한 '요청하기'는 부드러운 지시나 진술, 질문의 형태를 취함으로써 상대방이 무엇이든지 당신에게 더 많은 것을 말할 수 있도록 하는 수단이 된다.

3.3. 정확성을 위해 요약하기

요약하는 기술은 상대방에 대한 자신의 이해의 정확성을 확인하는 데 도움이 될 뿐만 아니라, 자신과 상대방을 서로 알게 하며 자신과 상대방의 메시지를 공유할 수 있도록 한다. 예를 들어 상대방의 요점에 대해서 들은 것을 자신의 말로 반복하는 표현과 자신의 요약을 확인 또는 명료화하기 위해 질문하는 표현을 보자.

"당신은 어제 친구와 언쟁이 있었군요. 그래서 기분이 몹시 상했군요."
"당신은 지금 팀 프로젝트의 역할 분담을 제의하였지요? 방법은 아직 결정하지 않았군요. 같이 의논하자는 것인가요?"

3.4. 개방적인 질문하기

개방적인 질문은 보통 "누가, 무엇을 어디에서, 언제 또는 어떻게"라는 어휘로 시작된다. 이는 단답형의 대답이나 반응보다 상대방의 보다 다양한 생각을 이해하고, 상대방으로부터 보다 많은 정보를 얻기 위한 방법으로서 이로 인하여 서로에 대한 이해의 정도를 높이기 위해서다.

예를 들어 다음과 같은 표현을 사용할 수 있겠다.

"이번 주말 여행 계획에 대해 말해주겠어요?"
"직장을 옮기는 것에 대해 어떤 생각을 하고 있어요?

명확하지 않은 정보와 혼돈된 정보를 명확하게 하기 위해서, 인정 또는 사과의 정확성을 검토하기 위해서는 다음과 같은 표현을 사용한다.

"기운이 없어 보이는군요. 무슨 일이 있어요?
"당신은 나 때문에 정말 화난 것 같군요. 어떠세요?

3.5. '왜?'라는 질문 피하기, '왜?'라는 말 삼가기

"왜?"라는 질문은 보통 진술을 가장한 부정적·추궁적·강압적인 표현이므로 사용하지 않는 것이 좋다.

"왜요?", "왜 전화했어요?", "당신은 왜 내가 하라는 대로 하지 않지요?"

■ 개요

대인관계역량이란 구성원간의 다양한 견해와 입장을 이해하고 구성원들 간의 관계를 긍정적으로 형성하며 갈등이 발생했을 경우 원만히 조절하는 역량이다.

직장생활에서 협조적인 관계를 유지하고 조직구성원들에게 도움을 줄 수 있으며, 조직 내부 및 외부의 갈등을 원만히 해결하고 고객의 요구를 충족시켜줄 수 있는 능력을 기를 수 있도록 하기 위하여 아래의 세 가지 키워드를 제시한다.

- **리더십** : 팀의 목표 및 비전을 제시하고, 구성원들의 성취동기를 이끌어내어 목표달성을 향한 구성원의 능력을 결집하는 역량
- **갈등관리** : 의견대립이나 의견충돌 등의 갈등 상황에 대한 본질을 정확히 파악하여 갈등이 확대 또는 악화되는 것을 방지하고 협력적인 방식으로 최선의 해결책을 찾아낼 수 있는 역량
- **배려** : 타인의 다양한 견해와 입장을 고려하여 의사결정을 하고, 견해가 다른 사람들의 가치관도 존중함으로써 우호적인 분위기를 조성하는 역량

대인관계역량

■ 정의
구성원간의 다양한 견해와 입장을 이해하고 구성원들 간의 관계를 긍정적으로 형성하며 갈등이 발생했을 경우 원만히 조절하는 역량이다.

■ 학습목표
직장생활에서 협조적인 관계를 유지하고 조직구성원들에게 도움을 줄 수 있으며, 조직내부 및 외부의 갈등을 원만히 해결하고 고객의 요구를 충족시켜줄 수 있는 능력을 기를 수 있다.

■ key word
· 리더십
팀의 목표 및 비전을 제시하고, 구성원들의 성취동기를 이끌어내어 목표달성을 향한 구성원의 능력을 결집하는 역량

· 갈등관리
의견대립이나 의견충돌 등의 갈등 상황에 대한 본질을 정확히 파악하여 갈등이 확대 또는 악화되는 것을 방지하고 협력적인 방식으로 최선의 해결책을 찾아낼 수 있는 역량

· 배려
타인의 다양한 견해와 입장을 고려하여 의사결정을 하고, 견해가 다른 사람들의 가치관도 존중함으로써 우호적인 분위기를 조성하는 역량

CHAPTER 04

리더십

▶▶ 정의

팀의 목표 및 비전을 제시하고, 구성원들의 성취동기를 이끌어내어 목표달성을 향한 구성원의 능력을 결집하는 역량

▶▶ 학습목표

1.1. 리더십의 의미를 설명할 수 있다.

1.2. 리더십의 유형을 구분할 수 있다.

1.3. 직장생활에서 조직구성원의 동기를 부여할 수 있는 방법을 활용할 수 있다.

1.4. 코칭으로 리더십 역량을 강화할 수 있는 방법을 설명할 수 있다.

1.5. 권한위임의 의미를 설명할 수 있다.

▶▶ 행동사례

1. 업무에 도움이 되는 정보를 확인하여 논리적으로 구성원들을 설득할 수 있다.

2. 구성원들의 동기를 부여하는 방법을 활용하고 직장생활에서 주도적으로 변화를 이끈다.

3. 타인의 목표에 대한 가이드와 영향을 주기 위해 대인기술/문제해결 기술 사용할 수있다.

4. 구성원들의 자신의 개인적 특성 및 조직상황을 반영한 종합적 개발목표를 수립할 수 있도록 돕는다.

5. 구성원들의 업무에 도움이 되는 정보를 제공하고, 구성원들을 동기화시키고 이끌며, 팀의 목표 및 비전을 제시한다.

6. 구성원들의 업무에 도움이 되는 정보를 확인하고, 팀 구성원들에 대한 논리적인 설득으로 업무를 할당하며, 목표 및 비전설계과정에 동참한다.

7. 구성원들과 업무의 특성을 파악하고, 구성원들에게 업무를 할당하며, 팀의 목표 및 비전을 인식한다.

01 팀워크란 무엇인가?

경쟁이 치열한 현대사회에서 고성과를 내는 팀을 만들고 지속시키는 일은 매우 중요하다. 실제로 조직이 생존에 급급해 할지 또는 여유롭게 번영을 구가할 것인지 여부는 팀을 효과적으로 운영하는 데 달려 있다. 이 때 모든 구성원이 조직의 주인으로서 사고하고 결정을 내리는 것은 매우 중요한 요건이다. 팀워크는 Team과 Work의 합성어로서 팀 구성원이 공동의 목적을 달성하기 위하여 상호 관계성을 가지고 협력하여 일을 해 나가는 것을 의미한다.

효과적인 팀이란 팀 에너지를 최대로 활용하는 고성과 팀이다. 팀원들의 강점을 잘 인식하고 이들 강점을 잘 활용하여 팀 목표를 달성하는 자신감에 찬 팀이다. 또한 효과적인 팀은 업무 지원과 피드백, 그리고 동기부여를 위해 구성원들이 서로 의존하는 팀이다. 한마디로 말해서 효과적인 팀은 다른 팀들보다 뛰어나다.

02 리더십과 멤버십

리더십(leadership)과 멤버십(membership)의 두 개념은 상호 보완적이며 필수적인 관계이다. 좋은 리더가 나쁜 멤버를 만난 경우, 좋은 리더가 나빠질 수 있고, 나쁜 리더가 좋은 멤버를 만난 경우, 나쁜 리더가 좋은 리더가 될 수도 있음을 상기하여야 한다. 결국 어떠한 리더를 만나더라도 멤버로서 해야 할 역할을 정확히 인식하는 것이 중요하다.

멤버십이란 조직의 구성원으로서 자격과 지위를 갖는 것으로 훌륭한 멤버십은 팔로워십(followership)의 역할을 충실하게, 잘 수행하는 것이다. 결국 멤버십과 팔로워십은 같은 개념으로 볼 수 있다. 팔로워십이란 리더를 따르는 것으로, 따르는 사람들은 헌신, 전문성, 용기, 정직하고 현명한 평가 능력이 있어야 한다. 따르는 자는 융화력이 있어야 하고 겸손함이 있어야 하며 리더의 결점이 보일 때도 덮어주는 아량이 있어야 한다. 따르는 자들이 제대로 서 있는 집단만이 어떤 일을 성취해 낼 수 있다.

━━▷ 학습 활동 ─────────────

흔히 조직이 성공하기 위해서는 리더십을 잘 발휘하는 리더와 멤버십을 잘 발휘하는 탁월한 멤버가 있어야 한다고 이야기를 한다. 리더십과 멤버십은 분명히 서로 다른 개념이다. 그러나 두 개념은 독립적인 관계가 아니라 상호 보완적이며 필수적인 관계이다. 그렇다면 멤버십이란 무엇인가?

1. 멤버십이란 무엇인지 각자의 생각을 적어보도록 하자

2. 리더십 유형이 아닌 멤버로서의 자신의 멤버십에 대해 생각해보자. 다음의 질문에 대해 자신에게 해당한다고 생각하는 것에 체크해보자.

질 문	거의 드물다 ⟷ 거의 언제나						
1. 당신의 일은 자신에게 중요한 그 어떤 사회적 목표나 개인적인 꿈을 성취하는데 도움이 되는가?	1	2	3	4	5	6	7
2. 당신 개인의 업무목표가 조직의 최고목표와 일치하는가?	1	2	3	4	5	6	7
3. 당신은 최선의 아이디어와 능력을 일과 조직에 쏟아 붓고 지극히 헌신적이며 정력적으로 일하는가?	1	2	3	4	5	6	7
4. 당신의 열의가 확산되어 동료 직원들을 활기차게 만드는가?	1	2	3	4	5	6	7
5. 리더의 지시를 기다리거나, 떠맡지 않고 조직에 가장 중요한 목표를 성취하기 위해 무엇이 중요한 활동인지를 자신이 판단하는가?	1	2	3	4	5	6	7
6. 더와 조직에 더욱 가치 있는 사람이 되기 위해서 당신은 독특한 능력을 적극적으로 발휘하는가?	1	2	3	4	5	6	7
7. 새로운 일이나 임무가 시작되었을 때, 리더가 중요한 의미라고 생각하는 부분에서 곧바로 공적을 세우는가?	1	2	3	4	5	6	7
8. 당신이 부족한 점을 채울 것이라는 점을 믿고, 리더는 어려운 임무를 당신에게 맡기는가?	1	2	3	4	5	6	7
9. 당신은 자신의 업무범위를 벗어나는 일도 찾아내서 성공적으로 완수하기 위해 솔선수범 하는가?	1	2	3	4	5	6	7
10. 리더의 부재시에도, 맡은 일보다 많은 일을 하고 능력껏 일하는가?	1	2	3	4	5	6	7
11. 리더나 조직의 목표에 크게 공헌할 수 있는 새로운 아이디어를 독자적으로 고안해서 적극적으로 제기하는가?	1	2	3	4	5	6	7

12. 리더에게 의존해서 어려운 문제를 해결하기 보다는 스스로 해결하려 하는가?	1	2	3	4	5	6	7
13. 자신은 아무런 인정을 받지 못할 때라도 다른 동료들이 좋은 평가를 받도록 돕는가?	1	2	3	4	5	6	7
14. 필요한 경우 일부러 반대의견을 개신해서라도 리더와 팀이 실패의 위험성을 볼 수 있도록 돕는가?	1	2	3	4	5	6	7
15. 리더의 요구나 목표 제약을 이해하고 그것을 충족시키기 위해서 열심히 일하는가?	1	2	3	4	5	6	7
16. 자신에 대한 평가를 미루기 보다는 장점과 약점을 적극적이고 솔직하게 인정하는가?	1	2	3	4	5	6	7
17. 단지 지시 받은 일을 하는 것에서 탈피하여 리더가 내린 판단이 얼마나 현명한가를 스스로 평가해 보는 습관이 있는가?	1	2	3	4	5	6	7
18. 리더가 전문분야나 개인적인 흥미에 정변으로 배치되는 일을 줄 때 'No'라고 하는가?	1	2	3	4	5	6	7
19. 리더나 팀의 기준이 아니라 자신의 윤리적 기준에 따라 행동하는가?	1	2	3	4	5	6	7
20. 당신이 속한 집단과 의견이 다르거나 리더로부터 질책을 당한다고 해도 당신은 중요한 이슈에 대해서 자기견해를 주장하는가?	1	2	3	4	5	6	7

03 리더십이란?

3.1. 리더십의 개념

리더십에 대해 정확히 규정된 정의는 없다. 이것을 이해하는 것이 효과적인 리더가 되는 데 있어 첫 번째 단계라고 할 수 있다. 그러면 리더(Leader)란 어떤 사람을 말하는가?

조직이나 단체 따위에서 전체를 이끌어 가는 위치에 있는 사람

- 표준국어대사전

집단의 통일을 유지하고 성원이 행동하는 데 있어 방향을 제시하는 역할을 하는 인물.

- 네이버백과사전

리더십에 대한 몇몇 일반적인 정의나 개념에는 다음과 같은 것들이 있다.

- 조직성원들로 하여금 조직목표를 위해 자발적으로 노력하도록 영향을 주는 행위
- 목표달성을 위하여 어떤 사람이 다른 사람에게 영향을 주는 행위
- 어떤 주어진 상황 내에서 목표달성을 위해 개인 또는 집단에 영향력을 행사하는 과정
- 자신의 주장을 소신 있게 나타내고 다른 사람들을 격려하는 힘

위에서 볼 수 있듯이 리더십의 의미는 매우 다양하다. 그리고 '리더'라고 하면 은연중 그 대답 속에 다소 어떤 직위가 있어야 한다고도 생각할 수 있다. 그러나 리더는 반드시 직위를 수반하는 것은 아니다. 직급에 따라 요구하는 리더십 역량이 다소 다를 뿐이다. 전 조직원이 각자의 위치에서 리더십으로 무장할 때 그 조직은 매우 강하며 밝은 미래를 가질 수 있을 것이다.

리더십이란 조직의 공통된 목적을 달성하기 위하여 개인이 조직원들에게 영향을 미치는 과정이다.

리더는 미래 통찰력을 가지고 조직의 성장에 영향력을 미치는 공통된 목표를 제시하여야 하고, 그 목표를 달성할 수 있도록 조직원들과 팀워크를 이루어 성과를 내는 과정을 주도하는 사람이라고 볼 수 있다.

리더십의 발휘 구도는 산업 사회에서 정보 사회로 바뀌면서 수직적 구조에서 전방위적 구조의 형태로 바뀌게 되었다. 즉, 과거에는 상사가 하급자에게 리더십을 발휘하는 형태를 띠었으나, 오늘날은 리더십이 전방위적으로 발휘된다. 상사가 하급자에게 발휘하는 형태가 아닌 하급자뿐만 아니라 동료나 상사에게까지도 발휘해야 되는 형태가 된 것이다. 오늘날처럼 변화의 속도가 빠른 시기에는 각자의 위치에서 각각 신속하고 효율적인 의사 결정을 내려야하기 때문에 개인마다 별도의 주체적인 리더십이 필요하게 되었다.

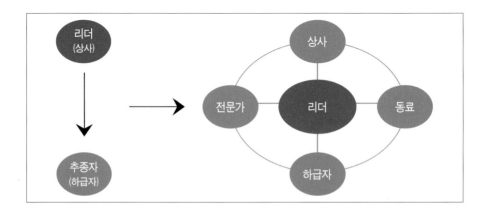

3.2. 리더의 조건

리더(Leader)와 관리자(Manager)는 어떤 차이가 있을까. 일류 리더는 매니지먼트의 기술에 리더의 능력을 부가가치로 가지고 있는 사람이다. 리더와 관리자의 최대의 차이점은 비전이 있고 없음에 있다. 관리자의 역할이 자원을 관리·분배하고, 당면한 문제를 해결하는 것이라면 리더는 비전을 선명하게 구축하고, 그 비전이 팀 멤버의 협력 아래 실현되도록 환경을 만들어 주는 것이다.

관리자의 관심사가 주로 사람이나 물건을 관리하는 것에 있는 데 비해, 리더는 사람의 마음을 중시하고, 사람의 마음에 불을 지피는 사람이다. 또 관리자가 오늘의 구체적인 문제를 대상으로 삼는 데 비해, 리더는 미래를 향한 새로운 상황 창조자인 것이다.

리더	관리자
옳은 일을 찾아내어 하는 것(DO RIGHT THINGS) 어디로 갈 것인가? - 효과성 - 방향성 - 과정 + 결과 - 목적 - 원칙 - 진정 원하는 사다리 오르기	주어진 일을 제대로 하는 것(DO THINGS RIGHT) 어떻게 도달할 것인가? - 효율성 - 스피드 - 결과 중심 - 방법 - 관행 - 신속하게 사다리 오르기

관리자는 효율성을 지향하고 리더는 효과성을 지향한다. 따라서 효율적인 인생은 사다리를 빨리 오르는 데 급급하지만, 효과적인 인생은 옳은 사다리 오르기에 집중하는 것이다.

바람직한 리더는 바른 성품과 역량을 지니고 있어야 한다.

일반적으로 성공을 위해서 리더십이 필요하다고 한다. 어떤 사람들이 성공한 사람들일까? 기업의 CEO, 전문가, 군의 간부, 문화예술가, 정치가 등 반드시 사회적 지위가 높고 유명한 사람이 꼭 성공한 사람일까? 성공과 행복은 개인의 가치관에 따라 다르다.

성공은 개인적 차원의 성공과 사회적 차원의 성공으로 나눌 수 있다. 개인적 차원의 성공은 지위와 권력 및 경제력 등 객관적·외면적인 성공과 자아성취감과 보람 등 주관적·내면적인 성공으로 나뉜다. 이 내면과 외면의 성공을 함께 달성해야만 행복한 성공이라 할 수 있다. 사회적 차원의 성공은 사회에 올바른 가치를 제시하고 좋은 영향력을 행사하며, 사회를 밝게 만드는데 공헌하는 것이다. 따라서 훌륭한 성공이란 개인적 차원과 사회적 차원의 성공을 아울러야 하는 것이다. 리더십은 성공의 문을 여는 핵심적 열쇠이다.

3.3. 리더십의 유형

일반적으로 리더십 유형은 크게 독재자 유형, 민주주의에 근접한 유형, 파트너십 유형, 변혁적 리더십 유형 등 크게 4가지로 구분할 수 있다.

1) 독재자 유형

당신은 지금까지 살아오면서 강력한 독재자를 접해본 경험이 있을 것이다. 정치학에서 그 어원이 비롯된 것과 같이, 독재형은 정책의사결정과 대부분의 핵심정보를 그들 스스로에게만 국한하여 소유하고 고수하려는 경향이 있다.

독재자 유형은 특히 집단이 통제가 없이 방만한 상태에 있을 때 혹은 가시적인 성과물이 보이지 않을 때 사용한다면 효과적일 수 있다. 이러한 경우 독재자 유형의 리더는 팀원에게 업무를 공정히 나누어주고, 그들 스스로가 결과에 대한 책임을 져야 한다는 것을 일깨울 수 있다.

2) 민주주의에 근접한 유형

민주주의에 근접한 유형의 리더십은 독재자 유형의 리더십보다 관대한 편이다. 리더는 그룹에 정보를 잘 전달하려고 노력하고, 전체 그룹의 구성원 모두를 목표방향 설정에 참여하게 함으로써 구성원들에게 확신을 심어주려고 노력한다.

민주주의에 근접한 방식은 당신이 혁신적이고 탁월한 부하직원들을 거느리고 있고, 또 그러한 방향을 계속적으로 지향할 때 가장 효과적이다. 기발하고 엄청난 아이디어를 가졌다고 할지라도, 양적인 것이 항상 질적인 것까지 수반하는 것은 아니다. 리더에게는 옳고 그름을 결정할 책임이 있다.

3) 파트너십 유형

파트너십은 이전까지 논의한 리더십 형태와는 전혀 다른 형태의 리더십이다. 독재자 유형과 민주주의에 근접한 유형은 리더와 집단 구성원 사이에 명확한 구분이 있다. 하지만 파트너십에서는 그러한 구분이 희미하고, 리더가 조직에서 한 구성원이 되기도 한다.

파트너십 유형은 소규모 조직에서 풍부한 경험과 재능을 소유한 개개인들에게 적합하다. 신뢰, 정직 그리고 구성원들의 능력에 대한 믿음이 파트너십의 핵심요소이다.

4) 변혁적 유형

변혁적 리더는 개개인과 팀이 유지해온 이제까지의 업무수행 상태를 뛰어넘으려 한다. 변혁적 리더는 전체 조직이나 팀원들에게 변화를 가져오는 원동력이다.

04 동기부여

'동기부여'는 리더십의 핵심 개념이다. 팀의 구성원으로서 일을 하든 다른 사람의 지도를 받지 않고 자신의 소신대로 일을 하든, 일을 멋지게 처리하도록 자기 자신에게 동기를 부여해야만 좋은 결과를 얻을 수 있다.

리더는 조직원들이 금전적인 보상이나 편익, 승진에 의해서만 동기를 부여받을 것이라는 단순한 생각으로 그들을 대해서는 안 된다. 이 같은 보상이 단기간에 좋은 결과를 가져오고 직원들의 사기를 끌어올릴 수 있지만, 그 효과는 오래가지 못한다. 즉 금전적인 보상이나 스톡옵션 등의 외적인 동기유발제는 조직원들에게 멋진 혜택일 수 있지만, 그들이 지속적으로 최선을 다하도록 동기를 부여하는 데는 충분하지 않다는 뜻이다.

조직원들이 지속적으로 자신의 잠재력을 발휘하도록 만들기 위해서는 외적인 동기유발제 그 이상을 제공해야 한다. 사실 모든 조직원들의 욕구를 만족시킬 수 있는 이상적인 근무환경을 만들기란 쉽지 않다. 그러나 이러한 환경이 마련된다면 조직원들은 돈이나 편익 등 비본질적인 요인이 아닌, 자기 내면의 순수한 욕망에 의해 동기를 부여받을 것이다.

[동기부여의 방법]

1. 긍정적 강화법을 활용한다.
2. 새로운 도전의 기회를 부여한다.
3. 창의적인 문제해결법을 찾는다.
4. 책임감으로 철저히 무장한다.
5. 몇 가지 코칭을 한다.
6. 변화를 두려워하지 않는다.
7. 지속적으로 교육한다.

05 코칭이란?

코칭 활동은 직원들의 능력을 신뢰하며 확신하고 있다는 사실에 기초한다. 코칭은 조직의 지속적인 성장과 성공을 만들어내는 리더의 능력이라고 말할 수 있다.

1) 코칭 기술은 언제 필요한가

코칭은 커뮤니케이션 과정의 모든 단계에서 활용할 수 있다. 직원들과 함께 의견을 나누고 공유하게 해 효과적인 해결책과 빠른 성과를 이끌어낸다. 시간이 지날수록 코칭은 모든 사람을 팀에 관여하도록 하고, 프로젝트 또는 업무를 훌륭하게 수행하도록 하는 데 기여한다. 또한 실수나 비효율적인 방법을 사전에 파악해서 개선하게 하므로 업무 성과를 높이고 직원들 간의 관계를 돈독하게 할 뿐 아니라, 직원 개개인이 강한 자신감과 자긍심을 갖도록 이끌어준다.

2) 코칭은 관리가 아니다

코칭과 관리는 대표적인 커뮤니케이션 도구이다. 그러나 둘은 전혀 다른 접근법을 특징으로 한다. 관리의 도구로 활용되는 전통적인 접근법에서는 리더가 지식이나 정보를 하달하며 의사결정의 권한을 가지고 있는 것이 당연하게 받아들여진다.

코칭은 이와 같은 전통적인 접근법과는 거리가 멀다. 리더는 이를 깊이 인식해야 하며, 자신이 가지고 있는 통제 권한을 기꺼이 버려야 한다. 코칭활동은 다른 사람들을 지도하는 측면보다 이끌어주고 영향을 미치는 데 중점을 두기 때문이다. 코칭은 지침보다는 질문과 논의를 통해, 통제보다는 경청과 지원을 통해 상황의 발전과 좋은 결과를 이끌어낸다.

3) 코칭이 개인에게 주는 혜택

코칭은 문제가 발생하기 전에 이루어지는 커뮤니케이션(Proactive Communication)에 기초하는 것 말고도, 영향 및 리더십에 기초하고 있다. 코칭은 관리 도구가 아닌 관리 스타일이다. 코칭을 하는 과정에서 리더는 직원들을 기업에 값진 기여를 하는 파트너로 인식하게 된다. 한편 성공적인 코칭을 받은 직원들은 문제를 스스로 해결하려고 노력하는 적극성을 보인다.

4) 코칭의 기본 원칙

1. 관리는 만병통치약이 아니다.
2. 권한을 위임한다.
3. 훌륭한 코치는 뛰어난 경청자이다.
4. 목표를 정하는 것이 가장 중요하다.

5) 코칭의 진행 과정

코칭 모임을 준비할 경우, 어떤 활동을 다룰 것이며 시간은 어느 정도 소요될 것인지에 대해서 직원들에게 구체적이고 명확히 밝힌다. 지나치게 많은 지시와 정보로 직원들을 압도하는 일이 없도록 하고, 질문과 피드백에 충분한 시간을 할애한다.

1. 시간을 명확히 알린다.
2. 목표를 확실히 밝힌다.
3. 핵심적인 질문으로 효과를 높인다.
4. 적극적으로 경청한다.
5. 반응을 이해하고 인정한다.
6. 직원 스스로 해결책을 찾도록 유도한다.
7. 코칭과정을 반복한다.
8. 인정할 만한 일은 확실히 인정한다.
9. 결과에 대한 후속 작업에 집중한다.

6) 코칭은 어떤 사람들에게 필요한가

전통적으로 코칭은 리더나 관리자가 직원들을 코치하는 관점에서 활용되었다. 하지만 이제는 상황이 바뀌었다. 코칭은 다음과 같은 사람들에게 성공적인 커뮤니케이션 수단이다.

- 판매자: 새롭고 효과적인 해결책을 설계, 진행 및 실현하는 데 활용
- 고객: 고객만족 문제를 해결하고, 장기적인 수익을 실현하는 데 활용
- 직장 외의 사람들과 상황에서도 활용

06 일은 잘하는 사람에게 위임하라

리더십의 핵심 개념 중 하나는 '권한위임(임파워먼트, Empowerment)'라고 할 수 있다. 직원들에게 일정 권한을 위임함으로서 훨씬 수월하게 성공의 목표를 이룰 수 있을뿐더러 존경받는 리더로 거듭날 수 있다. 자신의 능력을 인정받아 권한을 위임받았다고 인식하는 순간부터 직원들의 업무효율성은 높아지게 마련이지만, 안타까운 점은 많은 리더들이 직원들에게 권한을 위임하지 않는다는 것이다.

권한위임(Empowerment)이란 조직성원들을 신뢰하고, 그들의 잠재력을 믿으며, 그 잠재력의 개발을 통해 High Performance 조직이 되도록 하는 일련의 행위이다.

1) 권한위임의 이점

성공적인 리더들은 단순한 권한위임을 해주거나 시행시키지 않는다. 대신 그들은 권한위임이 가능할 수 있는 여건을 조성한다. 리더와 그를 따르는 사람들 모두에 의해 권한위임이 일어날 수 있는 문화가 조성되면, 조직의 모든 사람들로부터 시너지적이고 창조적인 에너지를 끌어낸다. 권한위임을 하면 생산성이 향상되고 사람들의 좋은 기회에 대한 큰 기대를 하게 되며 진보적이고 성공적인 조직을 만들 수 있게 되는데, 권한위임이 잘 되어 높은 성과를 이루어내는(High Performance) 조직이 되면 다음과 같은 이점이 나타난다.

- 나는 매우 중요한 일을 하고 있으며, 이 일은 다른 사람이 하는 일보다 훨씬 중요한 일이다.
- 일의 과정과 결과에 나의 영향력이 크게 작용했다.

- 나는 정말로 도전하고 있고 나는 계속해서 성장하고 있다.
- 우리 조직에서는 아이디어가 존중되고 있다.
- 내가 하는 일은 항상 재미가 있다.
- 우리 조직의 구성원들은 모두 대단한 사람들이며, 다 같이 협력해서 승리하고 있다.

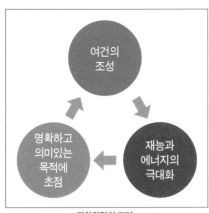

권한위임의 조건

2) 권한위임의 충족 기준

진정한 권한위임은 혁신성과 자발성을 이끌어 내고 조직 전체의 목적에 헌신하도록 유도함으로써 방향감과 질서의식을 실제로 창출하게 한다. 대부분의 조직에 있어서 장기적으로 효과성을 극대화하려면 권한위임을 극대화해야 하는데, 진정한 권한위임을 위해서는 다음의 3가지 기준이 반드시 충족되어야 한다.

1. 여건의 조성

권한위임은 사람들이 자유롭게 참여하고 기여할 수 있는 일련의 여건들을 조성하는 것이다. 그것은 사람들에게 행해지는 어떤 행동이 아니다.

2. 재능과 에너지의 극대화

권한위임은 사람들의 재능과 욕망을 최대한으로 활용할 뿐만 아니라 더 나아가 확대할 수 있도록 하는 것이다.

3. 명확하고 의미있는 목적에 초점

권한위임은 사람들이 분명하고 의미 있는 목적과 사명을 위해 최대의 노력을 발휘하도록 해주는 것이다.

3) 권한위임의 여건

효과적인 리더는 각 사람들의 능력을 발휘할 수 있도록 조직 내의 권한위임 여건들을 창출하려 한다. 권한위임이 잘 되지 않은 환경에서는 많은 경우에 사람들의 능력이 발휘되지 못할 것이다. 이러한 권한위임 여건들은 사람들을 성장하게 하고, 사람들의 의미 있는 목적을 성취하기 위해 그들이 가진 잠재력과 창의성을 최대한 발휘하게 하고, 이해당사자들의 욕구를 충족시키거나 능가하게까지 한다.

권한위임 환경에서는 사람들의 에너지, 창의성, 동기 및 잠재능력이 최대한 발휘되는 경향이 있다. 반 권한위임 환경은 사람들이 현상을 유지하고 순응하게 만드는 경향이 있다. 높은 성과를 내는 권한위임 환경의 특징에는 다음과 같은 것들이 포함된다.

1. 도전적이고 흥미 있는 일
2. 학습과 성장의 기회
3. 높은 성과와 지속적인 개선을 가져오는 요인들에 대한 통제
4. 성과에 대한 지식
5. 긍정적인 인간관계
6. 개인들이 공헌하며 만족한다는 느낌
7. 상부로부터의 지원

4) 권한위임의 장애요인

리더는 권한위임의 여건을 마련하는 일 외에 권한위임에 장애가 되는 요인들에 대해서도 알고 있어야 하는 바, 4가지 차원과 관련된 장애요인들을 살펴보면 다음과 같다.

1. **개인 차원** : 주어진 일을 해내는 역량의 결여, 동기의 결여, 결의의 부족, 책임감 부족, 의존성
2. **대인 차원** : 다른 사람과의 성실성 결여, 약속 불이행, 성과를 제한하는 조직의 규범, 갈등처리 능력 부족, 승패의 태도
3. **관리 차원** : 통제적 리더십 스타일, 효과적 리더십 발휘 능력 결여, 경험 부족, 정책 및 기획의 실행 능력 결여, 비전의 효과적 전달능력 결여
4. **조직 차원** : 공감대 형성이 없는 구조와 시스템, 제한된 정책과 절차

CHAPTER 05
갈등
관리

▶▶ 정의

의견대립이나 의견충돌 등의 갈등 상황에 대한 본질을 정확히 파악하여 갈등이 확대 또는 악화되는 것을 방지하고 협력적인 방식으로 최선의 해결책을 찾아낼 수 있는 역량

▶▶ 학습목표

1.1. 갈등의 개념 및 원인에 대해 설명할 수 있다.

1.2. 다른 사람과의 갈등 상황의 근본원인을 정확하게 파악할 수 있다.

1.3. 갈등상황의 원인을 파악하고 갈등해결 방법을 찾아낼 수 있다.

1.4. 갈등해결 원칙 및 최적의 갈등해결 방법을 선택하여 적용할 수 있다.

▶▶ 행동사례

1. 상호수용적이고 개방적인 분위기를 만들기 위해 노력한다.

2. 갈등을 현명하게 극복하기 위해 규칙과 소통 방법을 개발한다.

3. 갈등이 발생하더라도 탓하기보다 상황이나 맥락을 분석하여 갈등의 근본원인을 찾는다.

4. 갈등을 외면하지 않고 원만하게 조정하여 해결방안을 찾는다.

5. 갈등 당사자 쌍방이 만족할 수 있는 해결안을 찾도록 한다.

01 새로운 눈으로 갈등 바라보기

1.1. 갈등 개념

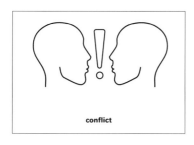

갈등을 의미하는 영어단어인 'conflict'의 'con(=together)'은 함께, 서로 라는 뜻이고, 'flict'는 충돌이라는 뜻이다. 즉 서로 충돌하는 것 이라는 의미이다. 한자어로는 葛藤(갈등)인데, 여기서 葛(갈)은 '칡나무 갈'이고 藤(등)은 '등나무 등'이다. 갈등은 왼쪽으로 감아 올라가는 칡나무와 오른쪽으로 감아올라가는 등나무가 뒤엉켜있는 상태, 즉 일이 서로 복잡하게 뒤얽혀 화합하지 못함을 비유하는 단어이다.

즉 갈등이란 당사자간에 가치, 규명, 이해, 아이디어, 목표 등이 서로 불일치하여 충돌하는 상태를 의미한다. 또는 동일한 대상이나 상황이라고 하더라도 개인적인 입장에 따라 갈등에 대한 해석은 달라질 수 있다.

현대 사회는 다양한 가치관이 공존하는 사회이기 때문에 갈등이 생기기 쉽다. 서로 다른 이해관계를 추구하는 개인과 집단이 갈등을 겪고 갈등관리를 통하여 문제를 해결하며 서로 공존하고 있다. 갈등은 즉각적으로 다루지 않으면 나중에 곪아터질 수 있다. 그렇게 된다면 갈등으로 인해 공동체의 효율성이 떨어지고 점점 더 문제 해결은 어려워진다. 하지만 갈등의 존재를 인정하거나, 갈등은 무조건 나쁜 것이 아니라는 긍정적인 시각으로 관리한다면 갈등은 오히려 변화와 성장을 자극할 수 있을 것이다.

그렇다면 갈등은 좋은 것인가? 나쁜 것인가? 결론적으로 갈등은 순기능과 역기능을 동시에 가지고 있다. 순기능으로는 갈등에 닥쳤을 때 사람들은 평상시보다 더 혁신적이 되며, 다양한 심리적 요구들을 만족시킬 수 있고, 가치 있는 혁신과 변화를 이끌어 낼 수 있다는 점이다. 반면에, 역기능도 있다. 생산성이 떨어지고, 자신이 이익만을 과도하게 주장하여 상대를 원수나 적으로 만들 수 있으며, 지속적인 갈등은 정서적, 신체적으로 부정적인 영향을 줄 수 있다. 하지만 굳이 불필요한 갈등까지 우리가 가지고 갈 필요는 없다. 갈등에 현명하게 대처하도록 자신만의 갈등관리 방법을 터득하도록 삶의 지혜를 배워가야 한다.

1.2. 갈등 단서 및 증폭원인

1) 갈등 단서

우리는 일상생활이나 직장생활 등에서 다른 사람들과 많은 갈등을 경험하고 있다. 아무리 성숙한 집단이라고 하더라도 다양한 사람들이 섞여있는 조직은 언제나 갈등이 생기기 마련이다. 갈등 당사자는 갈등을 사전에 감지하고 갈등으로 인해 소모된 요소를 감소시켜 조직의 생산성과 비전을 높이는 노력을 해야 할 것이다.

그럼 우리는 주변에서 갈등이 존재하고 있다는 사실을 알고 있는가? 생활에 너무 몰두하거나 개인적으로 조금 무딘편이라서 심지어 본인이 갈등과 관계되어 있음에도 깨닫지 못하고 있을 수도 있다. 주변사람들 간에 갈등이 있다는 것을 확인하고 깨닫는 일이 중요하다.

다음을 갈등들을 파악하는 데 도움이 되는 몇 가지 단서들이다.

- 지나치게 감정적으로 논평과 제안을 한다.
- 타인의 의견발표가 끝나기도 전에 타인의 의견에 대해 공격을 한다.
- 핵심을 이해하지 못한 데 대해 서로 비난한다.
- 편을 가르고 타협하기를 거부한다.
- 개인적인 수준에서 미묘한 방식으로 서로를 공격한다.

2) 갈등 증폭원인

갈등이 존재한다는 사실을 인정하고 해결을 위한 조치를 바로 취한다면 갈등을 오히려 효율적인 성과를 내는 기회로 삼을 수 있다. 하지만 우선 갈등을 관리하고 해소하는 방법을 보다 잘 이해하기 위해서는 갈등을 증폭시키는 원인이 무엇인지 알아보아야 한다. 그리고 갈등에 직접 관련된 조직원들은 원활한 갈등해결을 위해 갈등이 증폭되지 않도록 노력해야 할 것이다.

갈등의 증폭 원인 3가지는 다음과 같다.

적대적 행동	입장 고수	감정적 관여
• 팀원들은 승패의 경기를 시작	• 공동의 목표 달성 필요성을 안 느낌	• 자신의 입장에 감정적으로 묶임
• 문제를 해결하기보다는 승리하기를 원함	• 각자의 입장만을 고수하고, 의사소통의 폭이 좁으며, 서로 접촉하는 것을 꺼림	

1.3. 갈등 유형 및 원인

1) 갈등 유형

우리가 실제로 갈등을 겪고 있다면 이것을 무조건 해결하려고 하기보다는 근본적인 것을 검토해볼 필요가 있다. 이 갈등이 서로에 대한 시각이나 이해하는 시각이 달라서 합의점만 찾는 다면 해결할 수 있는 것인지, 아니면 개개인적인 감정이나 정보 부족, 혹은 편견으로 생긴 것으로 불필요한 갈등인지를 점검해보는 과정이 필요하다.

불필요한 갈등	해결할 수 있는 갈등
• 개개인이 저마다 문제를 다르게 인식하거나 • 정보가 부족한 경우 • 편견 때문에 발생한 의견불일치로 적대적 감정이 생길때 일어나는 갈등	• 목표와 욕망, 가치, 문제를 바라보는 시각과 이해하는 시각이 다를 경우에 일어날 수 있는 갈등

- 근심걱정, 스트레스, 분노 등의 부정적인 감정
- 잘못 이해하거나 부족한 정보 등, 전달이 불분명한 커뮤니케이션
- 편견, 변화에 대한 저항, 항상 해오던 방식에 대한 거부감 등에서 나오는 의견 불일치

2) 갈등 원인

갈등은 왜 일어날까요? 무엇 때문인지 딱 한가지만으로 정리할 수는 없을 것이다. 갈등의 원인은 복합적으로 작용하기 때문이다. 갈등을 유발시키는 소재로는 개인 내 갈등인 내적 갈등과 개인 간 갈등인 외적 갈등 그리고 조직 갈등으로 나뉘진다. 내적 갈등에는 역할이나 선택의 갈등, 개인적 성향차이가 있고, 외적 갈등으로는 개인 간의 다른 이해관계를 들 수 있다. 조직적 갈등에는 업무상 신뢰부재, 업무상 소통 부재, 업무적 구조 갈등, 그리고 조직문화 등이 있다.

구분		설명
내적 갈등 (개인 내 갈등)	▶역할 갈등	• 학생인가? 아르바이트생인가 ?
	▶선택 갈등	• 접근 – 접근 갈등(하고 싶은 일이 동시에 부딪혀서 갈등이 발생하는 경우) • 접근 – 회피 갈등(하고 싶은 일과 하기 싫은 일이 충돌하면서 발생하는 경우) • 회피 – 회피 갈등(하기 싫은 일끼리 서로 부딪혀서 괴로운 상황)

내적 갈등 (개인 내 갈등)	▶개인적 성향차이 갈등	• 성격 스타일 • 가치관과 세계관 차이
외적 갈등 (개인 간 갈등)	▶개인 간 다른 이해관계 갈등	• 상하 간의 갈등 • 동등 간의 갈등
조직 갈등	▶업무상 신뢰 부재 갈등	• 리더십 부재 • 구성원과의 불화 • 책임 회피
	▶업무상 소통 부재 갈등	• 불명확한 업무지시 • 무조건적 지시 • 반대를 위한 반대
	▶조직문화 갈등	• 경쟁지향적 조직문화 • 수직적 조직문화 • 성과중심 조직문화

　갈등은 다양하면서도 복잡한 원인을 가지고 있다. 갈등의 문제는 원인이 있고 그로 인해 야기되는 영향이 있다. 갈등의 원인이 뿌리라면, 갈등의 문제는 줄기 그리고 갈등의 영향은 열매에 해당한다. 예를 들어, 학생들끼리 조별발표를 하는데, 조장과 조원이 싸움이 났다. 이 갈등의 문제에는 원인이 있다. 평소에 관계가 좋지 않았거나, 조원이 남자친구와 헤어져서 화나 짜증이 많이 나있었거나, 조장이 충분한 설명을 하지 않았거나, 서로 존중하지 않은 원인이 있었을 것이다. 이러한 원인으로 생긴 문제로 인해, 서로 피하거나, 비협조적이 되거나, 조원이 교체되고 조별발표 자료가 좋게 나오지 않고 당연히 조점수가 낮게 나오게 될 것이다.

　갈등의 원인은 복합적이라는 것을 인지하고, 갈등의 원인을 객관화하여 인식해야 갈등을 해결할 수 있음을 이해해야 한다.

02 각자 갈등을 해결하는 스타일이 다르다

2.1. 갈등 해결 유형

1) 회피형 lose-lose

갈등상황에서 그 문제를 해결하려 하기 보다는 갈등 문제를 무시하거나 모른 척 회피하는 유형이다. 상대방이나 자신의 요구에 큰 관심이 없거나 이기고 지는 것에 관심을 두지 않은 스타일이다. 갈등을 해결하는데 에너지를 쏟는 것보다는 내 일이나 해서 손해 보지 않는 것이 최선이라고 보는 경우이다.

2) 경쟁형 win-lose

갈등상황에서 상대방의 요구나 관심사에는 비협력적이고, 자신의 요구를 충족시키는 데는 적극적이다. 내가 이기고 상대방이 지기를 원하는 유형이다. 언제나 자신의 요구대로 되지 않는다. 따라서 갈등 상황에서 이기고자 하는 에너지를 많이 쓰고, 원하는 대로 되지 않은 경우 무기력해지거나 부정적인 감정을 느끼기 쉽다. 성격상 지는 것을 참지 못하는 것도 있고, 여러 번 양보했다가 손해를 본 경험이 원인이기도 하다.

3) 수용형 lose-win

갈등상황에서 상대방의 요구나 관심사에는 매우 적극적이며, 상대가 원하는 것을 들어주기 위해 본인의 이익을 양보하거나 포기하는 유형이다. 본인의 이익을 얻지 못하지만 불편한 관계적 갈등은 피할 수 있다. 하지만 상대방은 당연시하게 양보하기를 바라거나, 의견을 말하는 경우 오히려 태도가 변했다고 하기도 한다. 이 유형은 개인적인 성향도 있지만, 상사가 독재적이거나, 조직적인 문화 상 양보가 미덕인 문화일 수도 있다.

4) 타협형 give & take

상대방이나 자신의 요구를 조금씩 양보해서 협상을 하는 유형이다. 상대도 나도 서로가 원하는 것을 조금씩 양보하는 것이다. 이 유형은 만족과 불만족이 공존하게 되는 것이며, 균형을 유지하고 상호작용을 하는 긍정적인 측면도 있지만, 기계적이며 습관적으로 양보를 하는 결론을 갖게 되기도 한다.

5) 협력형 win-win

상대의 요구와 자신의 요구를 모두 충족시키는 유형이다. 가장 이상적인 갈등 해결 유형이다. 갈등이 왜 생겼는지, 그리고 상대와 나의 요구는 무엇인지 정확하게 파악한 후 서로의 요구를 충족시킬 수 있는 대안을 찾아 해결하는 것이다. 이 유형은 서로의 감정을 내세우지 않고, 대화를 통해 서로가 원하는 것을 확인하고 충족시키려고 노력하게 된다. 협력형이 많은 조직일수록 팀 관계가 좋고 성과가 높을 것을 알 수 있다.

2.2. 갈등 해결 유형별 해결 방법

1) 갈등 해결 기본 사항

갈등은 당사자들 사이에 균열을 만들고 불필요한 에너지를 소모하게 하고, 핵심목표를 방해한다. 따라서 정확한 원인을 파악하고 상대방과 자신의 모두가 합의된 긍정적인 방향을 갈등을 해결하는 것이 필요하다. 그러기 위해서는 기본적으로 명심해야하는 사항이 다음과 같이 몇가지 있다.

> - 상대방의 입장을 이해한다.
> - 어려운 문제는 피하지 말고 맞선다.
> - 자신의 의견을 명확하고 지속적으로 밝힌다.
> - 상대방을 자신감있게 마주한다.
> - 마음을 열고 적극적으로 경청한다.
> - 타협을 유도한다.
> - 한쪽으로 치우지지 않는다.
> - 논쟁을 피한다.
> - 상대방을 존중한다.

2) 갈등 해결 유형별 해결 방안

그렇다면 이러한 기본적으로 명심해야하는 사항을 바탕으로 어떻게 해결하는 것이 가장 적절한 방법인지 답이 있을까? 그렇지는 않다. 단 그 갈등이 어떤 상황이냐에 따라 때로는 갈등 해결 유형별로 적합한 해결방법이 필요할 수 있을 것이다. 따라서 이 갈등을 풀어내는데 어떤 방식이 가장 합리적일까? 라는 관점으로 갈등을 해결해나가기 바란다.

① 회피형 lose-lose

갈등의 이슈가 너무 사소하거나, 제 3자가 그 문제를 더 잘 해결할 수 있다고 판단했을 때, 추가적으로 좀 더 다양한 자원을 확보하거나 사실 관계를 파악해야하는 경우에는 회피형의 갈등해결이 적합하다. 하지만 회피만 한다고 문제가 해결되는 것이 아니며, 오히려 서로에 대한 신뢰가 떨어져 무책임해보일 수 있어 더 큰 갈등이 야기할 수 있음을 명심해야 한다.

- 갈등의 이슈가 너무 사소한 경우
- 제 3자가 그 문제를 더 잘 해결할 수 있다고 판단했을 때
- 좀 더 다양한 자원을 확보하거나 사실 관계를 파악해야하는 경우

② 경쟁형 win-lose

나의 요구를 관철시키는 것이 매우 중요하다고 판단했을 때, 저항하는 새로운 혁신을 추진해야할 때나 인기가 없는 주요한 사안을 집행해야 할 경우에는 경쟁형의 갈등해결이 적합하다. 하지만 습관적인 경쟁형은 상대적으로 적을 만들 수가 있고, 장기적으로는 구성원들의 내적 동기를 저하시킬 수 있다.

- 나의 요구를 관철시키는 것이 매우 중요하다고 판단했을 때
- 저항하는 새로운 혁신을 추진해야할 때
- 인기가 없는 주요한 사안을 집행해야 할 때

③ 수용형 lose-win

나에게는 별로 중요하지 않지만 상대에게는 중요한 경우, 양보를 통해 조직의 안정과 배려 문화가 더 중요하다고 판단한 경우에는 수용형의 갈등해결이 적합하다. 하지만 자발적이지 않고 습관적인 양보형인 경우 성찰이 필요하다.

- 나에게는 별로 중요하지 않지만 상대에게는 중요한 경우
- 양보를 통해 조직의 안정과 배려 문화가 더 중요하다고 판단한 경우

④ **타협형 give & take**

상대와의 의견차이 좁히는데 더 이상 상대가 설득되지 않는 경우, 비슷한 힘을 가진 상대가 서로 다른 요구를 가졌을 때, 문제를 해결하는데 시간이 촉박하거나 대안이 없을 때에는 타협형의 갈등해결이 적합하다. 하지만 처음부터 타협하려고 하는 자세는 지양해야 한다.

> • 상대와의 의견차이 좁히는데 더 이상 상대가 설득되지 않는 경우
> • 비슷한 힘을 가진 상대가 서로 다른 요구를 가졌을 때
> • 문제를 해결하는데 시간이 촉박하거나 대안이 없을 때

⑤ **협력형 win-win**

장기적이고 전체 조직문화에 영향을 줄만한 경우, 돈독한 신뢰관계로 갈등을 예방하는 것이 목적인 경우에는 협력형의 해결방식을 선택하는 것이 맞다. 하지만 시간과 노력이 요구되는 방식으로 모든 문제를 협력형으로 해결하기는 힘들 수 있다. 그렇다 하더라도, 나와 상대의 요구를 모두 존중하는 협력형 해결방법은 장기적인 성장으로 보았을 때 가장 합리적이라고 할 수 있다.

> • 장기적이고 전체 조직문화에 영향을 줄만한 경우
> • 돈독한 신뢰관계로 갈등을 예방하는 것이 목적인 경우

2.3. Win-Win 갈등 해결 관리법

Win-Win 갈등 해결 관리법은 갈등과 관련된 모든 사람으로부터 의견을 받아서 문제의 본질적인 해결책을 얻는 것을 의미하며, 서로가 원하는 바를 얻는 것이다. 이 방법은 성공적인 관계를 유지하는데 매우 효과적이다.

1) 충실한 사전 준비

자신의 관심사와 요구사항을 적어본다. 원하는 것이 무엇이며, 왜 그것을 원하는지 적어본다.

또한 상대방이 피력한 입장과 드러내지 않은 관심사가 무엇인지도 적어본다.

2) 긍정적인 접근 방식

상대방이 필요로 하는 것에 대해 인정해보자. 예를 들어, '너에게 중요한 것이 무엇인지 생각해봤어. 너는 ****를 원하는 것 같은데, 맞니?' 라는 생각을 적어본다. 또한 상대방과 자신에게 서로가 좋게 되는 것도 적어본다. 그리고 협동적으로 win-win 절차에 임할 자세가 되어 있는지도 생각하고 적어본다.

3) 두 사람의 입장을 명확히 하기

상대방과 자신이 동의하는 것이 있다면 인정하고 적어본다. 또한 기본적으로 다른 요구사항을 적어본다. 그리고 자신이 상대방을 이해한 것을 점검해본다.

4) Win-Win에 기초한 기준에 동의하기

상대방에게 중요한 기준을 명확히 하고, 자신에게 중요한 기준 역시 명확히 적어보자.

5) 몇 가지 해결책을 생각해내기

해결책을 브레인스토밍 해본다.

6) 해결책 평가하기

상대방과 자신의 중요한 기준을 바탕으로 브레인스토밍한 해결책들을 평가해본다.

7) 최종 해결책을 선택하고, 실행하는 것에 동의하기

나의 갈등 해결 유형은 무엇인가?

갈등상황이 생기면 반응하는 방식이 사람들마다 다르다. 이를 인정하고 내가 갈등상황을 어떻게 받아들이고 어떠한 방식으로 반응하지를 스스로 인지하고 있다면 지혜롭게 갈등을 해결할 수 있을 것이다. 다음의 갈등관리 유형 분석 검사지를 통해 본인의 갈등관리 유형은 어떤지 알아보자.

■ 갈등관리 유형 분석 검사지

번호	문항	답변
1	A : 가끔 나는 문제 해결의 책임을 상대방이 지도록 내버려 두곤 한다. B : 서로가 동의하지 않는 일들에 대해 협상하기보다, 나는 서로 동의하는 일들에 대해서 강조한다.	
2	A : 나는 타협적인 해결책을 모색하여 본다. B : 나는 상대방과 나의 관심사를 모두 충족시키려고 시도한다.	
3	A : 나는 대체로 내 목적을 달성하기 위해 끝까지 밀고 나간다. B : 나는 아마 상대방의 감정을 상하지 않게 하고 서로 간의 관계를 유지하려고 노력할 것이다.	
4	A : 나는 타협적인 해결책을 모색하여 본다. B : 나는 때때로 상대방이 바라는 바를 위해서 나 자신이 바라는 바를 희생한다.	
5	A : 나는 해결책을 찾아내기 위해서 끊임없는 상대방의 도움을 요청한다. B : 나는 불필요한 긴장상태를 피하려고 한다.	
6	A : 나는 나에게 불편한 자리는 회피하려고 한다. B : 나는 내 직위를 확보하려고 애쓴다.	
7	A : 나는 어떤 문제에 대해서 충분히 숙고할 시간이 있을 때까지 그것을 미루어 두려고 한다. B : 나는 어떤 점을 얻은 대가로서 다른 점을 포기한다.	
8	A : 나는 대체로 내 목적을 추구함에 있어 남에게 양보하지 않는 편이다. B : 나는 모든 관심사와 문제들을 곧바로 터놓고 이야기하려고 시도한다.	

9	A : 나는 서로 간의 견해 차이에 대해서 고민할 가치가 없다고 느낀다. B : 나는 내 방식대로 일을 처리하기 위해서 어느 정도 노력을 한다.	
10	A : 나는 대체로 내 목적을 달성하기 위해 끝까지 밀고 나간다. B : 나는 타협적인 해결책을 모색하여 본다.	
11	A : 나는 모든 관심사와 문제들을 곧바로 터놓고 이야기하려고 시도한다. B : 나는 아마 상대방의 감정을 상하지 않게 하고 서로 간의 관계를 유지하려고 노력할 것이다.	
12	A : 나는 때때로 논쟁을 야기하게 되는 입장을 취하게 되는 일을 피한다. B : 나는 만약에 상대방이 나의 입장을 어느 정도 존중해 준다면 나도 그 사람이 자신의 입장을 어느 정도 지키는 것을 허용할 것이다.	
13	A : 나는 중간적인 입장을 제안한다. B : 나는 내 의견을 관철시킨다.	
14	A : 나는 상대방에게도 내 생각을 말해주며 그 사람의 생각도 물어본다. B : 나는 상대방에게 내 의견의 논리적 근거와 장점을 설명해 주려고 한다.	
15	A : 나는 아마 상대방의 감정을 상하지 않게 하고 서로 간의 관계를 유지하려고 노력할 것이다. B : 나는 불필요한 긴장 상태를 피하려고 한다.	
16	A : 나는 상대방의 감정을 상하지 않게 하려고 한다. B : 나는 상대방에게 내 입장의 장점을 설득시키려고 한다.	
17	A : 나는 대체로 내 목적을 달성하기 위해 끝까지 밀고 나간다. B : 나는 불필요한 긴장상태를 피하려고 한다.	
18	A : 나는 만약 상대방이 자신의 관점을 지키는데서 기쁨을 느낀다면, 그렇게 하도록 할 것이다. B : 나는 만약에 상대방이 나의 입장을 어느 정도 존중해 준다면 나도 그 사람이 자신의 입장을 어느 정도 지켜지도록 허용할 것이다.	
19	A : 나는 모든 관심사와 문제들을 곧바로 터놓고 이야기하려고 시도한다. B : 나는 어떤 문제에 대해서 충분히 숙고할 시간이 있을 때까지 그것을 미루어 두려고 한다.	
20	A : 나는 서로 간의 차이를 해소시키려고 시도한다. B : 나는 이해득실 상 양자 모두에게 공정한 입장을 찾으려고 한다.	

21	A : 나는 협상해 나가는 과정에서, 상대방이 바라는 바를 배려해 주려고 한다. B : 나는 항상 문제를 직접 놓고 토론하는 편이다.	
22	A : 나는 상대방의 입장과 나의 입장 간에 중간지점을 찾으려고 한다. B : 나는 내가 하고 싶은 바를 주장한다.	
23	A : 나는 우리 모두가 바라는 바를 만족시키는 데 항상 관심을 가진다. B : 가끔 나는 문제 해결의 책임을 상대방이 지도록 내버려 두곤 한다.	
24	A : 만약 상대방의 입장이 그 사람에게 아주 중요하다고 보이면, 나는 그가 하고 싶은 바를 만족시켜 주려 할 것이다. B : 나는 상대방이 타협안에 만족해하도록 할 것이다.	
25	A : 나는 상대방에게 내 의견의 논리적 근거와 장점을 설명해 주려고 한다. B : 나는 협상해 나가는 과정에서, 상대방이 바라는 바를 배려해 주려고 한다.	
26	A : 나는 중간적인 입장을 제안한다. B : 나는 항상 우리 모두가 바라는 바를 만족시키는 데 관심을 가진다.	
27	A : 나는 때때로 논쟁을 야기하게 되는 입장을 취하게 되는 일을 피한다. B : 나는 만약 상대방이 자신의 관점을 견지하는 데서 기쁨을 느낀다면, 그렇게 하도록 할 것이다.	
28	A : 나는 대체로 내 목적을 달성하기 위해 끝까지 밀고 나간다. B : 나는 해결책을 찾아내기 위해서 항상 상대방의 도움을 요청한다.	
29	A : 나는 중간적인 입장을 제안한다. B : 나는 서로 간의 견해 차이에 대해서 고민할 가치가 없다고 느낀다.	
30	A : 나는 상대방의 감정을 상하지 않게 하려고 한다. B : 나는 어떤 문제를 항상 상대방과 의논함으로써 우리가 그 문제를 해결할 수 있도록 한다.	

■ 갈등관리 유형 분석 평가지

번호	경쟁형	협력형	타협형	회피형	수용형
1				A	B
2		B	A		
3	A				B
4			A		B
5		A		B	
6	B			A	
7			B	A	
8	A	B			
9	B			A	
10	A		B		
11		A			B
12			B	A	
13	B		A		
14	B	A			
15				B	A
16	B				A
17	A			B	
18			B		A
19		A		B	
20		A	B		
21		B			A
22	B		A		
23		A		B	

24			B		A
25	A				B
26		B	A		
27				A	B
28	A	B			
29			A	B	
30		B			A
합계					

■ 나의 갈등관리 유형은 무엇입니까?

Win-Win 갈등 해결 관리법을 이용하여 해결해보자.

갈등과 관련된 모든 사람들의 의견을 받아서 문제의 본질적인 해결책을 찾아서 서로가 원하는 바를 얻어야만 성공적인 관계를 유지할 수 있다. 여기에서는 일상적으로 흔히 접할 수 있는 사례를 찾아 읽어보고 Win-Win 갈등 해결 관리법을 통해 해결방안을 만들어보도록 한다.

Win-Win 갈등 해결 관리법을 이용하여 해결해보자.

단계		해결책
1단계: 충실한 사전 준비	자신	
	상대방	
2단계: 긍정적인 접근 방식		
3단계: 두 사람의 입장을 명확히 하기	자신	
	상대방	

4단계: Win-Win에 기초한 기준에 동의하기	자신	
	상대방	
5단계: 몇 가지 해결책을 생각해내기		
6단계: 해결책 평가하기		
7단계: 최종 해결책을 선택하고, 실행하는 것에 동의하기		
※이 갈등해결법을 통해 느낀점		

▶ 정의

타인의 다양한 견해와 입장을 고려하여 의사결정을 하고, 견해가 다른 사람들의 가치관도 존중함으로써 우호적인 분위기를 조성하는 역량.

▶ 학습목표

1.1. 다른 사람의 개성과 가치관을 존중하고 배려한다.
> 1. 타인을 배려하기 위한 사전 과정으로 자신의 고정관념과 편견을 점검한다.
> 2. 자신과 성향이나 생각이 다른 조직구성원의 개성을 존중하고 인격적으로 대할 수 있다.

1.2. 다른 사람의 감정을 존중하고 배려한다.
> 1. 타인을 배려하기 위한 사전 과정으로 자신의 감정관리 유형을 파악한다.
> 2. 상대의 입장이 되어 보는 역지사지의 마음을 갖는다.

▶ 행동사례

1. 다양한 부서나 구성원들로부터 적극적으로 의견을 수렴하려 한다.
2. 견해가 전혀 다른 사람과 대화할 때에도 화를 내거나 흥분하지 않는 능력을 가진다.
3. 상대방에게 거만하다는 생각이 들지 않게 행동한다.
4. 구성원의 개별 조직생활 뿐만 아니라 조직 외적인 상황에도 관심을 기울이고 배려한다.
5. 자신과 성향이나 생각이 다른 조직구성원의 개성을 존중하고, 인격적으로 대한다.
6. 상호협조 및 존중을 강조하고, 우호적인 분위기를 조성한다.

01 배려란 무엇일까?

1.1. 배려의 개념

배려(配慮)는 짝 배(配)와 생각할 려(慮)가 합쳐진 단어로 한자를 그대로 풀면 짝처럼 마음으로 다른 사람을 생각한다는 의미이다. 배려의 사전적 의미는 '도와주거나 보살펴 주려고 마음을 씀'으로 결국 배려란 나의 마음 씀을 통해 타인과 관계를 맺는 인간관계와 관련이 있음을 알 수 있다.

현대 서구 철학자인 나딩스(N. Noddings, 1929~)는 배려하는 사람과 배려받는 사람의 관계를 정하기 위한 기초로 배려를 정의하였다. 배려는 타인에 대해 감정적으로, 혹은 도덕적으로 전념하고, 정신적으로 타인에 대해 걱정하는 것을 의미한다. 그는 배려의 주제와 중심을 '자아에 대한 배려', '친밀한 사람들에 대한 배려', '낯선 사람과 멀리 있는 사람에 대한 배려', '동물, 식물 그리고 땅에 대한 배려', '인간이 만든 세상에 대한 배려', '사상에 대한 배려'로 나누었다.

나딩스의 배려

타인에 대한 배려가 이루어지기 전에 '자아에 대한 배려'가 이루어져야 한다. '자아'는 삶을 영위하는 주체로 육체, 영혼, 직업, 여가라는 측면으로 볼 수 있다. 스스로에 대한 배려를 위해 몸의 건강과 마음의 건강이 이루어져야 한다. 또한 직업을 단순히 돈벌이의 수단이 아닌 자신의 삶의 목적과 관련하여 소명으로 여겨야 한다. 일 뿐만아니라 여가에도 관심을 두어 분주한 삶의 속도를 잠시 줄이고 쉼과 휴식을 누려야한다. 정리하면 일과 개인의 삶 사이의 균형을 이루는 '워라밸(work-life balance)'로 정리할 수 있다.

직장생활을 비롯하여 이 사회는 혼자 살아갈 수 없다. 우리는 사회 속에서 타인과 어울리며 관계를 맺으며 살아간다. 직접적으로 나와 관계를 맺으며 살아가는 '친밀한 사람들에 대한 배려'와 나와 직접적으로 관계는 없으나 '낯선 사람과 멀리 있는 사람에 대한 배려'도 필요하다. 사람들에 대해 자신이 가진 고정관념이나 편견은 타인에게 폭력이 될 수 있다. 그러므로 우리는 끊임없는 자기점검을 통해 자신이 가진 편견과 고정관념을 줄이고자 노력해야 한다. 그것을 위해서는 바른 지식을 학습하고 긍정적인 경험을 하는 것이 중요하다.

1.2. 고정관념과 편견

직장생활을 하다보면 자신과 성향이나 생각이 다른 조직구성원을 만날 수 있다. 그들의 개성을 존중하고 인격적으로 대하기 위해 배려는 필수적이다. 직장생활을 하며 타인을 배려하는 것의 큰 장애물은 자신이 가진 고정관념이나 편견이 될 수 있다. 자신이 가진 고정관념과 편견을 돌아보는 과정이 선행되어야 타인을 배려할 수 있다. 고정관념(固定觀念)이란 잘 변하지 아니하는, 행동을 주로 결정하는 확고한 의식이나 관념을 의미하며 편견(偏見)은 공정하지 못하고 한쪽으로 치우친 생각이다. 우리가 가진 고정관념과 편견은 때때로 차별행위로 이어진다. 더 나아가 차별은 사회구조 속에서 억압으로 이어지기도 한다. 특정 대상에 대한 고정관념과 편견은 우리의 무지(無知)와 무관심으로 일어난다. 무지(無知)를 올바른 지식으로 바꾸고 무관심을 관심으로 바꾸면 고정관념과 편견을 줄일 수 있다.

"배려의 공"

배려는 단순히 사전에 있는 개념이 아닌 행동이다. 직장 내에서 배려의 구체적인 행동에 대해 생각해보자.

1. A4색지를 반으로 나누어 아래의 내용에 대한 자신의 생각을 적는다. 단, 자신의 이름은 적지 않는다.

1) 직장 내에서 배려가 지켜지는 것은?

2) 직장 내에서 배려가 지켜지지 않는 것은?

> 예: • '직장 내에서 배려가 지켜지는 것은?'에 대한 자신의 생각은 '직급에 상관없이 서로 존칭을 사용하는 것'
> • '직장 내에서 배려가 지켜지지 않는 것은?'에 대한 생각은 '업무 중 실수가 있을 때 인격적 모독을 주지 않는 것' 등

2. 내용을 다 적은 A4색지를 구겨서 종이공으로 만든다.

3. 강의실의 중앙을 기준으로 오른쪽과 왼쪽 두편으로 나눈 후 교수자의 안내에 따라 반대편으로 종이공을 던진다.

4. 받은 종이공을 펴서 내용을 확인 한 후 자신의 생각을 댓글로 적는다. 처음에 적었던 자신의 생각을 적어도 좋고, 다른 사람이 적은 생각을 보고 공감한 것을 적거나 다른 생각이 든다면 그 내용을 적는다.

5. 같은 방법으로 3-4회 반복한 후 교수자의 안내에 따라 강의실 앞으로 종이공을 던진다.

6. 교수자는 일부 종이공을 펴서 내용을 전체적으로 공유한다.

"고정관념과 편견 꼬리표 게임"

다른 사람의 개성과 가치관을 존중하고 배려하기 위해서는 먼저 자신의 고정관념과 편견을 점검하는 것이 중요하다. 활동을 통해 다양한 사람들을 만나며 자신의 고정관념과 편견에 대해 알아보자.

1. 교수자에게 받은 스티커는 옆 사람이 보지 못하게 가지고 있다가 안내에 따라 옆 사람의 이마에 스티커를 붙인다.

2. 활동지와 펜을 들고 일어서서 다른 사람들을 만난다.

3. 이마에 붙은 사람을 만났다고 가정하고 보통의 사람들이 그 사람에게 하는 말을 해본다.

4. 자신이 상대방에게 들은 말은 활동지의 말풍선에 적는다.

5. 자신이 들었던 말과 느낌을 짝과 나누고 자신이 누구인지 맞춘다.

내가 들은 말은?

내 마음은?

겁나는,   심란한,   뿌듯한,   자랑스러운,
답답한,   실망스러운, 감동한,   슬픈,
미안한,   자신감있는, 안정된,   행복한,
놀란,   걱정스러운, 따뜻한,   억울한,
무서운,   창피한,   불쾌한,   불편한,
서운한,   긴장된,   든든한,   속상한,
후회스러운, 다정한,   미운,   우울한,
안심되는,   짜증나는,   외로운

- 그 밖에 내 마음은?

나는 누구?

최악의 직장동료? "은근슬쩍 숟가락 얹는 스타일"

파이낸셜뉴스 2018.09.27. 한영준기자
http://www.fnnews.com/news/201809270827442267

27일 미디어윌이 운영하는 벼룩시장구인구직이 직장인 856명을 대상으로 설문 조사를 진행한 결과 피하고 싶은 동료로 다른 사람의 노력과 성과에 '은근슬쩍 숟가 락 얹는 동료'(21%)을 1위로 꼽았다.

다음으로 '불평·불만이 심한 동료'(18.7%), '개인주의적인 동료'(14.5%), '눈치 없는 동료'(12.6%), '티 나게 사내 정치하는 동료'(11.2%), '감정기복이 심한 동료'(6.5%), '지 나치게 원리원칙을 따지는 동료'(5.1%), '사생활에 관심이 너무 많은 동료'(4.7%), '말 많은 동료'(3.7%), '꼼꼼하지만 업무 속도가 지나치게 느린 동료'(1.9%) 순이었다.

(중략) 직장인들이 호감을 가지는 동료의 유형은 무엇일까? 직장인들은 '예의 바 르고 성실한 동료'(32.2%)를 1순위로 선택했다.

계속해서 '상황에 따라 융통성 있게 일하는 동료'(17.3%), '자신의 일을 스스로, 타인의 일에도 간섭하지 않는 동료'(14.5%), '업무 능력이 뛰어나 배울 점이 많은 동 료'(10.7%), '의사소통이 잘 되는 동료'(9.3%), '유머감각이 있고 에너지 넘치는 동 료'(7.5%), '누구에게나 친절하고 매너 있는 동료'(4.7%), '어렵고 힘든 일이 있을 때 먼저 나서는 동료'(3.7%)를 들었다.

또한 모든 직급에서 '예의 바르고 성실한 동료'을 호감이 가는 동료 유형으로 선 택한 것으로 나타났다. 지속적으로 변화하는 근무환경 속에 노출되면서 예의 바르 고 책임감 있고 성실하게 일하는 동료를 선호하는 직장인들의 마음을 엿볼 수 있는 대목이다.

업무 중 생산성과 사기가 저하되는 가장 거슬리는 동료의 습관으로는 '큰 목소리로 통화'가 32.2%로 1위를 차지했다. 이외에도 '잦은 트림'(21.5%), '혼잣말'(19.2%), '반복적인 헛기침'(14%), '다리 떨기'(13.1%)의 의견이 있었다.

1. 조별 작업으로 전지에 '함께 일하고 싶은 직장동료'의 아바타를 그린 후 이름을 정한다.
2. 오감을 활용하여 '함께 일하고 싶은 직장동료' 아바타를 꾸민다. 예를들어 시각은 단정하고 깔끔한 옷차림, 청각은 따뜻하고 친절한 말투 등으로 표현할 수 있다. 다른 조에서 잘 볼 수 있도록 큰 글씨로 작성한다.
3. 완성된 작품은 강의실 벽면에 자유롭게 부착한다.
4. 갤러리보트(Gallery Vote) 활동을 한다.

사례 연구

아래 두 기업은 취약계층에게 사회서비스 또는 일자리를 제공하여 지역주민의 삶의 질을 높이는 등의 사회적 목적을 추구하면서 재화 및 서비스의 생산, 판매 등 영업활동을 수행하는 사회적기업이다. 두 기업의 사례를 읽으며 내가 가진 특정 대상에 대한 편견을 돌아보자.

- 발달장애인 꿈의 직장, 동구밭

천연 비누를 제조하는 동구밭은 2014년, 세상에 변화를 만드는 사람이 되고 싶은 대학생 4명이 모여 시작되었다. 발달장애인들과 비장애인들이 함께 직접 기른 채소를 활용한 천연 비누를 제조, 판매한다. 처음에는 농사에 관심을 보이지 않는 발달장애인들의 모습에 좌절도 되었으나 대화가 없던 발달장애인 직원들이 서로 안부를 묻고, 자기의 일이 끝나자 옆 동료의 일을 돕는 사소하지만 큰 변화를 보였다. 현재 15명의 발달장애인과 함께 천연 비누를 만들어 발달장애인을 고용하는 소셜벤처의 길을 걷고 있다.

홈페이지: https://www.donggubat.com

- 일자리를 통해 빈곤을 퇴치하는 소셜벤처 '두손컴퍼니'

㈜두손컴퍼니는 혁신적인 유통 서비스를 설계해 미국의 '아마존'과 같은 한국형 풀필먼트(Fullfillment, 물류대행)의 표준을 만드는 사회적 기업이다. 행동하다의 'DO'와 일하고자 하는 '손', 돕고자 하는 '손'이 만난 것을 뜻하는 사명(社名)처럼 두손컴퍼니는 소외계층을 돕는 것으로부터 출발했다. 일자리를 통해 빈곤을 퇴치하고자 하는 소셜벤처로, 미션을 위해 여러 분야에서 새로운 비즈니스를 찾아내는 개척자 집단이다. 앞으로 더 다양한 분야로의 확장을 위해 도전하고 있다.

홈페이지: dohands.com

1. 자신이 가졌던 특정 대상(장애인, 노숙인 등)을 정하고 내가 가졌던 편견을 마인드 맵으로 작성해보자.

2. 편견을 깰 수 있는 나만의 구체적인 액션플랜을 정하여 한 주간 실천해보자.

액션플랜 〉							
요일	월	화	수	목	금	토	일
확인							

02 조직을 병들게 하는 '썩은 사과'

2.1. '썩은 사과'란?

경영학자인 미첼 쿠직와 심리학자 엘리자베스 홀로웨이는 조직 내 문제인물을 '썩은 사과'라 칭하였다. 위에서 내려다보기에는 남들과 똑같아 보이지만 사과의 아랫면을 보면 시꺼멓게 섞어있는 사과가 '썩은 사과'이다. 강력한 독성을 가지고 있는 이 문제인물은 자신의 주변에게도 독성을 내뿜어 조직을 병들게 할 뿐만 아니라 조직 내 구성원들을 이탈하게 만들기도 한다. '썩은 사과'와 같은 조직원들은 다른 사람 앞에서 창피나 모욕을 주며 때론 간접적으로 업무를 방해하기도 한다. 강력한 독성을 가지고 자신의 주변 팀, 조직 전체로 빠르게 오염을 확산시켜 나간다.

직원에게 물컵을 던지는 상사, 직원이 원하지 않는 머리 염색을 강요하는 상사, 직원에게 업무 외 개인 업무를 지시하고 불응할 경우 화를 내는 상사, 선정적인 장기자랑 강요 등 직장 내에서 이런 일이 과연 일어날까? 라고 생각할 수 있지만 위의 사례는 모두 실제 기업에서 일어났던 일이다. 만약 우리가 직장 내에서 '썩은 사과'와 같은 사람에게 위와 같은 무례한 경험을 실제로 겪었다면 어떨까? 이런 무례한 말과 행동은 감정에 대한 공격이 되고 마음에 깊은 상처를 남기게 된다.

크리스틴 포래스와 아미르 에레즈는 무례한 언행을 경험한 사람들과 경험하지 못한 사람들을 비교했다. 그 결과 무례함을 경험한 사람들의 업무 능력이 떨어졌으며 무례한 상황을 본 사람도 부정적 영향을 받았다. 수업에 지각한 사람에게 무례하게 대하는 것을 목격한 상황에 대해 5명의 참가자와 연구했다. 실험을 위해 일부러 지각한 실험자에게 이렇게 말했다. "지각하다니 책임감이 없군요. 졸업하면 취업이나 할 수 있겠어요?" 그 결과 목격자들의 업무 능력이 상당히 감소했다. 무례함은 '썩은 사과'처럼 전염성이 있었던 것이다.

2.2. 직장 내 금지행동

기업을 대상으로 정신건강 및 행복한 직장생활을 위한 직원들의 감성관리와 감성 리더십 교육을 진행하는 임상심리전문가 노주선은 자신의 저서 '감정존중'에서 직장 내에서 절대 해서는 안되는 7가지 행동을 제안하였다.

감정적인 분노 "야, 이따위로 할 거야? 다시 써와!"

일을 목적으로 모인 공적이며 이차적인 관계인 직장 내에서는 감정적 분노를 표출하면 안 된다. 감정적 분노는 서로의 감정에 상처를 입히고 행동적 문제를 유발한다.

개인적 영역에 대한 평가와 개입 "집에서 이렇게 배웠어? 가정교육을 어떻게 받은 거야?"

공적관계이며 성과를 위해 모인 직장 내 관계에서 개인적 영역에 대한 과도한 평가나 개입을 해서는 안된다. 개인적으로 모욕적인 발언을 하거나 개인적 차원의 비난은 상대방으로 하여금 심리적 불편감을 느끼게 할 수 있다.

행동이 아닌 특성을 언급하는 비난 "왜 이렇게 약속을 안 지키는 거에요? 내 말이 우스워요?"

개인 특성에 대한 비난은 객관적이지 않으며 중립적이지 않다. 이러한 비난은 깊은 자존감의 상처를 주어 결과적으로 자존감을 낮추게 된다. 직장 내에서 갈등이 있을 경우 개인의 특성에 대해서 비난하지말고 구체적이고 명백한 행동에 대해서 언급하고 문제시하는 자세가 필요하다.

사적 보복행위 "내가 오늘만 기다렸다니깐! 두고봐! 아주 다섯배로 갚아줄테니깐!"

내가 힘들고 고통을 겪었다고 해도 동일한 방법으로 되갚아주는 사적 보복행위는 금기사항이다. 이러한 행위는 결국 서로에게 무익하다.

일방적인 업무배제 "너무 무능하고 업무능력이 떨어져서 도저히 줄 업무가 없네."

업무배제는 문제를 확산시켜 팀이나 조직 전체가 모두 피해를 입게 된다. 업무배제를 당한 사람 뿐만 아니라 그 팀의 조화와 단합을 깨지게 하며 상호 간의 신뢰는 무너지게 된다. 특히 업무배제로 인하여 해당 직원의 업무를 하게 된 사람은 과부하가 올 수 있으며 이는 소진을 야기한다.

집단 따돌림 "저한테 말도 안걸어요. 저를 보면서 자기들끼리 귓속말을 하고 비웃으면 정말 자괴감이 듭니다."

하루의 대부분을 함께하며 업무적으로 상호작용을 해야 하는 직장에서 집단 따돌림이 일어난다면 피해자에게는 큰 상처와 고통을 준다. 직장 내 따돌림을 해결하고자 하는 문제 의식과 상대방에 대한 공감이 집단 따돌림 해결의 핵심이다.

정당한 절차를 거치지 않은 퇴사 강요 "제가 왜 혼자 다 뒤집어 쓰고 나가야 하죠?"

회사에는 엄정하고 객관적인 공식적 채용 절차가 있다. 채용 절차 뿐만아니라 퇴사 역시도 공식적인 절차를 통해서 이루어져야 한다. 개인적 차원에서 판단에 의지하여 퇴사를 강요하는 것은 합당한 방법이 아니다.

📋 학습 활동

"썩은 사과 떨어트리기"

1. 전지에 사과나무를 그린다. 단, 사과 열매는 그리지 않고 나무기둥과 줄기 그리고 잎의 형태만 그린다.

2. 사과모양의 접착 메모지에 건강한 조직 구성원 / 건강하지 않는 조직 구성원의 특징을 적는다. 1인당 할당량의 접착 메모지에 적는다. (메모지 1장에 한 가지씩)

3. 집단원끼리 자신이 적은 내용을 릴레이로 공유한다.

4. 내용을 발표하며 전지의 사과나무에 접착 메모지를 부착한다. 이때, 건강한 조직 구성원의 특징을 적은 접착 메모지는 사과나무에 붙이고 건강하지 않은 조직 구성원의 특징을 적은 접착 메모지는 전지의 아랫부분에 붙인다.

5. 발표자를 선정하여 조별로 논의 된 내용을 전체적으로 공유한다.

사례연구

1. 다음의 신문기사를 읽는다.

"내 껌 씹어" "대가리 박아" 폭언 회사 간부의 최후

국민일보. 2019.12.11.

김상기 기자 kitting@kmib.co.kr /
http:// news.kmib.co.kr/article/view.asp?arcid=0014018386&code=61121311&cp=nv

회사 간부가 직원들에게 여러 차례 폭언을 했다면 이 간부와 회사가 공동으로 직원들의 정신적 피해를 배상해야 한다고 법원이 판결했다. (중략)

A씨는 2017년 3월부터 2018년 2월 사이에 직원들에게 여러 차례 거친 말이나 행동을 했다. 회식 자리에서 직원들이 차별 해소를 건의하자 젓가락으로 고기를 집어 옆의 빈 고기 판에 던졌고 식사하러 가는 직원에게 "판매 목표를 다 하지 못한 팀장은 밥 먹을 자격도 없으니 여기서 대가리를 박으라"고 소리쳤다. 회의를 하고 나오던 직원을 향해 "지금 기분이 나쁘니 (내가 씹는) 이 껌을 네가 씹으라"고 여러 차례 말하기도 했다. 욕설을 하면서 일부 성희롱적인 표현을 사용하기도 했다.

재판부는 "A씨가 부하직원들에게 모멸감과 수치심을 느끼게 한 언행은 상급자가 직장에서의 지위의 우위를 이용해 업무상 적정 범위를 넘어 다른 근로자에게 정신적 고통을 준 행위"라며 정신적 손해를 배상해야 한다고 판단했다. 아울러 "A씨의 행위는 업무 집행 중이거나 휴게시간, 공적인 회식 자리에서 이뤄진 것으로 외형적으로 회사의 사무와 관련됐다"며 "직장 내 괴롭힘이나 성희롱으로 직원들이 입은 정신적 손해를 회사도 사용자로서 배상할 책임이 있다"고 판시했다.

2. 위의 신문기사를 읽고 장점과 단점, 흥미로운 점에 대해 떠오르는 단어를 모두 쓴다.
   혹은 신문기사에 있는 단어를 적어도 좋다.

P(Plus)		M(Minus)		I(Interesting)	
좋은 점, 장점, 긍정적인점		나쁜 점, 단점, 부정적인 점, 아쉬운 점		흥미로운 점, 상상, 재미, 해결책	
찾거나 떠오른 단어		찾거나 떠오른 단어		찾거나 떠오른 단어	

3. 위의 표에 적은 단어가 포함된 질문을 만든다.

질문 1.	
질문 2.	
질문 3.	

4. 자신이 만든 질문을 짝에게 해보고 대답을 듣는다.

5. 순서를 바꾸어 진행한다.

6. 학우들과 함께 나눌 질문을 정한 후 질문에 답해본다.

선정 질문:

_____

_____

답변:

_____

_____

_____

_____

_____

_____

_____

_____

_____

03 감정을 존중하고 배려하는 조직원

3.1. 존중받아야 할 감정

감정은 '사람이 살아가면서 경험하는 마음의 느낌'이다. 사람의 심리 내면에서 일어나는 주관적인 과정으로 심리적 상태를 반영하는 핵심적인 지표이다. 한 개인의 감정상태는 내적인 사고나 행동에 큰 영향을 미치므로 조직구성원의 감정상태는 그의 사고나 행동에 영향을 미쳐 결국 조직에 영향을 준다. 특히나 손상된 개인의 감정은 직장 내에서 문제가 될 수 있다. 내적 감정 손상이 반복되고 쌓인다면 더욱 큰 문제를 일으킬 수 있다. 상한 감정이 적극적으로 관리되거나 해결되지 않는다면 조직 내부에 부정적인 영향을 끼칠 수 밖에 없다. 갑을관계나 상하관계로 이루어진 직장에서 종종 업무상 지위나 역할을 가진 자가 심한 질책과 비난을 하여 상대방의 감정을 존중하지 않고 상하게 하는 일이 발생한다. 어떤 지위나 직급도 타인의 감정을 무시하거나 해쳐서는 안되며 모두의 감정은 기본적으로 보호를 받아야 한다.

오슈너 헬스 시스템사의 전 CEO인 페트릭 퀸란은 크리스틴 포래스에게 '10-5 방법'의 효과를 말해줬다. '10-5 방법'은 상대가 나의 10피트(약 3미터) 이내에 있다면 눈을 보며 미소를 짓고, 5피트(약 1.5미터) 내에 있다면 "안녕하세요?"라고 인사하는 것이다. 이런 행동으로 조직 내 정중함이 확산되고 만족도가 높아졌다. 상대방을 배려하여 눈맞춤을 하고 미소짓는 행동, "안녕하세요?"라고 인사를 건내는 행동만으로 조직구성원의 감정이 변화하고 조직의 분위기가 달라진다.

3.2. 감정관리 유형테스트

직장 동료의 감정을 존중하고 배려하기 위해서는 먼저 자신의 감정에 대한 이해가 있어야 한다. 나는 나의 감정에 대해 얼마나 이해하고 있는가? 감정을 잘 관리하고 있는가? 임상심리전문가 노주선이 제시한 아래 '감정 관리의 4가지 유형 테스트'를 통하여 자신의 감정관리 유형에 대해 알아보자.

다음의 A, B 문장을 읽고 자신에게 가까운 것을 하나만 선택한다. 각 항목에 응답한 개수를 합산한다. A와 B 중 많은 수를 선택한 것은 무엇인가? C와 D 중 많은 수를 선택한 것은 무엇인가? 더 많은 수를 선택한 조합이 자신의 유형이다. 다음의 표에 체크해보자.

'감정 관리의 4가지 유형 테스트'

A			B	
회의 시 큰 소리로 열정적으로 이야기한다.			회의 시 조용하고 차분하게 이야기한다.	
말을 하면서 생각을 정리한다.			생각을 정리한 후 말한다.	
평상 시에 말을 많이 하는 편이다.			꼭 필요한 말만 한다.	
서면보다는 사람과 대면하는 것을 좋아한다.			사람과 대면하는 것보다 서면이 더 편하다.	
먼저 대화를 시작한다.			대화가 시작될 때까지 기다린다.	
총 응답 개수			총 응답 개수	
C			D	
객관적/비판적으로 말하는 편이다.			따뜻하고 감성적으로 말하는 편이다.	

사적 요소가 배제된 객관성을 찾는다.			각자의 입장을 고려해 조화를 찾는다.
성과를 위해 구성원의 희생이 필요할 때가 있다.			구성원 간의 조화가 최대 성과를 거둔다.
논쟁이 필수적이라고 생각한다.			논쟁은 필요악이라고 생각한다.
합리/논리/설명			공감/이해/수용
총 응답 개수			총 응답 개수

AC	AD	BC	BD

출처: 노주선(2019). 감정존중. 플랜비디자인. P.181

감정을 경험하거나 공감하는 방법 및 감정을 표현하는 방식은 '감정 민감성'과 '표현 수준'에 따라 사람마다 다른 방식을 보인다. '감정 민감성'은 감정을 있는 그대로 수용하거나 공감하는 능력과 관련이 있으며 '표현수준'은 감정을 표현하는 것에 익숙한지 혹은 표현에 어려움을 겪는지와 연관이 있다. 이 두 가지 기준에 따라 감정관리의 유형을 '직설적 표현형(AC)', '감정적 표현형(AD)', '내적 민감형(BD)', '내적 논리형(BC)'로 총 4가지로 나눠볼 수 있다. 각 유형은 특징은 아래와 같다.

직설적 표현형(AC)	감정적 표현형(AD)
직설적/공격적 표현 공감이나 수용 부족 감정적 상처를 안받으나 많이 줌	따뜻하고 온화함 적극적 공감/수용 감정적 상처를 많이 받고 많이 줌
내적 논리형(BC)	내적 민감형(BD)
감정 표현 적음 논리적 분석/대응 감정적 상처를 안 받는 듯 받음	제한적 표현 공감/수용 높음 감정적 상처를 받으나 참음

감정관리를 잘하기 위해서는 자신과 타인의 감정을 알아차리는 것이 중요하다. 자신의 감정이 현재 어떤 상태인지 알아야 감정을 조절하고 다스릴 수 있다. 감정을 알아차리기 위해서 감정을 나타내는 단어들을 알아두고 상황에 맞게 자신의 감정을 표현해보는 것이 중요하다. 또한 내가 상대방의 상황이라면 어떻게 느꼈을지 역지사지(易地思之)의 마음가짐을 가지면 상대방을 배려하는 것에 큰 도움이 된다. 타인의 입장이나 감정을 공감하고 이해하면 타인에 대한 응대가 달라지며 이는 갈등과 문제를 감소시켜 긍정적인 직장 내 관계를 가능하게 한다.

📖 학습 활동

"지금 내 감정은?"

1. 한 쪽 손의 검지 손가락 바닥에 현재 나의 감정을 나타내는 얼굴표정을 그린다.

2. 짝꿍과 손가락을 마주 보게 하고 서로의 검지 손가락에 그려진 얼굴표정을 확인한다.

3. 상대방은 어떤 감정인지 추측하여 설명한다.

4. 설명을 들은 사람은 자신의 감정에 대해 설명한다.

5. 순서를 바꾸어 진행한다.

6. 현재 활동한 짝꿍과 헤어져서 다른 짝꿍을 만난다. 동일한 방법으로 3회 반복한다.

📖 학습 활동

"이럴 땐 이런 기분!"

1. 교수자가 감정카드 중 한 장을 골라 어떨 때(어떤 상황에서) 그런 감정이 드는지 상황을 설명한다. 혹은 직장생활을 상상하여 상황을 설명할 수도 있다.

2. 정답을 맞춘 학생은 카드를 획득하고 앞으로 나와 새로운 감정카드를 뽑아 설명을
   한다.

3. 반복한다. 감정 단어를 많이 맞추어 많은 카드를 획득한 사람이 우승한다.

사례연구

위의 상황을 읽고 아래 질문에 대한 답을 적어보자.

유부장은 요즘 한숨이 늘었다. 직원들 한 명 한 명을 보면서 한숨을 쉬기도 하고 고개를 떨구기도 한다. 워커홀릭으로 팀 내에서 가장 많은 업무를 처리하던 그가 요즘에는 도통 일이 손에 잡히지 않는다. 평소에는 사람 좋기로 소문이 난 유부장이지만 지난 몇 주간은 팀원들의 농담에도 웃지 않고 경직된 표정이다. 요즘들어 부쩍 예민해진 모습이다. 이런 유부장의 행동에 눈치가 보이는 팀원들은 회식을 제안하지만 유부장은 지금 회식이나 할 때냐며 화를 버럭낸다. 팀원들은 그런 유부장을 슬슬 피하기 시작했다. 유부장은 불편한 마음에 팀원들에게 회식을 제안하지만 팀원들은 각자의 사정이 있다며 이를 거절한다. 팀원들이 모두 퇴근한 늦은 시간, 유부장은 사무실에 홀로 남아 깊은 한숨을 내쉰다. 유부장은 달력에 동그라미를 친 D-DAY가 내일임을 알고는 더 깊은 한 숨을 쉰다.

1. 이야기의 주인공(유부장)에게서 느껴지는 감정은 무엇인가?

_____

_____

_____

2. 이야기의 주인공(유부장) 입장에서 그럴 수 밖에 없는 이유를 추측하여 작성한
다면?

_____

_____

_____

3. 영상을 본 후 주인공(유부장)에 대한 현재의 감정은 무엇인가?

_____

_____

_____

4. 질문에 대한 답변을 짝꿍과 나누어보자.

_____

_____

_____

03

문제해결역량

■ 정의
　업무수행 중 문제 상황이 발생했을 경우, 객관적인 자료를 근거로 창조적이고 논리적인 사고를 통하여 문제의 원인을 올바르게 인식하고 적절히 해결할 수 있는 대안을 도출하고 처리하는 역량.

■ 학습목표
　직장생활에서 발생한 문제의 특성을 파악하고 적절한 대안을 제시하며 대안을 선택·활용하여 문제를 해결하는 능력을 함양한다.

■ key word
·문제인식역량
　업무수행 중 발생한 문제를 인식하고 이를 해결하기 위해 객관적인 자료를 근거로 창의적, 논리적, 비판적으로 생각하는 역량.

·대안도출역량
　업무수행 중 발생한 문제를 인식하고 이를 해결하기 위해 다양한 대안을 비교, 분석하여 최적의 대안을 도출하는 역량.

·문제처리역량
　업무수행 중 발생한 문제를 인식하고 이를 해결하기 위해 문제해결 절차에 따라 적절한 해결책을 적용하여 문제를 해결하는 역량.

CHAPTER 07

문제
인식

▶▶ **정의**

업무수행 중 발생한 문제를 인식하고 이를 해결하기 위해 객관적인 자료를 근거로 창의적, 논리적, 비판적으로 생각하는 역량.

▶▶ **학습목표**

1.1. 업무에서 발생한 문제를 해결하기 위한 새로운 방식을 고안하고 타당한 근거를 제시한다.

1.2. 업무에서 발생한 문제의 해결방법에 대한 결정적 의견을 고안하여 제시한 의견의 타당성을 평가한다.

1.3. 업무에서 발생한 문제를 해결하기까지 기존의 방식과 유사한 새로운 방식을 적용하고 유용한 의견을 제시하며 타당성이 부족함을 분석, 종합한다.

1.4. 업무에서 발생한 문제를 해결하기까지 기존의 방식을 개선하고 사실과 의견을 구분하여 설명하여 타당성이 부족함을 이해한다.

▶▶ **행동사례**

• 문제가 발생했을 때 당황하지 않고 어떠한 문제도 해결할 수 있다는 적극적이고 긍정적인 생각을 한다.

• 문제의 발생과정을 확인하고, 발생 원인이 무엇인지 판단한다.

• 문제의 원인을 파악할 때 기존 사례를 조사하고 보다 합리적이고 효과적인 방법이 있는지 생각한다.

• 문제를 해결하는 과정에서 부족한 부분을 평가하고 해결방법을 개선하여 적용한다.

01   문제해결의 달인, 체인지메이커(change maker)

1.1. 체인지메이커

우리는 문제를 해결하고 변화를 만들어 내는 '체인지메이커(change maker)'가 되어야 한다. 체인지메이커(change maker)란 변화를 만드는 사람, 자신의 아이디어를 주도적으로 실행하여 문제를 효과적으로 해결하고 긍정적인 변화를 만들어내는 사람을 칭한다. 체인지메이커(change maker)는 자신의 아이디어를 적극적으로 실행하여 자신의 삶은 물론이거니와 세상을 더 나은 곳으로 만들기 위해 노력하는 사람이다. 비영리단체인 아쇼카에서는 남다른 생각과 열정을 가지고 세상을 이끄는 사회혁신가들을 지원한다. 그들은 혁신적인 방법으로 사회문제를 해결하는 문제해결사인 체인지메이커들이다. 체인지메이커는 어떤 사람들이며 어떤 일을 하고 있을까?

메리 고든 펠로우

2002년 아쇼카에서 선정된 사회혁신기업가인 캐나다 아쇼카 펠로우인 메리 고든(Mary Gordon)은 교육자이자 비영리 국제단체인 공감의 뿌리(Roots of Empathy)의 설립자 겸 대표이다. 아이들에게 공감 능력을 길러줌으로써 그들이 좀 더 다정하고 평화롭고 성숙한 시민사회를 만들어 가도록 하기 위해 1996년 '공감의 뿌리' 프로그램을 개발하였다. 폭넓은 공감 교육을 위해서 그녀는 부모와 갓난아기를 교실로 초대하여 학생들이 갓난아기와 함께하며 공감을 직접 체험하고 느끼고 배울 수 있도록 하였다. 메리 고든의 혁신적인 생각은 이제 공감 학습의 이상적인 모델이 되었다. 마음 깊은 곳의 자신의 감정을 살피고 다른 사람도 자신과 같은 감정이 있음을 알게 된다. 또한 다름은 잘못된 것이 아닌 자연스러운 것, 우리 모두 서로 연결되어 있음을 알게 되는 이 프로그램은 전 세계 14개국에서 100만여 명의 아이들과 함께 하였으며 2019년 한국에 최초로 도입되었다.

김종기 펠로우

2013년 사단법인 아쇼카 한국이 설립된 이후 13명의 한국 아쇼카 펠로우가 선정되었다. 2013년 처음으로 선정된 펠로우는 ㈜ 푸른나무 청예단의 김종기 펠로우이다. 김종기 펠로우는 학교폭력이 개인의 문제가 아니라 시스템 차원의 접근이 필요한 공공의 문제로 인식되도록 누구보다도 먼저 체계적인 노력을 해왔다. 1995년 푸른나무 청예단을 설립했을 당시만 해도 한국에서 학교폭력은 단순히 벌어지는 단편적인 사건으로 여겨졌다. 김종기 펠로우는 학교폭력을 사회구조적인 문제로 봐야한다고 주장하며 '학교폭력예방 및 대책 특별법' 제정에 관한 시민들의 지지를 얻는데 힘을 쏟았으며 2004년 국회에서 해당 법안이 통과되었다. 또한 학교폭력 문제의 주요관계자들 모두가 문제를 해결하는 주체로 나설 수 있는 기회와 인센티브를 제공하는데 나섰다. 그 결과 다양한 집단들이 학교폭력 문제 해결에 필요한 각 단계에 참여할 수 있는 방법을 마련하게 되었다.

1.2. 체인지메이커의 핵심역량

아쇼카는 체인지메이커인 아쇼카 펠로우들이 어떻게 세상의 문제를 해결하고 바꿀 수 있었는지, 어떤 역량을 갖췄는지 분석했다. 이들에게는 공감, 팀워크, 협력적 리더십, 문제해결능력의 4가지 공통점이 있었다.

공감 Empathy	자신뿐 아니라 다른 사람에게 도움이 될 수 있는 새로운 방식, 새로운 방향을 생각해 내고, 이를 과감히 실천하는 능력
팀워크 Teamwork	상대방의 역할을 존중하며 서로 협업하는 능력
협력적 리더십 Collaborative Leadership	조직의 모든 구성원이 강력한 책임감과 권한을 갖게 해서 공통된 목표를 바라볼 수 있게 하는 능력
문제해결능력 Problem-Soving	주변의 문제를 인식하는 것에서 그치지 않고, 실제적인 계획을 통해 행동하여 변화를 만드는 능력

체인지메이커의 핵심역량 중 하나인 문제해결능력(Problem-Soving)을 간단히 정리하면 행동을 통해 문제를 해결하는 것이다. 주변의 문제를 인식한 후 창의적인 대안을 모색하고 그것을 직접 행동하여 처리하여 변화를 만드는 능력이다. 체인지메이커가 되기 위해서 문제인식능력과 대안도출능력, 문제처리능력에 대해 구체적으로 알아보기로 하겠다. 본 장을 학습하고 난 후 우리 모두 세상을 변화시키는 체인지메이커(change maker)가 되어 있을 것이다. 체인지메이커(change maker)가 되기 위한 첫 단계는 문제를 인식하는 것이다. 문제의 정의를 이해하고 문제인식을 하는 방법을 익혀보자.

02 문제란 무엇일까?

2.1. 문제의 개념

문제(問題)란 해답을 요구하는 물음, 논쟁, 논의, 연구 따위의 대상이 되는 것, 해결하기 어렵거나 난처한 대상, 또는 그런 일, 귀찮은 일이나 말썽, 어떤 사물과 관련되는 일을 의미한다. 영어로 문제는 앞을 나타내는 pro와 어려움을 나타내는 blemish가 합해진 problem이다. 정리하면 문제는 해결해야 하는 어렵고 난처한 일이라고 할 수 있다.

문제해결의 관점에서 문제는 이루고자하는 기대 상태(To-Be)와 현재 상태(As-Is)의 차이로 말할 수 있다.

> 문제(problem) = 기대 상태(To-Be) - 현재 상태(As-Is)

직장에서 업무를 수행함에 있어서 요구되는 상태와 현재 상태의 차이, 기대하는 상황과 잘못된 결과의 차이를 직장 내 문제라고 한다. 직장생활을 하며 어떤 상황이 나에게 문제가 되는지 파악하는 것은 내가 그 상황을 문제로 인식하고 있는가에 따라 달려 있다.

2.2. 문제인식의 개념

문제인식이란 문제가 무엇인지 파악하고 해결에 대한 필요성을 느끼는 것이다. 우리가 문제를 인식하지 못하면 내가 겪고 있는 상황은 문제로써 파악이 되지 못해 '호미로 막을 것을 가래로 막는다'는 속담처럼 후에 더 큰 문제를 불러일으킬 수 있다. 문제해결의 시작은 문제를 명확히 이해하는 것이다. 그렇다면 문제를 어떻게 쉽게 인식할 수 있을까? 문제는 현재의 상태와 바람직한 상태의 차이(gap)를 확인하면 쉽게 파악할 수 있다.

위의 단계에 맞추어 상황을 파악하여 한 문장으로 정리한 것을 문제진술문이라고 한다. 문제를 진술문의 형태로 작성하면 문제를 구체적으로 알 수 있다. 문제진술문을 작성할 때는 '현재의 상태'를 명확하고 구체적으로 진술하고 문제가 해결되었을 때 얻기를 '바라는 결과'도 정확하게 서술해야 한다. 또한 문제는 사실만 객관적으로 작성되어야 하며 모든 사람들이 이해할 수 있어야 한다.

> **상황** A라는 회사가 2020년 12월 말까지 시장점유율 20%를 달성하는 것이 바라는 결과이다. 하지만 3월 말 현재 시장점유율은 5%이다. 시장점유율 15%의 차이가 발생했다.

A회사의 문제를 문제진술문으로 작성해보면 아래와 같이 정리할 수 있다.

> A회사는 2020년 12월 말까지 시장점유율 20%를 달성해야 하는데 3월 현재 시장점유율 5%를 달성했다.

📝 학습 활동 ──────────────────────────

"고민있어요."

1. 짝과 자신의 최근 고민에 대해 이야기 나눈다.

2. 짝의 고민을 듣고 문제진술문을 만든다.

3. 짝에게 내가 작성한 문제진술문을 들려준다.

4. 짝은 문제진술문을 듣고 피드백(feedback)한다.

5. 순서를 바꾸어 한 번 더 진행한다.

문제진술문

■■에 '노키즈존' 이어 '노청소년존' 등장

국제신문 김봉기 기자 2017-07-16

노 키즈존에 이어 '노 청소년존'으로 운영하는 카페가 등장했다. ■■ ○○구 ○○ 동의 한 프랜차이즈 카페는 최근 매장 유리문에 부착한 안내문으로 청소년 출입방침을 밝혔다. 안내문에는 "중, 고등학생들이 매장에 방문하여 흡연, 바닥에 침뱉기 등 무례한 언행과 욕설을 일삼기 때문에" 매장방문을 거부한다고 쓰여 있다. 이어 고객에게 "신분증 검사를 하는 일이 있어도 양해 부탁 드린다"는 말까지 덧붙였다

카페가 노 청소년 존을 운영하는 데에 관해 찬반 양론이 갈리고 있다. 사직동에 사는 이모(여·30) 씨는 "공공장소를 이용할 때 시끄럽거나 지저분하게 구는 학생들이 있는 것은 사실"이라며 "오죽했으면 카페가 매출이 줄어드는 걸 포기하겠냐"고 반문했다.

반면 대학생 김모(여·20) 씨는 "청소년만 카페에서 볼썽 사나운 모습을 모이는 건 아니다"며 "흡연하거나 욕설하는 사람을 내보내면 되는 거지 청소년 전체를 유해한 것처럼 출입을 막는 건 옳지 않은 것 같다"고 말했다. 경찰의 불심검문 시 신분증을 요구해도 거부할 수 있는데 카페에서 신분증을 검사하는 것 역시 적절치 않다는 지적도 나온다.

출처: http://www.kookje.co.kr/news2011/asp/newsbody.asp?code=0300
&key=20170716.99099000698

1) 위의 신문기사를 두 번 반복하여 읽는다.

　① 줄거리를 이해하기 위해 대강 읽는다.

　② 중요부분(핵심단어 및 문장)에 밑줄을 그으며 읽는다.

2) 기사 내용의 각 문단을 한 줄로 요약한다.

1문단	
2문단	
3문단	
4문단	

3) 문제진술문을 작성한다.

문제진술문

4) 짝과 서로의 문제진술문을 이야기 나누고 비교해본다.

짝의 문제진술문

03 문제의 유형에는 무엇이 있을까?

업무 수행과정에서 발생하는 문제는 속성에 따라 보이는 문제(발생형 문제), 찾는 문제(탐색형 문제), 미래 문제(설정형 문제)로 나눌 수 있다.

3.1. 보이는 문제(발생형 문제)

현재 직면하여 걱정하고 해결하기 위해 고민하는 문제를 의미한다. 눈에 보이는 문제로 이미 일어난 문제, 어떤 기준을 일탈함으로 생기는 문제로 클레임, 불만발생 등의 해당하며 원상복귀가 필요한 문제이다. 문제의 원인이 문제 안에 포함되어 있기 때문에 원인 지향적 문제라고도 한다.

- 적정 재고량보다 20% 이상 과잉 재고가 발생했다.
- 월 1회 이상 장비 작동 시 안전 부주의 사건이 발생한다.
- 경력 사원의 조기 퇴직률이 국내 기업 평균보다 10%가 높다.

3.2. 찾는 문제(탐색형 문제)

현재의 상황을 개선하거나 효율을 높이기 위한 문제를 의미한다. 눈에 보이지 않는 문제로 문제를 해결하지 않으면 이후에 더 큰 손실이 따르거나 결국 해결할 수 없는 문제로 나타나게 된다. 탐색형 문제는 세부적으로 잠재 문제, 예측 문제, 발견 문제로 구분되며 그 내용은 다음과 같다.

잠재 문제	문제가 잠재되어 있어 인식하지 못하다가 문제가 확대되어 해결이 어려운 문제.
예측 문제	현재는 문제가 나타나지 않았으나 현 상태의 진행 상황을 예측했을 때 앞으로 발생할 수 있는 문제.
발견 문제	현재로는 문제가 없으나 유사 타 기업의 업무방식이나 선진기업의 업무 방법 등의 정보를 얻음으로 보다 좋은 제도나 기법, 기술을 발견하여 개선, 향상시킬 수 있는 문제.

- 현재 우리 팀의 업무 중 불필요한 업무들을 줄여야 한다.
- 현재의 생산성을 35% 향상시켜야 한다.
- 현재 우리 회사의 시장 점유율을 25%에서 40% 이상으로 향상시키자.

3.3. 미래 문제(설정형 문제)

'아직 일어나지 않았지만 앞으로 어떻게 할 것인가?'에 대한 문제로 '문제가 아닌 것을 문제로 인식하는 것'이다. 미래의 일을 문제로 삼기에 문제해결에 있어서 긴급히 처리되기 보다는 그 중요성을 강조한다. 새로운 과제 또는 목표를 설정함에 따라 일어나는 문제로 목표지향적 문제를 의미한다. 지금까지 경험하지 않은 문제를 해결해야 하기에 문제 해결에 있어서 창조적인 노력이 요구된다.

- 우리 회사의 새로운 비전을 임직원들에게 효과적으로 전파해야 한다.
- 직원들이 즐겁게 일하면서 높은 성과를 내는 환경을 만들고 싶다.

"수현이의 일기"

1. 수현이의 일기를 읽고 수현이의 문제를 파악한 후 문제 유형별로 분류해보자.

202X.05.26.

오늘은 정말 힘든 하루였다.

키즈카페에서 아르바이트를 하는데 잠깐 한눈을 판 사이에 한 아이가 넘어져서 이마에 혹이 나고 멍이 들었다. 화가 난 아이의 엄마는 사장님께 클레임을 걸었다.

아르바이트에서 일이 늦어지는 바람에 조별 과제 회의에도 지각을 하였다. 나까지 총 6명이 조원인데 2명이 회의에 오지 않았다. 한 명은 아프다고 했고 한 명은 집안 일이 생겼다고 했다. 그 2명은 단체 채팅방에서도 어떠한 의견도 내지 않고 답장조차 하지 않는다. 이러다가 과제 수행을 전혀 하지 않을까봐 너무 걱정이 된다. 다음에는 한 마디 해야겠다. 조별과제는 정말 큰 스트레스다. 교수님은 왜 조별 과제를 내는걸까? 휴... 앞으로 남은 대학에서의 시간들과 회사에 취업을 해서도 다양한 사람들과 함께 일을 할텐데 어떻게 해야 사람들과 소통을 잘하고 협업을 할 수 있을까?

문 제	문제 유형

2. 현재 요즘 나의 문제를 작성해보고 문제의 유형별로 나누어 보자.

📝 학습 활동

"나의 문제는?"

1. 6인 1조로 조를 구성한다.

2. 현재 자신의 문제를 조원 1인당 5개를 생각한다.

3. 포스트잇 1매당 한 개의 문제를 작성한다. (1인당 5개의 문제, 1조당 30개의 문제)

4. 전지에 포스트잇을 붙이고 문제의 유형(보이는 문제, 찾는 문제, 미래 문제)에 **따라** 구분해본다.

5. 현재 우리가 고민하고 있는 문제 중 가장 많은 문제의 유형을 파악한다.

우리동네 서점이 사라져 간다.

영남일보 2019.08.10. 노진실 기자

(중략) 요즘 우리나라 서점업계는 위기상황이다. '서점 멸종 예상 지역'이라는 말이 생겨날 정도로 전국적으로 서점의 수가 줄어들었다. 특히 작은 규모의 동네서점은 서서히 자취를 감춰왔다. 동네서점에서 '종이책'을 직접 만져보고 구매할 수 있는 경험을 하기가 힘들어진 것이다.

한국서점조합연합회가 발간한 '2018 한국서점편람'에 따르면, 전국 서점의 감소세가 꾸준히 지속되고 있다. 2003년 3천589개이던 서점 수가 2017년엔 2천50개로 줄었다.(중략)

출처: http://www.yeongnam.com/mnews/newsview.do?mode=newsView&newskey
=20190810.010010711540001

1. 위의 신문기사를 읽고 파악된 문제를 다음 형식에 맞추어 기술해보자.

유 형	문 제
보이는 문제	
찾는 문제	
미래 문제	

04 문제의 원인을 찾는 도구

문제 해결을 위해 '무엇이 문제인가?'에 대한 답으로 문제를 인식하였다면, 다음은 그 문제가 어떤 원인에 의해 발생하는지 문제의 원인을 파악해야 한다. 문제의 원인을 찾으면 개선 영역을 확인 할 수 있어 문제 해결에 도움이 된다. 문제의 원인을 찾는 다양한 방법 중 Logic tree, 5why 기법, 특성요인도를 다음과 같이 소개한다.

4.1. Logic tree

로직트리란 문제 해결을 위하여 문제를 체계적으로 세분화하는데 사용되는 것이다. 로직트리를 사용하면 문제를 '깊고', '넓게' 가시화하여 검토할 수 있다. 또한 로직트리를 통해서 논리적 사고와 창의적인 아이디어 생성, 문제 해결역량을 키울 수 있다. 문제 해결을 위해 검토되어야 하는 주제들을 상위 수준에서 하위 수준까지 분해해가며 좌에서 우의 방향으로 진행한다. 로직트리의 종류는 What tree(목록분석형), Why tree(원인분석형), How tree(해결안 모색형)이 있다. 본 장에서는 문제의 원인의 찾는 도구로 로직트리가 소개되었으니 why tree(원인분석형)에 대해서만 상세히 설명하겠다.

문제가 발생하였을 경우, 문제의 원인을 찾기 위해서는 why tree(원인분석형)를 활용할 수 있다. why tree(원인분석형)는 '왜? 문제가 발생했을까?'에 대한 대답을 상위에서 하위로 전개해나가며 원인을 분석할 수 있다. '왜?'라는 질문을 반복하면서 문제에 대한 구체적인 원인을 찾을 수 있다.

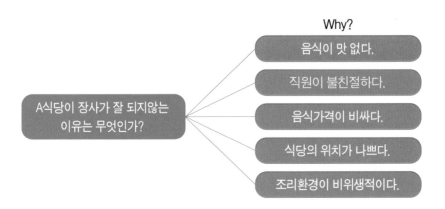

4.2. 5why 기법

5why 기법은 겉으로 드러난 원인 이외에 숨겨진 원인을 찾는 방법이다. 주어진 문제에 대해 원인이 무엇인지 계속해서 이유를 물어 가장 근본이 되는 핵심 원인을 찾을 수 있다. 문제의 원인을 끝까지 추적하면 문제의 해결안이 나온다는 원리에 기반한다. 5번 정도 '왜?'라는 질문을 하면 답이 나온다고 하여 5why 기법이라고 한다.

효과적인 5why를 위해서는 문제의 확실한 원인이 나올 때까지 '왜?'라고 질문해야 한다. 반드시 5번의 why를 채울 필요는 없으며 필요에 따라 다섯 번 보다 줄거나 늘어날 수 있다.

1Why	• 왜 A식당은 장사가 잘 되지 않을까?	• 음식 맛이 없다.
2Why	• 왜 음식이 맛이 없을까?	• 음식을 만드는 실력이 좋지 않다.
3Why	• 왜 음식을 만드는 실력이 좋지 않을까?	• 제대로 된 조리법이 없다.
4Why	• 왜 제대로 된 조리법이 없을까?	• 그때 그때 눈대중으로 음식을 만든다.
5Why	• 왜 그때 그때 눈대중으로 음식을 만들까?	• 요리방법을 배운 적이 없다.

4.3. 특성요인도

문제의 잠재적 원인을 그림으로 표현한 특성요인도를 통해서 문제의 해결책을 찾을 수 있다. 아래의 그림처럼 특성요인도가 물고기 뼈 모양을 닮았다고 하여 피시본 다이어그램(fishbone diagram)이라고도 부른다. 특성요인도를 그리는 단계로 1단계는 물고기의 머리에 문제의 쟁점을 적는다. 2단계는 큰 가시에 문제의 주된 원인을 적는다. 3단계에서는 문제의 주된 원인에 따른 잠재적 원인을 모두 적는다. 마지막으로 이 중에서 가장 핵심적인 원인을 파악한다.

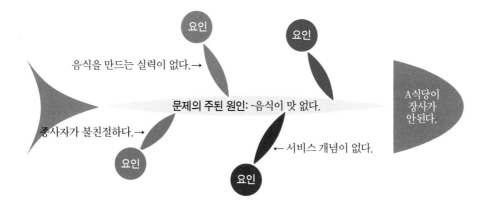

📄 학습 활동

"문제의 원인을 찾아라!"

조별로 희망하는 직군에서 일어날 수 있는 문제 상황을 한 가지 설정하고 문제의 원인을 찾는 도구를 사용하여 문제의 원인을 찾으라.

• 문제 상황:

• 활용한 문제원인 찾는 도구:

• 문제원인:

    리홈 쿠첸의 리빙사업부에서 시작하여 2015년 8월, 밥솥과 전기레인지 등 가전 제품 회사로 설립된 쿠첸. 경쟁사의 전기밥솥이 시장을 독점하다시피 한 상태에서 쿠첸의 고민은 커졌다. 밥솥은 곧 쿠첸이라는 등식을 떠올릴 수 있도록 인지도를 높이고 싶었던 것이다. 광고주의 이러한 요구에 광고기획자들은 5Why를 하게 된다.

1Why	• 왜 인지도 재고가 필요한가?	→	• 밥솥의 판매량이 줄고 있기 때문이다.
1Why	• 왜 밥솥의 판매량이 줄고 있는가?		• 주 사용자인 주부들이 밥솥 자체에 관심이 없기 때문이다.
1Why	• 왜 주부들이 밥솥 자체에 관심이 없을까?		• 밥하는 것이 지겹다고 느끼기 때문이다.

| 1Why | • 왜 밥하는 것이 지겹다고 느낄까? | ➡ | • 쉬는 날 없이 매일 밥을 해야 하기 때문이다. |
| 1Why | • 왜 쉬는 날 없이 매일 밥을 해야 하는가? | | • 남편이 도와주지 않기 때문이다. |

    5Why를 통해 많은 주부들이 남편이 해 주는 밥을 먹고 싶어 한다는 점에 착안하여 남자가 지어 주는 밥, 이왕이면 로맨틱한 남자가 지어 주는 밥이라는 컨셉을 광고에 적용하게 되었다. 이에 따라 쿠첸의 광고 모델은 2010년 이효리에 이어 2012년 장동건이 맡게 되었으며, 2016년에는 송중기가 발탁되었다. 실제 장동건과 송중기를 모델로 한 쿠첸의 전기밥솥 광고는 많은 인기를 얻었고, 쿠첸의 인지도를 올리는 데 공헌을 하게 되었다.

1. 5why 기법을 활용하여 겉으로 드러난 원인 이외에 숨겨진 원인을 찾아보자.(사례연구에서 제시된 내용과는 다른 결과를 도출해보자.)

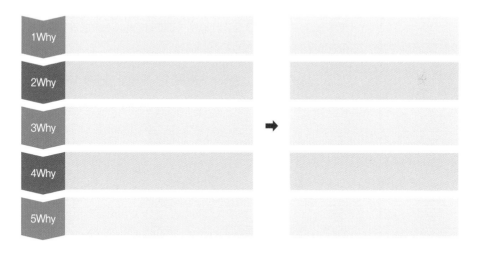

CHAPTER 08
대안
도출

▶ 정의
업무수행 중 발생한 문제를 인식하고 해결하기 위해 다양한 대안을 비교, 분석하여 최적의 대안을 도출하는 역량.

▶ 학습목표
1.1. 업무에서 발생한 문제를 인식하고 처리하기까지 적절한 기존의 문제해결방식을 이용한다.
1.2. 업무에서 발생한 문제를 인식하고 처리하기까지 기존의 문제해결방식을 다양하게 응용한다.
1.3. 업무에서 발생한 문제를 인식하고 처리하기까지 다양한 대안을 비교하여 최적의 대안을 도출한다.
1.4. 업무에서 발생한 문제를 인식하고 처리하기까지 타당한 근거를 바탕으로 새로운 방식을 고안한다.

▶ 행동사례
• 발생한 문제가 미치는 영향을 분석하고 우선순위를 정한 후, 이를 해결하기 위한 적절한 방법을 찾는다.
• 문제해결을 위해 기존의 해결 사례 및 자료를 검토하여, 보다 창의적이고 합리적인 해결방법이 있는지 조사한다.
• 문제를 해결하는데 필요한 자료를 수집하고, 단계별 처리절차를 수립한다.
• 도출한 대안의 결과를 예측해 보고 계획대로 처리되지 않을 때 차선책을 강구한다.

01 문제를 말하고 대안을 도출하라

1.1. 침묵깨기의 중요성

업무수행 중 발생한 문제를 인식하였다면 다양한 대안을 비교, 분석하여 최적의 대안을 도출하여 문제를 해결해야 한다. 문제를 인식한 후 '침묵'한다면 문제해결은 이루어 질 수 없다. '침묵'은 문제해결에 도움이 되지 않는다. 문제해결의 핵심은 대화와 소통이다.

뉴욕대학교 프랜시스 밀리켄과 엘리자베스 모리슨, 퍼트리샤 흘린은 직장 내 침묵에 관해 연구하기 위해 정규직 근로자 40명을 인터뷰 하였다. 연구진은 연구참여자에게 '직장에서 문제 제기를 꺼리는 이유'에 대해 물었다. 연구 결과 '동료들이 자신을 좋지 않은 시선으로 볼까봐', '누군가를 당황시키거나 언짢게 하고 싶지 않아서', '문제 제기는 쓸데없다'는 의견이 있었다. 그밖에 '보복이 두렵다'는 의견도 있었다. 그 다음으로는 '문제 제기를 가장 기피하는 부분'에 대해 물었다. 연구결과 근로자들은 직장 내 성희롱, 상사의 월권행위, 자신의 실수 등 조직적인 내용과 개인적인 내용 모두에 문제를 제시하고 싶어했다. 또한 업무와 관련한 아이디어와 같은 조직의 발전을 위한 부분도 침묵으로 일관하고 있었다.

사람들이 직장 내에서 문제를 발견하고도 침묵하는 이유는 침묵을 지키면 최소한 안전하다고 느꼈기 때문이며 자신의 문제 제기가 큰 차이를 만들어 낼 것이라는 확신을 같지 못해서였다.

문제를 알고도 침묵하면 그 문제를 수면 위로 드러낼 수 없다. 간단히 해결할 수 있는 문제도 침묵으로 인해 더 큰 문제가 될 수 있으며 조직의 발전은 기대하기 어렵다.

"쉿! 비밀이야."

> 팀장님이 나에게 진지 할 이야기가 있으니 따로 만나자고 한다. 무슨 일일까? 팀장님은 "사실은…"이라며 운을 띄웠다. (중략) "내가 지금까지 한 말은 비밀로 해두게. 이거 알려지면 우리 회사 뒤집어진다고."

1. 팀장님은 나에게 무슨 이야기를 했을까? 중략된 이야기를 상상하여 만들어보자.

_____

_____

_____

2. 비밀을 지킬 것인가? 나는 어떻게 할 것인가?

_____

_____

_____

3. 나의 선택은 조직에 어떤 결과를 초래할까?

_____

_____

_____

사례 연구

1977년 3월 어느 늦은 오후, 테네리페섬 로스 로데오 공항. 활주로에는 짙은 안개가 깔려 있었다. 초대형 제트여객기 보잉747과 팬암항공의 비행기가 이륙 준비를 하고 있다. 활주로에서 이륙준비를 마친 기장은 곧바로 속도를 높여 전진하기 시작했다.

기　　장: 자, 이제 이륙합니다.

부기장: 기장님, 속도가 너무 빠릅니다. 아직 관제탑에서는 이륙 허가가 떨어지지
　　　　도 않았습니다.

기　　장: (짜증섞인 목소리로) 나도 알아. 어서 관제탑에 허가 요청이나 해.

부기장: KLM은 이륙 준비가 끝났으며 허가가 떨어지기만을 기다리고 있다.

기　　장: (교신 상황을 가로채며) 이륙합니다.

부기장: '아, 안 되는데…'

한편 KML 비행기가 이륙을 시작한 시점에 관제사는 팬암 측과 교신하고 있었다.

관제사: 활주로에서 벗어나면 보고하라.

팬암 기장: 네. 활주로에서 벗어나면 보고하겠습니다.

항공사 기관사: 기장님, 팬암 여객기가 아직 활주로를 벗어나지 않은 것 같은데요?

기　　장: (쏘아 붙이며) 아냐, 벗어났어. (아랑곳하지 않고 이륙 절차를 계속 밟는다.)

항공사 기관사: '아, 안 되는데…'

　　결국 상황을 돌이키기에는 너무 늦어버렸다. 기장과 부기장, 항공사 기관사가 팬암 여객기를 발견했을 땐 속도를 늦출 수 없는 지경이었다. KLM 여객기의 왼쪽 엔진과 기체 하부, 주요 착륙장치가 팬암 여객기의 오른쪽 상단부와 충돌해 산산조각 났다.

　　테네리페 공항 참사는 목숨이 위태로운 절체절명의 상황에서 조차 수직적 위계질서가 조직을 어떻게 갉아먹는지 단적으로 보여준다. 결국 부기장과 항공기관사는 기장의 권위에 대항하지 못한 죄로 목숨을 잃었다. 그들뿐만이 아니다. 583명의 안타까운 목숨도 조직의 불협화음에 의해 희생 당했다.

※출처: 에이미 에드먼슨(2019). 두려움 없는 조직. 다산북스.

내용을 읽은 뒤 아래 4가지 질문에 답해보자.

Q1. 본문을 읽고 난 후 기억나는 것은 무엇인가?

_____

_____

_____

_____

_____

Q2. 나의 생각은 어떠한가?

_____

_____

_____

_____

_____

Q3. 나라면 어떻게 행동 할 것인가?

_____

_____

_____

_____

_____

Q4. 학우들과 나누고 싶은 질문은 무엇인가?

_____

_____

_____

_____

_____

1.2. 심리적 안정감

조직의 '심리적 안정감'을 연구한 하버드 경영대학원 종신교수인 에이미 에드먼슨은 조직 내에서 심리적 안정감이 있다면 조직 내부 혹은 업무 상 문제에 대해 침묵을 깨고 드러낼 수 있다고 하였다. '심리적 안정감'은 직장 내에서 수많은 직원이 함께 일할 때 일어나는 문제를 극복할 뿐만 아니라 갈등을 효과적으로 활용하고, 팀원 간의 다양성을 연결하는 데도 중요한 역할을 한다.

문제에 직면한 상황에서 조직원들은 문제해결이라는 공통의 목표를 달성하기 위해 힘을 합쳐야 한다. 이때 시작점은 심리적 안정감을 조성하기 위한 기본 토대를 구성하는 것이다. 심리적 안정감을 조성하였다면 그 다음은 조직원의 '진정한 참여'를 이끌어내는 것이다. 마지막으로 안전한 조직 환경을 만들기 위해서는 생산적으로 반응하기의 단계가 있다. 에이미 에드먼슨이 자신의 저서 '두려움 없는 조직'에서 제안한 심리적 안정감을 구축하는 각 단계의 실천 방안은 다음과 같다.

	토대 만들기	참여 유도하기	생산적으로 반응하기
리더의 역할	**업무를 바라보는 프레임 짜기** • 실패와 불확실성, 상호 의존에 관한 기대치를 설정하여 문제제기의 필요성을 명확히 한다.	**상황적 겸손함 보여주기** • 모르는 부분은 솔직하게 인정한다.	**가치 인정하기** • 구성원의 목소리에 귀 기울인다. • 문제 제기를 인정하고 감사를 표한다.
	목적 강조하기 • 무엇이 중요하고, 무엇이 문제이며, 누구를 위한 일인지를 구분한다.	**적극적으로 질문하기** • 좋은 질문을 한다. • 경청하는 문화를 만든다.	**실패라는 오명을 제거하기** • 미래 지향적인 태도로 바라본다. • 필요한 도움을 제공한다. • 다음 단계의 작업을 위해 적극적으로 논의하고 토론한다.
		구조와 절차 만들기 • 구성원의 제언을 위한 장을 만든다. • 토론을 위한 지침을 제공한다.	**규칙 위반 시 제재하기**

성과	구성원 간에 조직의 기대치와 의미를 공유할 수 있다.	개개인의 목소리가 중시된다는 확신을 얻을 수 있다.	지속적인 학습을 위해 교육 기회를 제공할 수 있다.

📝 학습 활동

"심리적 안정감 자체 평가"

출처: 에이미 에드먼슨(2019). 두려움 없는 조직. 다산북스. P.250-252

자료	평가 항목	체크
가비, 에드먼슨, 지노 (2009)	1. 자신의 목소리를 내기가 쉽다.	☐
	2. 실수했을 때 종종 비난을 받지 않는다.	☐
	3. 문제 상황이나 불일치한 의견에 대해 자유롭게 이야기한다.	☐
	4. 조직 내 제대로 기능하지 않는 부분, 기능하는 부분에 대해 모두 기꺼이 정보를 공유한다.	☐
	5. 내 목소리를 내지 않는 것이 최선이라고는 생각하지 않는다.	☐
터커, 넴바드, 에드먼슨, 경영과학 (2007)	1. 의문이 생기면 올바른 대처 방법에 관해 자유롭게 의사소통한다.	☐
	2. 다른 사람의 고유 기술과 역량을 가치있게 여긴다.	☐
	3. 크고 작은 문제를 수면 위호 드러내 적극적으로 해결책을 찾는다.	☐
넴바드, 에드먼슨 (2006)	1. 의문이 생기면 올바른 대처 방법에 관해 자유롭게 의사소통한다.	☐
	2. 크고 작은 문제를 수면 위호 드러내 적극적으로 해결책을 찾는다.	☐
	3. 실수했을 때 종종 비난받지 않는다.	☐
	4. 동료에게 수월하게 도움을 요청할 수 있다.	☐
에드먼슨 (1999)	1. 실수했을 때 종종 비난받지 않는다.	☐
	2. 크고 작은 문제를 수면 위로 드러내 적극적으로 해결책을 찾는다.	☐
	3. 상대방의 다른 의견을 얼마든지 수용할 수 있다.	☐
	4. 심리적으로 안정된 상태에서 위험을 감수할 수 있다.	☐

에드먼슨 (1999)	5. 동료에게 도움을 요청하는 게 어렵지 않다.	☐
	6. 누군가의 노력에 일부러 흠집 내려는 동료는 아무도 없다.	☐
	7. 동료와 함께 일을 하면 나만의 고유한 기술과 역량이 가치를 인정받고 충분히 활용된다.	☐

사례 연구

직원을 가족처럼 -베리웨밀러

베리웨밀러의 CEO인 밥 채프먼은 2015년 마케팅 석학 라젠드라 시소디아와 함께 자신의 경영 철학을 담은 책『중요하지 않은 사람은 없다』를 펴내며 회사의 성공 지표가 '직원의 감동'이었음을 고백했다. 그러면서 '직원을 가족처럼' 대하는 태도가 심리적 안정감을 형성하는 데 매우 효과적이었다고 설명했다. 실제로 채프먼은 호칭부터 '직원' 대신 '팀 구성원'으로 대체했다.

베리웨밀러의 철학은 글로벌 금융위기 때 더욱 빛을 발했다. 주문량이 급격히 감소해 누가 봐도 구조조정이 불가피한 상황이었다. 하지만 채프먼은 일종의 '희생 분담' 방식을 택했다. 어느 한 가족이 심각한 피해를 입지 않도록 모든 가족이 고통을 조금씩 나누자는 뜻이었다. 모든 임직원에게는 직급에 관계없이 한 달간의 반강제 무급휴가가 주어졌다. 채프먼은 자신의 급여도 한화 1100만원 수준으로 자진 삭감했고, 임원 수당과 퇴직연금 계좌에 넣는 기부금의 지원 역시 중단했다.

결과는 어땠을까? 노조의 태도부터 달라졌다. 그들은 회사의 방침을 적극적으로 지지했다. 일명 '무급휴가 시장'이라는 제도를 형성해 서로의 형편에 따라 휴가를 교환하기도 했다. 형편이 좀 나은 직원이 그렇지 못한 직원을 대신해 더 오래 휴가를 다녀오는 식이었다. 그 결과 단 한 명의 해고자도 없이 베리웨밀리는 세계 경제 위기를 비교적 쉽게 벗어날 수 있었다. 심지어 2010년에는 기록적인 수익도 달성하면서 말이다.

※출처: 에이미 에드먼슨,『두려움 없는 조직』, 다산북스, 2019, P.162-164.

1. 위의 사례는 '심리적 안정감'이 기업의 이윤 창출과 임직원의 성장에 긍정적인 영향을 준 사례이다. '심리적 안정감'이 자신에게 긍정적인 영향을 준 경험을 STAR 질문 방식에 맞추어 정리해보자.

Situation	당시의 상황은 어떠했습니까?
Task	무엇을 해결/극복해야 했습니까?
Action	구체적으로 어떤 행동을 취했습니까?
Result	그 결과는 어떠했습니까?

2. 1번의 상황을 네 컷 만화로 표현해보자.

Situation	Task
Action	Result

3. 짝꿍에게 네 컷 만화를 보여주며 스토리텔링을 해보자.

02 대안을 도출하는 도구

문제 해결을 위해 '무엇이 문제인가?'에 대한 답으로 문제를 인식하였다면, 다음은 그 문제가 어떤 원인에 의해 발생하는지 문제의 원인을 파악해야 한다. 문제의 원인을 찾으면 대안을 쉽게 찾을 수 있다. 본 장에서는 누락 없이, 중복 없이 대안을 정리하기 위해 '프레임워크(framework)'를 활용하여 대안을 도출해보는 방법을 익혀보고자 한다. '프레임워크(framework)'는 어떤 목적에 따라 정리한 사고의 틀이나 구조를 말한다. 대안 도출에 도움이 되는 프레임워크 중 4P, 3C, 포지셔닝 매트릭스(Positioning Matrix)에 대해 알아보겠다.

2.1. 마케팅의 기본 프레임워크 '4P'

영업 마케팅 환경 분석에는 4P 분석이 적합하다. 4P는 제품(Product), 가격(Price), 유통(Place), 촉진(Promotion)의 4가지로, 중복과 누락 없이 비교·분석하는 것이다. 예를 들어 A 마카롱 가게의 맞은 편에 B 마카롱 가게가 새로 오픈을 하였다. B 마카롱 가게와 A 마카롱 가게를 비교하며 4P를 활용하여 대안을 도출해 볼 수 있다.

- 상품은 어떤가?
- 가격은 어떤가?
- 어디서 어떻게 판매하고 있는가?
- 무슨 프로모션을 하고 있는가?

	A 마카롱 가게	B 마카롱 가게(경쟁사)
제품(Product)	캐릭터 마카롱	기본 마카롱
가격(Price)	3,000원	900원대
유통(Place)	오프라인 매장	오프라인 매장
촉진(Promotion)	SNS	주변 전단지

〈4P의 예〉

이렇게 정리해보면 자사의 강점과 부족한 점을 알 수 있으며 자사가 차별화를 위해 어떤 것을 해야하는지 파악할 수 있어 대안도출에 도움이 된다.

2.2. 경쟁 전략 등에 활용하는 '3C'

경쟁 전략이나 시장 잠입 전략을 구상할 때 3C 분석을 자주 사용한다. '3C'는 시장 (Customer), 경쟁상대(Competitor), 자사의 장점(Company)를 나타낸다. 3C는 기업을 둘러싸고 있는 미시 환경을 분석할 수 있다.

〈3C의 예〉

앞서 예로 든 A 마카롱 가게의 시장(Customer)은 디저트 붐은 계속되고 있다는 점이다. 경쟁상대(Competitor)인 다른 마카롱 가게가 900원 대의 마카롱을 선보였다는 것이다. 경쟁상대와 비교하여 자사의 장점(Company)은 캐릭터 마카롱 달인의 뛰어난 실력이다. 위의 3C의 내용을 분석해보면, 'A 마카롱 가게는 경쟁사와 맞춰서 금액을 낮추는 것이 아닌 캐릭터 마카롱 달인의 뛰어난 실력을 살려서 시장에 집입해야 한다.'라는 대안도출이 가능하다.

'3C'를 활용할 때는 'MECE(상호배제와 전체포괄)' 감각을 가져야 한다. MECE는 상호간에(Mutually), 중복되지 않고(Exclusive), 전체로서(Collectively) 누락이 없다(Exhaustive)는 말의 약자로 '중복없이', '누락없이'라는 의미를 가진다. '겹치지 않으면서 빠짐없이 나눈 것'으로 항목들이 상호 배타적이면서, 모였을 때는 완전히 전체를 이루는 것을 의미한다.

'MECE'의 가장 큰 목적은 현상을 제대로 파악하는 것에 있으며 'MECE'는 사안의 분석적 접근의 기본이다.

2.3. 위치와 우선순위를 정하는 '포지셔닝 매트릭스(Positioning Matrix)'

'포지셔닝 매트릭스'란 사각형을 두 개의 축으로 나누어 우선순위를 정하거나 필요한 것을 선택할 때 활용하는 매트릭스이다. 포지셔닝 매트릭스는 문제를 보다 명확히 하여 대안을 도출하는 것에 큰 도움이 되며 이해관계자들과 원활한 의사소통을 할 수 있다는 강점이 있다.

포지셔닝 매트릭스는 여러 분야에 적용이 가능하며 이 때 두 축은 변경이 가능하다. 두 축은 기준이 되며 기준을 어떻게 설정하냐에 따라 결과가 달라진다. 자신이 해결해야 하는 문제에 대해 포지셔닝 매트릭스의 기준을 설정할 수 있다면 문제를 객관적으로 보고 있다고 볼 수 있다.

컨설팅 전문가 최오성은 자신의 저서 '퇴근을 앞당기는 문제해결의 힘'에서 매트릭스 개발의 과정을 다음과 같이 설명하였다.

1단계, 문제를 명확히 하는 것이다. 문제나 과제에 이름을 붙여본다.

2단계, 문제에 영향을 주는 요소를 찾아 목록화 한다.

3단계, 가장 핵심이 되는 요소를 두 가지 선정한다.

4단계, 핵심요소 중 하나는 가로축, 다른 하나는 세로축에 적어 매트릭스를 그린다.

5단계, 네 개의 각 분면에 적절한 이름을 부여한다.

다양한 매트릭스 중 'BCG 매트릭스'에 대해 알아보겠다. 보스턴 컨설팅 그룹에서 개발된 'BCG 매트릭스'는 상대적 시장 점유율과 사업 성장률을 기초로 구성된 사업 분석 기법이다.

가로축은 상대적 시장 점유율로 세로축은 시장 성장률로 놓고 사업을 4가지로 나눈다.

	상대적 시장 점유율 낮음	상대적 시장 점유율 높음
시장성장률 높음	**물음표(Question) 사업** 낮은 시장 점유율과 높은 시장 성장률을 가진 신규 사업으로 시장 점유율을 높이기 위해 많은 투자 금액이 필요함.	**스타(Star) 사업** 수익과 성장이 큰 성공 사업으로 지속적인 투자가 필요함.
시장성장률 낮음	**도그(Dog) 사업** 수익과 성장이 없는 사양 산업으로 기존의 투자를 접고 철수해야 함.	**캐시 카우(Cash Cow) 사업** 기존의 투자에 의해 수익이 계속적으로 실현되는 사업으로, 자금의 원천 사업.

〈BCG 매트릭스의 예〉

 학습 활동

"배틀트립"

종강을 앞둔 친구들은 방학 중 함께 여행을 가기 위해 대화를 나누고 있다.

세라: 얘들아, 방학 때 여행으로 어디를 가면 좋을까?

은정: 나는 등산 가고 싶어. 지난 가을에 설악산에 단풍보러 갔었는데 진짜 좋았거든.

수진: 등산? 은정아, 어짜피 갔다가 내려올 산을 뭐하러 올라가니. 바다가 보이는 카페에서 SNS에 올릴 예쁜 사진을 많이 찍자~ 나 사실 벌써 인터넷 쇼핑몰에서 원피스도 샀어!

세라: 바다를 갈거면 물놀이를 해야지! 제트스키도 타자! 나는 그런게 좋더라. 재밌잖아.

지은: 산에 가면 짚라인 탈 수 있는데 그건 어때?

위의 대화를 읽고 문제해결에 도움이 되는 매트릭스를 제작해보자.

학습 활동

"선택! 매트릭스"

선택과 관련한 자신의 고민을 적고 문제해결에 도움이 되는 매트릭스를 제작해보자.

> • 요즘 나의 고민:

빌보드 정복한 BTS... 전략과 과제 'SWOT 분석'

2019-10-21 문화일보. 안진용 기자

▶ S(trength)-철학이 있다 = BTS는 듣기 좋은 노래를 부르고, 빼어난 퍼포먼스를 보여준다. 스타의 필요조건을 갖춘 셈이다. (중략) 일련의 앨범을 통해 청춘의 아픔을 보듬은 BTS는 그들과 동시대를 살아가는 젊은이들의 고충을 나눠 짊어지고 위로했다. 메시지도 아주 이해하기 쉽게 전했다. 전 세계 팬들이 굳이 BTS가 전달하는 가사를 알기 위해 한국어를 공부하는 이유는 무엇일까? 그들은 듣기 좋은 멜로디를 귀로만 즐긴 것이 아니라, 공감 가는 메시지를 가슴에 새긴 것이다. 철학의 생명은 길다. 시간이 흘러 나이 먹은 BTS가 지금 같은 퍼포먼스를 소화할 수 없어도, 그들이 전한 메시지는 남는단 의미다.

▶ W(eakness)-높은 기대감 = 지금 상황에서 BTS의 가장 큰 약점은 '기대감'이다. (중략) 전인미답의 길을 걸어온 터라 BTS가 참고할 레퍼런스 그룹이 없다는 것도 아쉬운 대목이다. 잦은 해외 스케줄을 소화해야 하는 것도 '양날의 검'이다. 글로벌 투어를 돌며 방전되는 체력과 정신적 스트레스를 관리하는 것이 중요하다. 소속사가 지난 8월 이례적으로 한 달간 휴식을 부여한 것은 이런 약점을 보완하려는 조치였던 셈이다. 아울러 최근 한국 가수인 BTS가 국내보다 해외 활동에 치중하는 것을 두고 팬들 사이에서도 '내한 스타'라는 볼멘소리가 나오고 있기 때문에 적절히 활동 무대를 배분하려는 노력도 필요하다.

▶ O(pportunity)-기회를 창출하다 = (중략) 소속사는 지난 18일 "BTS가 미국 싱어송라이터 라우브와 컬래버레이션 음원을 발표한다"고 밝혔다. BTS는 이에 앞서 할시, 에드 시런, 니키 미나즈, 체인스모커스 등 톱 아티스트들과의 협업을 진행했다. 처음에는 BTS가 그들의 인지도로 후광 효과를 입었다면, 이제는 그들이 BTS를 통해 이름을 알리고 팬덤을 넓히는 효과를 누리고 있다. 게다가

숱한 해외 스타가 BTS와 함께 사진을 찍고 이를 그들의 SNS에 올렸다. 이제 BTS는 기회를 잡는 입장이 아니라 기회를 부여하는 입장인 셈이다.

▶ T(hreat)-일거수일투족이 이슈 = (중략) 지난해 말 일본 우익 매체들은 지민이 과거 원자폭탄이 터지는 장면의 흑백 사진이 담긴 광복절 기념 의상을 입은 것을 문제 삼았다. 그들의 주장은 오히려 역풍을 맞았지만 소속사 측은 경남 합천 원폭피해자협회를 찾아 비공식 간담회를 열고 사죄하는 등 현명하게 대처했다. 지난 5월에는 지민이 입은 상의에 적힌 러시아어 문구가 영어로 'fuXX you'라는 의미를 담고 있다는 사실이 알려졌다. 단순 해프닝으로 마무리되긴 했지만 전 세계의 주목을 받고 있는 만큼 그들의 행보 하나하나에 더 주의를 기울여야 한다는 것을 보여준 사례였다. 어느덧 데뷔 7년 차를 맞은 BTS의 내부 결속을 다지는 것도 중요하다. 내년부터 멤버들의 군 입대가 시작되기 때문에 '완전체'로 활동할 수 없는 기간을 메울 대책을 고민해야 할 시점이다. (후략)

출처: http://www.munhwa.com/news/view.html?no=2019102101031612069001

1. 위의 기사 내용을 참고하여 자신에 대한 SWOT 분석 매트릭스를 작성해보자.

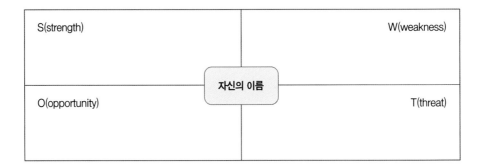

03 벤치마킹으로 대안도출하기

3.1. 벤치마킹

우리가 해결하기 위해 고민하는 문제는 사실 누군가가 앞서 고민했을 가능성이 높다. 대다수의 고민과 문제들은 선행연구나 관련 자료가 있다. 따라서 다른 기업의 문제해결의 사례를 참고하면 현재 내가 당면한 문제를 해결하는 것에 도움을 받을 수 있다. 벤치마킹(bench-marking)이란 어느 특정 분야에서 우수한 상대를 찾아 자신의 기업과의 성과 차이를 비교하고 이를 극복하기 위해 그들의 뛰어난 운영프로세스를 배우면서 자기 혁신을 추구하는 경영 기법이다. 나의 문제 해결을 위해 문제 해결이 잘 된 좋은 예를 보며 배워 새로운 방식으로 적용해보는 것으로 단순 모방과는 다르다.

3.2. 벤치마킹의 방법

벤치마킹은 어떻게 해야할까? 우선 당면한 문제를 잘 해결한 사례를 벤치마킹의 대상으로 선정한다. 그 다음으로는 비교상대의 뛰어난 문제해결 방식을 파악한다. 그리고 내가 당면한 문제를 해결하는 것에 도움이 되는 방법은 무엇인지 알아낸다. 이후로 문제 해결의 과정에 적용한다. 적용에 있어서는 선례의 무조건 좋은 것을 따르는 것이 아닌 현재 자신의 상황에 맞게 적용할 수 있도록 계획을 수립하고 활동으로 연계해야 한다. 또한 지속적인 모니터링 과정을 통해 활동이 지속되어야 하며 성과를 가시화해야 한다.

〈벤치마킹의 과정〉

"한 수 배우다"

다음의 사례를 읽고 벤치마킹 할 부분인 뛰어난 문제해결 방식에 대해 생각해보자. 우리는 무엇을 배울 수 있는가?

사례1 일본 도쿠시마 현에 위치한 '가마카쓰'라는 마을은 산림으로 둘러싸인 두메산골이다. 이 마을은 정부가 외국에서 값싼 목재를 수입하기 시작하면서부터 위기에 빠지게 되었다. 마을의 젊은 사람들은 도시로 떠나고 고향에는 노인들만 남게 되었다. 이로 인해 극심한 인구감소와 고령화 현상으로 폐촌의 위기에 내몰렸던 마을에 놀라운 변화가 일어난다. 연간 40억 원을 벌어들이는 부자마을로 바뀐 것이다. 이제 타 지역에서 젊은이들이 일자리를 찾아오기도 할 정도이며, 해외 관광객들의 발걸음 역시 끊이지 않게 되었다. 가마카쓰 마을을 '기적의 마을'로 만들어 준 것은 바로 나뭇잎이다. 어느 날 농업협동조합의 한 직원이 나뭇잎을 따서 음식점에 팔자는 아이디어를 냈고, 이를 바탕으로 '이로도리'라는 기업을 세워서 고급요리용 정식 소재로 쓰이는 소나무와 동백나무 잎을 팔기 시작했다. 처음에는 고전했지만 음식점 특성에 맞춤형 제품을 만들면서 수요가 증가하고 높은 수익을 내기 시작했다. 전국의 음식점에서 필요로 하는 나뭇잎의 수요가 얼마나 되는지를 조사한 것에서 나온 결과이다. 이 마을이 울창한 숲에 둘러싸여 있어 나뭇잎을 쉽게 구할 수 있었기에 가능한

사업이었다. 그러나 농협직원이 그 가치에 주목하기 전에는 아무도 거들떠보지 않던 강점이었다.

❖ 가마카쓰 마을의 사례를 통해 어떤 방식으로 문제를 해결할 수 있을지 생각해보자.

출처: 이성대(2017), 『세상을 읽는 통찰의 순간들』, 원앤원북스ㅍ P.218-219.

사례2 예전에는 운동화를 구입하려면 해당 제조사의 전문매장에 가야 했다. 프로스펙스를 구입하려면 프로스펙스 대리점에, 나이키를 사려면 나이키 매장에 가야 했던 것이다. 그러나 지금은 다양한 제조사에서 만든 신발을 하나의 매장에서 다 볼 수 있는 멀티숍이 있다. 그 대표적인 것이 ABC 마트이다. 여러 매장에 갈 필요 없이 한 매장에서 내가 원하는 다양한 제품들을 비교하면서 평가와 구입이 가능해진 것이다. 현재 멀티숍의 매출은 급상승하고 있다. 이와 비슷한 비즈니스 모델로는 '숍인 숍'이 있다. 한 매장에 두 개 이상의 여러 개의 매장을 같이 운영하는 방식이다.

❖ 편의점 매출이 감소하고 있다. 이 문제를 해결하기 이해 프로젝트를 진행하려고 한다. 멀티숍이나 숍인 숍을 추진하는 프로젝트를 기획해보자.

출처: 이성대(2017), 『세상을 읽는 통찰의 순간들』, 원앤원북스, P.220

 학습 활동

"벤치마킹! 문제해결!"

성성초밥가게를 운영 중인 최고야 사장은 성성함을 가게 운영의 모토로 두고 있다. 최고급 생선 횟감을 수산물 시장에서 가져오지만 당일날 소진되지 않으면 '재고'로 남게된다. 요즘 부쩍 늘어난 재고로 고민이 크다. 주 재료인 생선 횟감은 오래 보관하기가 어려워 원가 부담이 크고 고급 생선 횟감이라도 당일 소진이 되지 않으면 상하게 되어 사용할 수가 없다.

다음의 사례를 읽고 벤치마킹을 활용하여 문제를 해결해보자. 아래 빈 칸을 채워보자.

1단계	2단계	3단계
대상선택	비교 대상 분석 (우수 운영방식 확인)	문제해결 활동 전개 (핵심 성공요인 중 적용점 확인)

사례 연구

삼성전자에서 김밥 판매사원을 벤치마킹한 배경

몇 년 전 국내 모 학회가 주최하는 세미나에 참석했습니다. 삼성전자 마케팅 부문 임원의 강연이 있었습니다. 강연에서는 특히 각 사업 부문에서 정기적으로 재고 현황을 파악하고 관리하는 부분이 인상적이었습니다. 글로벌 최고 수준으로 물류망과 재고를 관리하는 것으로 정평이 난 회사가 지속적으로 재고에 대해 전사적(全社的)인 혁신을 지속하고 있는 것입니다.

IMF 직후 회사의 사활을 걸고 재고관리의 개선 특명이 떨어졌을 당시 마케팅 본부의 주요 인력이 대형 할인마트의 김밥 코너에 가서 판매와 재고의 상관관계를 며

칠씩 관찰했다고 합니다. 김밥도 팔다가 남으면 폐기해야 합니다. 그래서 김밥 코너 판매사원들은 오후 5시가 넘어가면 당일 매출을 예상해서 만드는 김밥 개수를 조절하기 시작하고, 오후 7시가 넘어가면 남은 김밥들의 할인을 연쇄적으로 진행해 당일 재고를 최소화하고 재고처리에 따른 손실을 극대화합니다.

삼성전자 마케팅 부서의 직원들이 실제로 대형 할인마트 김밥 판매사원만큼 재고를 고민하고 있는지 직접 보고 느끼라는 의도였다는 후문입니다. 대형 할인마트의 김밥 코너를 벤치마킹할 정도로 기본부터 다시 시작해 대대적으로 글로벌 SCM(Supply Chain Management)을 추진하면서 재고관리의 수준을 높였고, 오늘날 삼성전자가 글로벌 대표기업으로 도약한 핵심 경쟁력의 하나가 되었습니다.

출처: 김경준(2019), 『세상을 읽는 통찰의 순간들』, 원앤원북스, P.213-214.

1. 삼성전자에서 김밥 코너 판매사원의 어떤 점을 벤치마킹 하였는가?

▶▶ 정의

업무수행 중 발생한 문제를 인식하고 이를 해결하기 위해 문제해결 절차에 따라 적절한 해결책을 적용하여 문제를 해결하는 역량.

▶▶ 학습목표

1.1. 업무상황에서 발생한 문제로 인한 결과를 예측하고 다양한 대안을 비교·분석한다.

1.2. 업무상황에서 발생한 문제의 원인을 인식하고 다양한 대안을 제시하며 기존의 방식을 응용하여 문제를 처리하고 그 결과를 분석한다.

1.3. 업무상황에서 문제가 발생한 사실을 확인하고 대안을 확인하며 기존의 다양한 방식을 통합 활용하여 문제를 처리하고 그 결과를 확인한다.

1.4. 업무상황에서 문제가 발생한 원인을 분석하고 새로운 아이디어를 고안하여 문제를 처리하고 그 결과를 평가하여 피드백한다.

▶▶ 행동사례

• 문제를 처리하는데 가장 적합한 방법과 처리 순서를 생각한다.

• 문제해결 절차를 적고 처리절차에 문제점은 없는지 다각도로 판단해 본다.

• 문제를 처리하는 과정에서 단계별로 결과를 분석하고 피드백하여, 문제가 적절히 처리되도록 한다.

• 문제를 처리하는 과정에서 단계별 처리과정에 장애가 발생하였을 때를 위해 마련한 차선책을 적절하게 활용한다.

• 문제처리를 하기 위한 새로운 방법을 찾기 위해 다양한 자료를 검토하고, 이를 토대로 새로운 해결책을 도출, 적용하여 문제를 해결한다.

문제처리능력이란 목표와 현상을 분석하고 이 분석결과를 토대로 문제를 도출하여 최적의 해결책을 찾아 실행, 평가해 가는 활동을 할 수 있는 능력이다. 이러한 문제처리능력은 문제해결과정을 의미하는 것이다. 본 장에서는 문제해결과정에 대해 알아보고 문제해결에 도움이 되는 방법을 학습한 후 직접 문제를 해결해보는 프로젝트를 진행해보도록 하겠다.

1.1. 문제해결의 과정

일반적인 문제해결 과정은 다음 그림과 같이 문제 인식, 문제 도출, 원인 분석, 해결안 개발, 실행 및 평가의 5단계를 따른다.

1단계	문제 인식	해결해야 하는 전체 문제를 파악하여 우선순위를 정하고, 선정문제에 대한 목표를 명확히 하는 단계
2단계	문제 도출	선정된 문제를 분석하여 해결해야 할 것이 무엇인지를 명확히 하는 단계
3단계	원인 분석	파악된 핵심문제에 대한 분석을 통해 근본 원인을 도출하는 단계
4단계	해결안 개발	도출된 근본 원인을 효과적으로 해결 할 수 있는 최적의 해결방안을 수립하는 단계
5단계	실행 및 평가	해결안 개발을 통해 만들어진 실행계획을 실제 상황에 적용하는 활동으로 어려움이 되는 문제의 원인들을 해결안을 사용하여 제거하는 단계

1.2. 문제유형에 따른 해결의 과정

문제해결의 과정은 일반적으로 위의 5단계에 따라 이루어지지만, 문제의 유형에 따라 문제해결의 과정이 달라질 수도 있다.

발생형 문제는 과거에 발생하여 현재까지 문제가 진행되고 있는 것으로 현상을 파악하여 문제를 정의한다. 이후 원인을 알아내고, 해결안을 개발하여 실행하면 된다. 탐색형 문제는 '혹시 문제는 없을까?'라며 찾아보는 문제로 현상을 파악한 후 문제를 정의한다. 이후 원인을 찾고 변혁 과제를 도출·선정한다. 그 다음에 구체적인 변혁 내용을 개발하여 실행하면 된다. 설정형 문제는 미래를 위하 지금 고민해야 할 문제가 없는지 현재의 환경을 분석하여 문제를 도출한 후 여러 문제들 중 우선적으로 해결해야 할 문제를 선정한다. 이후 변혁 방향에 따른 과제를 선정하고 고객 요구 추출을 통한 목표치를 설정하고 변혁 과제 내용을 개발한 다음 실행하면 된다. 일반적인 문제해결 과정과 문제 유형에 따른 문제해결의 과정을 숙지해두면 상황에 따라 효과적으로 문제해결을 할 수 있다.

🗐 학습 활동 ────────────────────────────

"위기의 카페를 살려라!"

당신은 문제해결전문가이다. 어느 날 카페을 운영하는 한걱정 사장이 당신을 찾아왔다. 한걱정의 사장의 이야기를 듣고 문제해결절차에 따라 문제를 해결하라.

> ### 한 사장의 이야기
>
> 저는 동네에서 작은 카페를 운영하고 있습니다. 지하철역도 가깝고 근처에 초등학교도 있습니다. 가게 위치는 좋은 편입니다. 1층에 위치하고 있어서 접근성도 좋구요. 그런데 어느 날인가부터 손님의 수가 부쩍 줄었습니다. 커피의 맛을 더 좋게 하기 위해서 원두도 바꿔보고 다양한 메뉴도 개발하려고 노력했습니다. 베이커리 메뉴의 종류도 늘렸습니다. 그럼에도 불구하고 손님의 수는 늘어나지 않았고 늘어가는 것은 제 한숨뿐입니다. 출근을 하다보니 동네에 다른 카페가 생긴 것을 알게 되었습니다. 손님이 북적이더군요. 주 손님은 초등학교 학부모들과 아이들이었습니다. 메뉴도 저희 매장과 차이가 없고 커피 맛은 저희 가게가 더 좋았습니다. 저희 가게와 무엇이 다른지 보니 어린이 메뉴가 있었고 카페 한 켠에는 어린이 놀이터와 동화책이 구비되어 있었습니다.

▶ 1단계 - 문제인식

• 상황분석(3C 분석을 통해 문제가 발생한 환경을 분석해 보자)

　고객의 요구: _____

　자사의 상황: _____

　경쟁사의 상황: _____

• 과제 도출(환경분석 결과를 검토하여 해결해야 하는 주요 과제안을 도출해보자)

　과제안1: _____

　과제안2: _____

▶ 2단계 - 문제도출

문제의 구조를 Logic Tree를 사용해서 구조화하자.

▶ 3단계 - 원인분석

Logic Tree에 제시된 원인 중 통합하거나 삭제할 수 있는 원인은 삭제한 후 최종 원인을 도출하자.

　최종원인: _____

▶ 4단계 - 해결안 개발

중요도와 실현가능성을 고려하여 해결안을 도출하자.

해결책	중요도		실현 가능성			종합평가	채택여부
	고객 만족도	문제해결	개발기간	개발능력	적용 가능성		

▶ 5단계 - 실행

해결안을 실행하기 위한 실행계획을 세워보자.

목적: _____

_____

방법: _____

_____

기간: _____

_____

대상: _____

_____

디지털카메라가 보급되기 전까지 카메라는 모두 필름카메라였다. 따라서 자연스럽게 필름 제조업체들이 크게 성장했고, 세계 Top3는 코닥, 아그파, 그리고 후지필름이었다. 하지만 디지털카메라의 시대가 열리자 필름 제조업체인 코닥, 아그파, 후지필름은 하락세로 돌아섰다. 결국 코닥은 2012년에, 아그파필름은 2005년에 각각 파산하게 된다. 그러나 디지털카메라를 제일 먼저 개발했던 코닥과 달리 후지필름은 코닥보다 10년 앞서 디지털시대가 올 것이라 예상하고 디지털 기술을 개발해왔기 때문에 다른 필름 제조사들과 달리 다른 사업에까지 진출하며 계속 성장할 수 있었다.

후지필름이 살아남을 수 있었던 것은 기존은 자원을 활용해 새로운 제품군을 개발할 수 있었기 때문이다. 후지필름은 자신들의 강점인 필름 기술을 기존의 카메라용 필름에만 제한하지 않고 새로운 기술의 변화에 적용하는 도전을 시도했다. 후지필름이 필름사업을 정리하던 시기는 PDP TV와 LCD TV가 기존의 브라운관 TV를 대치하고 있었는데, 후지필름은 이 중 LCD 패널이 대세가 될 것이라 판단하고 LCD 패널 필름사업에 과감하게 투자했고 그것이 회생의 기회가 되었다. 여기에서 그친 것이 아니라 후지필름은 2006년 화장품 사업에 진출하게 된다. 필름은 화학물질을 매우 얇게 도포해야 하는데 그 두께는 약1마이크로미터 이하를 유지해야 하는 고도의 기술이다. 이 기술을 이용하여 화장품 성분을 나노미터로 미세화하여 배합하는 나노포커스 기술을 적용하여 화장품 성분을 피부에 안정적으로 침투시킬 수 있었다. 그것이 후지필름이 화장품 사업에 뛰어들 수 있게 된 계기였다. 후지필름은 기존의 자원을 낡은 것으로 취급하지 않고 새롭게 활용하는 열린 마음으로 접근하여 새로운 사업분야를 개척할 수 있었던 것이다.

온라인 서점의 확대로 오프라인 서점들은 경영에 곤란을 겪게 되었다. 온라인 서점은 가격과 편리성으로 오프라인 서점을 위협하기 시작했는데, 가장 큰 강점은 할인된 가격에 직접 서점에 가지 않아도 집에서 편하게 책을 받을 수 있다는 것이었다. 그러나 여기에도 약점은 있다. 온라인 서점에서 주문한 책은 오프라인 서점에서처럼 곧

바로 내 손에 들어오지 않는다. 이 점에 착안한 것이 바로 '바로드림서비스'인데, 온라인 서점을 이용하듯이 온라인에서 주문하면 한두 시간 후에 가까운 서점에서 바로 책을 받아 볼 수 있게 한 서비스이다. 결론적으로 온라인 서점의 위협에 저항하기보다는 오프라인 서점의 자원을 적극적으로 활용함으로써 성공을 이끌어낸 사례이다.

출처: 이성대(2017), 『4차산업혁명』, 「문제해결력이 정답이다」, 행복한 미래, P18-20.

1. 위의 사례에서 문제를 성공적으로 해결에 도움이 된 요인은 무엇인가?

• 후지필름 사례:

• 오프라인 서점 사례:

02 문제해결에 도움이 되는 집단지성

2.1. 팀워크와 집단지성

'백지장도 맞들면 낫다'는 말처럼 문제해결을 위해서는 한 사람의 힘보다는 팀워크를 통해서 해결하는 것이 더 도움이 된다. 팀이란 개념은 스포츠에서 온 것으로 단순하게 묶인 그룹과는 다르다. 팀은 공통의 목표를 위해서 협력하는 관계이고 단순한 그룹은 어떤 목표나 지향점이 없이 존재한다. 우리는 공통의 목표인 문제해결을 위해 모든 사람이 협력하여 결과를 만들어 가는 팀워크를 발휘해야 한다. 팀워크는 모든 사람이 같이 얻어가는 과정으로 개인의 희생만이 강요되어서는 안된다. 직장 내에서 경험하게 되는 문제는 개인적인 문제가 아니고 조직적이며 팀워크를 발휘해야 하는 상황의 문제들이다. 이를 잘 해결하기 위해서는 단 한 사람의 아이디어 보다 다양한 사람들의 아이디어를 모으고 이를 결합하는 것이 필요하다. 문제해결의 힘은 개인의 창의성보다 집단지성에서 나온다. 집단지성(Collective Intellectual)이란 하나의 통합된 시각이 아닌 하나의 문제해결을 위한 다양하고도 복잡한 시선들을 하나의 종합적이고 객관적인 결론으로 이끄는데 중요한 역할을 하는 체계적인 구조를 지닌 논리적 접근법이다.

유명한 영화제작사인 픽사의 영화는 뛰어난 아이디어를 가지고 있는 한 사람에 의해 만들어지지 않는다. 한 편의 영화를 제작하기 위해서는 250여 명이 필요하고 4~5년 간의 시간이 필요하다. 영화에서 10초간 나오는 장면을 완성하기 위해서 6개월의 시간이 걸리기도 한다. 픽사 사장인 에드 캣멀은 창의성이란 결국 사람으로부터 나온다고 하였다. 영화 제작 뿐만아니라 문제해결을 위한 창의적인 아이디어도 수 많은 사람들에게 나올 수 있다.

 학습 활동 ─────────────────────────────

"안전하고 높게 파스타 탑 쌓기"

1. 파스타면과 마시멜로우를 준비한다.
2. 조별로 제한시간 내 15분 내에 파스타면과 마시멜로우를 사용하여 탑을 쌓는다.
   이 때, 파스타면은 부러트릴 수 있으며 마시멜로우도 쪼개어 사용할 수 있다.
   탑의 꼭대기에는 온전한 마시멜로우 하나를 꽂아 탑이 완성됨을 표현한다.
3. 탑의 높이가 가장 높은 팀이 우승한다.
4. 탑을 쌓으며 경험한 것은 무엇인지 아래 활동지를 작성한 후 조원들과 이야기 나눈다. 혹은 조원들과 함께 활동지의 내용을 전지에 적어가며 내용을 정리한다.

"안전하고 높게 파스타 탑 쌓기"

팀원:

1. 팀별 탑 쌓기 활동에 대한 협력도를 척도로 나타낸다면?
   1(불만족) - 10(굉장히 만족)

   _____

   _____

2. 협력도를 그렇게 준 이유는 무엇인가?

   _____

   _____

---

3. 탑을 쌓는 것에 도움이 된 것은 무엇일까?

_____

_____

4. 탑을 쌓는 것에 도움이 되지 않은 것은 무엇일까?

_____

_____

5. 지금과 무엇이 달라지면 탑을 더 잘 쌓을 수 있을까?

_____

_____

사례 연구

위키피디아는 종이로 이루어진 책이 아니다. 바로 인터넷 상에 존재하는 온라인 백과사전이다. 다음이나 네이버, 구글과 같이 포털사이트 운영업체인 보미스의 CEO 지미 웨일스와 편집장 래리 싱어가 '위키피디아를 만들었다.'고 할 수 없다. 위키피디아는 '우리 모두의 백과사전'이라는 모토를 가지고 있기 때문이다. 기존의 백과사전은 편집과 출판권한이 제한되어 있고 저작권이 보호되는 특징을 가지고 있다. 그러나 위키피디아는 전혀 다른 방식을 취하고 있다. '우리 모두의 백과사전'이라는 말과 인터넷에 접속하는 전 세계에 존재하는 누구나 만들 수 있게 되어있다.

위키피디아는 이런 취지에 맞도록 애초부터 이름에 '위키(wiki)'라는 말을 넣었다. '위키(wiki)'라는 말은 불특정 다수의 사람들이 협력하고 협동하는 협업 과정을 통해서 내용을 수정 가능하도록 만든 인터넷 사이트라는 뜻이다. 쉽게 설명하면 아무나, 누구나, 어디서든 만들 수 있는 백과사전이라는 것이다. (중략)

위키피디아를 만든 사람들은 각 분야 최고의 전문성을 지닌 사람들로부터 전업주부, 학생, 노인, 어린이까지 참여한 저작물이다. 누구나 참여할 수 있다. 잘못된 정보가 올라가면 어떻게 하냐고 생각할 수 있다. 그러나 바로 거기에 위키피디아의 강점이 있는 것이다.

출처: 우영진 외 3명(2018), 『디자인씽킹수업』, I-Scream, p.54-55.

1. 위의 사례처럼 집단지성을 활용한 예를 찾아보고 짝꿍과 이야기 나눠보자.

_____

_____

_____

_____

2.2. 효과적 회의법

문제해결을 위한 아이디어를 모으고 다른 사람에게 전달하는 과정은 대화와 소통으로 이루어진다. 그러므로 문제해결의 핵심은 대화와 소통에 있다고 할 수 있다. 직장 내에서 발생하는 다양한 문제해결을 위해 하루에도 수 차례의 회의(會議)가 이루어진다. 직장인들은 회의를 얼마나 효과적으로 하고 있을까?

직장에서의 회의는 일방적으로 결론이 나는 회의, 회의 안건이 논의 되지 않는 회의, 다른 이야기들로 마치는 시간이 늘어지는 회의 등의 모습을 흔히 볼 수 있다.

현실이 이렇다보니 회의(會議)를 할 때마다 회의감(懷疑感)이 든다는 직장인 우스갯소리가 있을 정도다. 2017년 대한상공회의소에서 발간한 '국내 기업의 회의문화 실태와 개선 해법'보고서를 보면, 국내 상장사 직장인 1000명이 평가한 회의문화는 100점 만점에 45점이었다. 회의 효율성은 38점, 소통 44점, 성과는 51점으로 전반적으로 저조하였다. 회의에 참석한 3명 중 1명은 실제적으로는 필요가 없어 쓸데없이 많은 인원을 모으는 회의가 문제점으로 드러났다. 또한 상사의 발언을 중심으로 하는 '답정너'(답은 정해져 있어. 너는 대답만 해) 회의도 문제다. 상사가 발언을 독점한다는 질문에 61.6%, 상사의 의견대로 결론이 정해지느냐는 질문에 75.6%가 '그렇다'고 응답했다. 이런 회의는 자유로운 의견 개진을 막는다. 설문결과 회의 참석 유형으로 가급적 침묵한다는 의견이 39.0%로 가장 많았다.

상사의 의견대로 결론이 나는 회의, 자유로운 의견 개진을 막는 회의가 아닌 문제해결에 실제적 도움이 되는 회의를 하기 위해서는 어떻게 해야할까? 문제해결에 도움이 되는 효과적인 회의방법에 대해 알아보자.

e마케팅 회사 최고운영책임자인 나가타 도요시는 자신의 저서 「생각 정리를 위한 회의의 기술」에서 3S 회의를 제안하였다. 3S는 Small Numbers, Short Time, Standing 이다.

Small Numbers	2-3명의 소수 인원으로 회의 진행
Short Time	짧은 시간 집중 논의 한 회의의 주제는 하나로 하여 최대 30분 이내에 토론 종료
Standing	화이트보드 앞에서 회의 참가자 전원이 일어서서 진행 말이 아닌 다이어그램(기호, 점, 선으로 그린 도식)을 통해 정리하여 정보 공유

3S 회의법은 회의 참여자 전원이 참여할 수 있으며 자신의 의견과 생각을 자유롭게 나눌 수 있는 장점이 있다. 또한 시간을 절약할 수 있어 효율적이다.

 학습 활동

"회의를 디자인하라."

1. 자신이 경험한 효과적 / 비효과적인 회의를 생각해보자.

	효과적인 회의	비효과적인 회의
경험		
선정이유		

2. 2-3명이 모여 한 조를 만든 후 '효과적인 회의방법'에 대한 회의를 나가타 도요시가 제안한 3S에 맞추어 20분간 진행하라.

_____

_____

_____

_____

3. 결론을 학우들과 공유해보자.

_____

_____

_____

_____

사례 연구

수평적 눈높이 회의 방식, '스크럼 회의'는 무엇?

스크럼 회의는 따로 회의실을 잡거나 서류를 통해 업무 내용을 보고하는 방식이 아닌, 자리에서 일어나 구두로 업무 내용을 구성원들과 공유하는 회의 방식인데요. 사원이 대리에게, 대리가 과장에게, 과장이 팀장에게 수직적으로 보고하는 일반적인 회의와 달리, 스크럼 회의는 업무 내용을 자유롭게 이야기하면서 '내가 맡은 일'과 '우리 프로젝트의 현황'에 대해 집중하는 것이죠. 물론 팀장도 임원도 똑같은 방식으로 스크럼 회의에 참석합니다.

이런 방식은 회의에 들어가는 불필요한 에너지를 줄이고, 구성원 간의 업무 진행 상황과 이슈를 수평적으로 공유함으로써 프로젝트를 효율적으로 관리하는 데 도움이 되는데요. 미국 실리콘밸리에서 시작된 프로젝트 관리 기법 '스크럼 회의'는 카카오 같은 IT 기업들이 도입하면서 국내에 알려지고 있습니다.

실리콘밸리와 판교에서 '스크럼 회의'를 하는 이유

2001년 개발자 17인의 '애자일 선언문'이 첫 출발 ｜ 한경 비즈니스, 2019.01.21

그 어떤 산업군보다 빠르게 변화하는 IT 기업들은 신속하고 유연하게 조직을 운영하는 것이 핵심입니다. 보고와 결재의 단계가 많은 기존의 관료제 방식으로는 환경 변화에 기민하게 대응하기 어렵죠. 때문에 IT 기업들은 애자일 개발 방법론(Agile/부서간 경계를 허물고 사업과 프로젝트에 따라 소규모 팀을 구성해 유기적으로 업무에 대응하는 방식)으로 조직을 관리하는데요. 스크럼 회의는 그 애자일 중 하나의 방식입니다.

2018년 '버전원(VersionOne)' 리포트에 따르면 조직에 애자일을 도입함으로써 다음과 같은 이점을 얻었다고 합니다. 우선순위 변화 관리(71%), 프로젝트 가시성 확보(66%), 비즈니스와 IT의 협업 증대(65%), 제품 출시 속도 개선(62%), 팀 생산성 향상(61%).각 구성원들이 높은 수준의 책임감과 자율성을 가지고 업무를 진행하고, 구성원 간의 상호작용을 시스템화하면서 조직에 긍정적인 변화를 이끌어 낸 것이죠.

출처: 고용노동부 일생활균형 공식 블로그
https://blog.naver.com/life_n_work/221503720741

1. 기존에 진행되는 회의와 비교해보았을 때 '스크럼 회의'의 장점은 무엇인가?

03 문제해결에 도움이 되는 아이디어 방법

문제를 파악한 후 해결하기 위해서는 다양한 아이디어 발상을 통해 해결방안을 찾아야 한다. 아이디어를 얻는 다양한 도구 중 몇 가지를 살펴보도록 하자.

3.1. 브레인스토밍 Brainstorming

유명한 광고인이자 사장이었던 A.F 오스본이 '모든 의견은 동등하게 귀중하다'는 철학으로 고안해 낸 아이디어 발상법이다. '비판금지', '질보다 양', '다른 사람의 아이디어에 보태기', '자유분방한 아이디어'라는 4가지 원칙을 가지고 있다. 4가지 원칙에 대해 알아보자.

'비판금지'는 이야기 중 누군가가 자신의 의견에 대해 비판한다면 의욕이 상실되며 더 이상 의견을 내고 싶지 않게 된다. 그러므로 브레인스토밍 중에는 비판을 금지한다. 때로는 누군가의 비현실적인 아이디어가 가장 현실적인 문제해결의 열쇠가 되기도 한다.

'질보다 양'의 원칙은 아이디어는 많을수록 좋다는 것이다. 많은 아이디어에서 좋은 아이디어가 나온다. 다른 사람이 낸 아이디어를 확장하여 자신의 아이디어를 만들어 내는 것도 좋은 방법이다. 창의적 문제해결은 공동의 문제를 다양한 생각과 능력을 가진 서로 이질적인 집단의 구성원들이 협력적으로 의사소통하는 가운데 향상시킬 수 있다는 것을 기억하자. 팀원 간에 어떤 아이디어를 제시하든지 허용적으로 받아들일 수 있는 분위기가 조성되어 '자유분방한 아이디어'가 존중받아야 한다. 이런 원칙을 잘 지키면 문제해결에 도움이 되는 아이디어를 많이 생각해 낼 수 있다.

① 포스트잇 1장에 하나의 아이디어를 적는다. 최대한 많은 아이디어를 적는다.

② 각자 적은 아이디어를 조원들 앞에서 발표하는 시간을 가진다.

③ 공유한 아이디어 중 중복되는 것은 하나로 모은다.

④ 각자 공유한 아이디어를 비슷한 카테고리로 묶어 그룹핑한다.

⑤ 분류한 아이디어에 이름을 붙인다.

⑥ 분류하고 이름 붙힌 아이디어 중 가장 좋은 아이디어를 선택하기 위해 도트스 티커를 활용하여 투표한다.

3.2. 브레인라이팅 Brainwriting

1968년 독일의 Holling가 개발하였다. '침묵의 발상법'으로 조용히 자신의 아이디어를 쓰는 방법이다. 6명이 한 조가 되어 각자 한 번에 3개의 아이디어를 5분 이내에 내는 방식으로 '6.3.5 기법'으로 불리기도 한다. 짧은 시간 내에 많은 아이디어를 내야 할 때 이 방식은 매우 효과적이다. 자신의 아이디어를 적으며 다른 사람의 아이디어를 볼 수 있다. 브레인라이팅은 중복 아이디어를 허용하지 않지만, 다른 사람의 아이디어에 보태기는 가능하다.

① 브레인라이팅 시트 1번에 아이디어 3개를 적는다.

② 오른쪽에 앉은 사람에게 시트를 넘긴다.

③ 시트를 받으면 2번에 새로운 아이디어 3개를 적는다.

④ 시트가 본인에게 돌아올 때까지 오른쪽으로 돌리며 아이디어를 적는다.

⑤ 아이디어가 다 모아지면 개인별로 자신의 시트에 적혀진 아이디어를 보고 가장 좋은 아이디어 3가지를 선정한다.

⑥ 각자 선정한 아이디어를 구두로 공유하는 시간을 갖는다.

3.3. 스캠퍼 SCAMPER

알렉스 오스본의 체크리스트 기법을 로버트 애벌이란 사람이 아이디어를 내는 도
구로 재정리한 방법이다. SCAMPER의 약자인 대체(Subsitute), 결합(Combine), 응용/적
용(Adapt), 확대/변경(Modify/Magnify), 용도변경(Put to other uses), 제거(Eliminate), 뒤집
기/재배열(Reverse/Rearrange)로 아이디어를 발상하는 기법이다.

S	대체 (Subsitute)	"A 대신 B를 쓰면 안될까?" 원래 원료나 재료를 다른 것으로 바꿈	라면의 밀가루를 쌀가루로 바꿈
C	결합 (Combine)	"A와 B를 결합하면 어떨까?" 여러 기기의 성능을 결합해 새로 운 제품으로 만듦	카메라+전화기+컴퓨터=스마트 폰
A	응용/적용 (Adapt)	"A를 B에만 쓰는 것이 아니라 C 에도 쓰면 어떨까?" 동식물이나 물건의 특성을 새롭 게 응용	새의 유선형에서 비행기 동체모 형을 착안함
M	확대/변경 (Modify/ Magnify)	"A를 더 크게하면 어떨까?" 등 원래의 제품을 새롭게 확대하거 나 변형시킴	스마트폰을 확대하여 태블릿을 만듦
P	용도변경 (Put to other uses)	"A 제품의 용도를 B로 바꿔보면 어떨까?" 다른 용도로 사용하기, 원래의 제 품 고유의 기능과는 다른 새로운 용도로 사용함	폐 현수막으로 에코백을 제작함

E	제거 (Eliminate)	"A를 구성하는 요소 중, 어떤 것을 빼면 어떨까?" 원래 특성이나 기능 중 일부 또는 전부를 제거함	천장을 제거하여 오픈카를 만듦
R	뒤집기/ 재배열 (Reverse/ Rearrange)	"AB를 BA로 바꾸면 안 될까?" 기존의 방식이나 절차를 새롭게 배열하거나 반대로 시도함	요구르트에서 거꾸로 짜먹는 요구르트 착안

🖎 학습 활동

"회의합시다!"

아래 안건 중 한 가지를 선택 후 3S 회의법을 적용, 학습한 아이디어 방법을 활용하여 학우들과 회의를 해보자.

Small Numbers	4명의 인원으로 회의 진행
Short Time	최대 20분 이내에 종료
Standing	화이트보드 앞에서 회의 참가자 전원이 일어서서 진행 말이 아닌 다이어그램을 통해 정리하여 정보 공유

안건 ➡

오늘의 점심(저녁)식사를 함께 한다면 메뉴는 무엇으로 할까?

영화를 같이 보러 간다면 어떤 영화를 볼까?

소풍을 간다면 어디로 갈까? 등

4.1. 디자인씽킹

디자인씽킹은 디자이너가 생각하는 방식으로 문제를 해결하는 방법으로 사람 중심으로 생각하며 현재의 상황보다 더 나은 상황을 만들기 위한 창의적인 문제 해결 방법이다. 독일 소프트웨어 기업인 SAP의 하소 플래트너 회장이 디자인 컨설팅 회사 IDEO와 함께 미국 스탠퍼드 대학교에 투자하여 만든 디스쿨이 전세계로 확산시키고 있다.

디자인씽킹은 사람 중심적으로 생각하여 창의적인 대안을 만드는 것을 돕는 방법이며 사람들이 필요하고, 지속가능하며, 기술적으로 가능한 대안을 찾아 혁신하고자 하는 방법이다.

본 장에서는 창의적 문제 해결에 도움이 되는 디자인씽킹에 대해 알아보고 프로젝트를 진행해보고자 한다. 디자인씽킹은 어떻게 하는 것일까? 디자인씽킹은 다음과 같이 6단계로 진행이 된다.

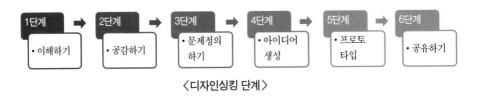

〈디자인싱킹 단계〉

• Step1. 이해하기: 팀을 구성하고 함께 해결할 목표(문제)를 설정한다.

- Step2. 공감하기: 팀원들과 문제와 관련한 사람들이 요구하는 사항을
  파악하고 이해함으로 문제에 대해 깊이 파고든다.
- Step3. 문제 정의하기: 요구 사항과 통찰을 종합하여 고유의 관점을 갖는다.
  문제를 어떤 방식으로 해결할지 정립한다.
- Step4. 아이디어 생성: 팀원들이 적극적으로 아이디어를 발산한다.
- Step5. 프로토 타입: 프로토타이핑을 통해 아이디어를 실행해보고
  다시 다양한 아이디어를 반영, 수정한다.
- Step6. 공유하기: 프로토 타입에 대한 피드백을 자유롭게 주고 받으며
  성장을 도모한다.

디자인씽킹의 여섯 단계는 정형화된 절차가 아니라 재배열이 가능한 유연한 절차이다.

4.2. 프로젝트 진행

프로젝트란 특정한 목적과 목표를 위해 일정한 기간 동안 수행되는 일련의 활동으로 결과물을 창출하는 것이다. 프로젝트는 유일한 결과물을 만들어 내는 목적과 목표를 가지며 한시적으로 명확한 개시일과 종료일을 가지는 특성이 있다. 프로젝트 초기에는 개략적인 범위의 정의에서 시작하나 점차 구체적으로 구현된다.

우리는 앞서 배운 문제해결역량을 발휘하여 직접 문제해결을 해보는 프로젝트를 진행하고자 한다. 어떻게 하면 성공적으로 프로젝트를 해낼 수 있을까? 성공적인 프로젝트를 하기 앞서 프로젝트의 성공을 막는 실패요인에 대해 알아보도록 하자.

프로젝트가 실패하는 큰 이유는 계획과 분석없이 막연히 할 수 있다는 지나친 낙관주의가 있다. 더불어 충분한 인력과 자원이 없으면서 불가능한 프로젝트에 도전하는 것도 실패의 요인이 된다. 프로젝트는 팀으로 이루어지기 때문에 관리자의 태도도 중요하다. 관리자가 팀원들에게 무리하게 업무를 요구하면 팀워크의 문제가 생기며 전체

적으로 프로젝트에 실패할 가능성이 크다.

 그렇다면 우리는 프로젝트에 성공하기 위해 어떻게 해야 하는가? 팀원이나 팀관리자냐의 역할에 따라 갖춰야 할 마음이 다르다. 우선 팀을 관리하는 입장에서는 팀원들을 비난해서는 안된다. 모든 팀원이 한 마음을 가지면 좋겠지만 그런 경우는 쉽지 않으므로 모든 팀원이 헌신적일 것이라는 기대는 하지 않는 것이 좋다. 또한 팀 관리자가 한 명의 팀원에게 지나치게 의지하는 것은 전체 팀원에게 좋지 않은 영향을 미치기에 지양해야 한다. 팀원들은 프로젝트의 진행사항에 대해 서로 공유해야 하며 프로젝트와 관련한 회의는 주기적으로 공식적으로 갖는다. 프로젝트와 관련한 모든 내용은 문서화하고 피드백은 즉각적이며 적극적으로 한다. 진척상황에 대해 도움의 필요 여부를 서로 확인하고 팀워크를 발휘하여 서로 돕는다. 프로젝트를 성공하기 위해 지켜야할 사항이 많이 있지만 가장 기본적인 것은 일정을 지키는 것이다. 프로젝트를 진행하다보면 요구조건과 주변상황이 자주 변동 될 수 있다. 하지만 프로젝트 완료 일정은 정해져 있으므로 일정관리에 특별히 신경을 쓰도록 한다. 프로젝트의 성공에 팀원들의 만족도는 굉장한 영향을 미친다. 팀원들이 자신의 역할에 만족하고 보람을 느낄 때 더 놓은 성과를 기대할 수 있으므로 팀원들의 강점을 살린 역할이 배분되어야 한다. 그렇게 팀원으로서 팀에 기여할 때 팀원들의 사기와 참여도가 높아지며 결과적으로 만족도가 높아지게 된다.

 학습 활동

"내가 팀프로젝트(조별과제)를 통해 얻은 것은?"

요즘은 수행평가로 인해 청소년기부터 프로젝트에 해당하는 조별과제를 많이 경험한다. 청소년기 뿐만 아니라 대학에 입학하여 수 많은 조별과제를 한다. 한동안 인터넷에서 많은 대학생들의 공감을 받았던 아래 그림은 조별과에 대한 교수의 기대와 학생의 경험을 나타낸 것이다. 내가 경험한 수 많은 조별과제를 되돌아보자.

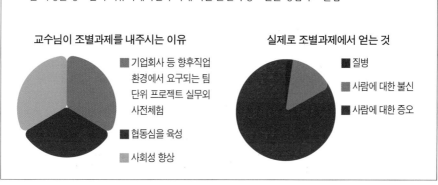

교수님의 기대와 학생의 경험

사회에서 다양한 문제 해결을 위하여 팀 플레이는 중요하고, 학교에서 다양한 경험을 위한 시도
는 학생들 상호간의 커뮤니케이션 부족에 따른 불신과 증오만을 경험하고 끝남

교수님이 조별과제를 내주시는 이유

■ 기업회사 등 향후직업
환경에서 요구되는 팀
단위 프로젝트 실무외
사전체험

■ 협동심을 육성

■ 사회성 향상

실제로 조별과제에서 얻는 것

■ 질병

■ 사람에 대한 불신

■ 사람에 대한 증오

1. '조별 과제를 하며 얻은 것'과 '조별 과제를 하며 잃은 것'을 각 5개씩 포스트잇에 적어본다.

조별 과제를 하며 얻은 것	조별 과제를 하며 잃은 것

2. 조별들끼리 의견을 나누며 전지에 부착해본다. 이때, 중복되는 것은 하나로 만든다.

3. 조원들의 의견을 모아 위의 그림처럼 시각화해본다.

4. 전체적으로 내용을 공유한다.

"도움이 되는 팀원되기"

KBS 개그콘서트 코너 중 '조별과제' 영상을 함께보자.

1. 조별과제를 함께하며 '도움이 된 조원의 유형'과 '도움이 되지 않은 조원의 유형'을 생각해보자.

2. 조원들과 의견을 공유한 후 내용을 전지에 시각화하여 표현한다.

3. 각자 다른 색깔의 펜을 들고 자신이 해당하는 유형에 체크해본다.

4. 조별과제를 진행하며 팀에게 도움이 되는 팀원이 되기 위해 다음의 3S에 맞추어 실천행동을 계획해보자.

Stop	지금 당장 멈춰야 할 것은 무엇인가요?
Still	멈추지 않고 지속해야 하는 것은 무엇인가요?
Start	앞으로 새롭게 시도해야 할 것은 무엇인가요?

"액체막 뿌려 유충 질식사", DJI 말라리아 근절 프로젝트 가동

파이낸셜뉴스 김성환 기자 2019.11.09.

DJI가 말라리아 근절을 연구하는 곤충학자들과 함께 질병 퇴치를 위한 혁신적인 기술 개발에 노력을 기울이고 있다. DJI는 잔지바르 주립대학 곤충학 연구팀과 함께 개량한 DJI 아그라스 MG1-S 드론을 사용해 모기가 창궐하는 논에 특수 무독성 생분해 실리콘 기반 액체(Aquatain AMF)를 분사하는 파일럿 프로젝트를 실행중이라고 9일 밝혔다. 특수 액체를 고인 물에 분사하면 얇은 막이 형성되어 번데기와 유충이 수면에서 숨 쉬는 것을 막아 익사시키는 방법이다.

DJI 유럽 지사의 바바라 스텔즈너(Barbara Stelzner) 마케팅/기업 커뮤 니케이션 디렉터는 "과학자들과 함께 현장에서 DJI 스프레이 드론을 사용해 아프리카 내 말라리아 퇴치 활동에 참여할 수 있게 되어 기쁘게 생각한다"면서 "새로운 말라리아 감염을 줄이는 것은 인류의 고통을 끝내는 것뿐 아니라, 더 풍성한 수확과 아프리카 지역 내 새로운 경제적 혜택을 제공하게 될 것으로 보인다"고 전했다.

전문 연구팀은 생물학적 살충제 분사가 가능한 드론을 논에 날려 모기 개체 수를 극적으로 줄일 수 있음을 입증하는 것이 목표다. 특수 액체 살포 전·과정·후의 유충과 확산 모기 개체 수 표본 조사를 시행해 이 방법이 아프리카 전반 대규모 관개 계획에서 미칠 영향을 연구한다.

이 프로젝트 고문을 담당하며 말라리아 퇴치 연구에 헌신해 온 바트 놀스(Bart Knols) 박사는 "개량한 DJI 아그라스 MG1-S 스프레이 드론으로 아쿠아테인(Aquatain) 액체를 논에 살포할 수 있었기에 가능했던 일"이라며, "대규모 농지에서 사람이 직접 분사하는 것은 오랜 시간이 걸리고, 헬리콥터는 가격이 비싸고 현실적인 대안이 아니기 때문에 스프레이 드론 사용이 가장 효율적인 방안이다"라고 말했다.

나이로비대학교 볼프강 리차드 무카바나(Wolfgang Richard Mukabana) 교수는 "이번 파일럿 프로젝트는 말라리아 퇴치를 위해 대규모로 스프레이 드론을 사용하는 첫 사례이다.

예상대로 실험 결과가 좋게 나온다면, 말라리아 퇴치에 큰 역할을 할 것으로 예상된다"라고 말했다. '잔지바르 말라리아 근절 프로그램(ZAMEP)'은 잔지바르 내 말라리아 근절을 공중 보건 최우선 과제로 삼고 있으며, 이 혁신적인 스프레이 드론 기술이 질병 퇴치에 희망적인 결과를 가져오리라 기대하고 있다.

출처: http://www.fnnews.com/news/201911081732000813

1. 프로젝트가 성공할 수 있었던 요인을 로직트리(Logic tree)로 작성해보자.

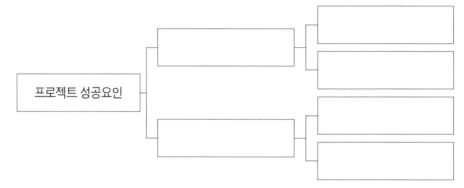

■ 개요

자기개발역량이란 직업인으로서 자신의 경력단계에 대한 이해를 바탕으로 적절한 경력개발 계획을 수립하고 자신의 삶과 진로에 필요한 기초 능력과 자질을 지속적으로 계발, 관리하여 변화하는 사회에 유연하게 적용할 수 있는 역량이다.

직장생활에서 발생한 문제의 특성을 파악하고 적절한 대안을 제시하며 대안을 선택하고 활용하여 문제를 해결하는 능력을 함양시킬 수 있도록 다음의 3가지 키워드를 제시한다.

- **자기인식** : 자신의 비전과 목표를 정립하고, 자신의 역할 및 능력을 분석하고 종합하여 자신에게 가치를 부여하고, 적절한 경력개발 계획 수립의 필요성을 인식할 수 있는 역량.
- **자기관리** : 자신의 경력개발계획이 목표 성취에 필요한 기초 능력과 자질을 지속적으로 개발, 관리하여 변화하는 사회에 유연하게 적용할 수 있는 역량.
- **경력개발** : 자신의 경력단계를 이해하고 경력개발 계획 전반에서 자신의 성과 및 역량을 스스로 평가하여 자기 개발을 위한 기회를 적극적으로 찾아낼 수 있는 역량.

자기개발역량

■ 정의
직업인으로서 자신의 경력단계에 대한 이해를 바탕으로 적절한 경력개발 계획을 수립하고 자신의 삶과 진로에 필요한 기초 능력과 자질을 지속적으로 계발, 관리하여 변화하는 사회에 유연하게 적응할 수 있는 역량.

■ 학습목표
직장생활에서 발생한 문제의 특성을 파악하고 적절한 대안을 제시하며 대안을 선택·활용하여 문제를 해결하는 능력을 함양한다.

■ key word
· 자기인식
자신의 비전과 목표를 정립하고, 자신의 역할 및 능력을 분석하고 종합하여 자신에게 가치를 부여하고, 적절한 경력개발 계획 수립의 필요성을 인식할 수 있는 역량.

· 자기관리
자신의 경력개발계획이 목표 성취에 필요한 기초 능력과 자질을 지속적으로 개발, 관리하여 변화하는 사회에 유연하게 적응할 수 있는 역량.

· 경력개발
자신의 경력단계를 이해하고 경력개발 계획 전반에서 자신의 성과 및 역량을 스스로 평가하여 자기 개발을 위한 기회를 적극적으로 찾아낼 수 있는 역량.

CHAPTER 10
자기
인식

▶▶ 정의

자신의 비전과 목표를 정립하고, 자신의 역할 및 능력을 분석하고 종합하여 자신에게 가치를 부여하고, 적절한 경력개발 계획 수립의 필요성을 인식할 수 있는 역량.

▶▶ 학습목표

1.1. 자신의 요구를 확인하고 표현할 수 있다.
1.2. 다양한 방법으로 자신의 장단점, 흥미, 적성 등을 분석하여 자신의 능력과 적성을 파악할 수 있다.
1.3. 자신의 능력과 적성을 분석·종합하여 자신에게 가치를 부여할 수 있다.
1.4. 적절한 직무분야의 경력개발 계획 수립의 필요성을 인식할 수 있다.

▶▶ 행동사례

1. 적성과 능력에 대한 자기인식 중요성을 이해한다.
2. 자신의 장단점을 파악한다.
3. 맡은 역할 완수를 위해 자신의 능력과 적성을 파악한다.
4. 자신의 장단점, 적성, 흥미 등에 적합한 경력개발 계획의 필요성을 인식한다.

01 나를 안다는 것은 무엇일까?

소크라테스는 '너 자신을 알라'라는 명언을 통해 자기 자신을 아는 것이 얼마나 중요한 것인지를 알려주었다. 중국 손자는 손자병법에서 '지피지기 백전불태(知彼知己百戰不殆)'라면서 상대를 알고 나를 알면 백번 싸워도 위태롭지 않다'라고 하였다. 이처럼 자신을 제대로 아는 것은 매우 기본이며 자기인식 가치는 예로부터 강조되어왔다.

또한 수신제가 '치국평천하(修身齊家 治國平天下)'라는 말은 자기 자신을 먼저 수양하고, 이후 집안을 잘 다스리며, 이후 나라를 다스리고, 이후에 천하를 평정한다는 것으로, 큰일을 하기 위해서는 우선 자기 시간과 그 주위를 잘 다스려야 한다고 하였다. 이렇듯 자기인식은 올바른 삶의 방향을 결정해주는 중요한 것이다.

1.1. 자기인식 개념

1) 자기인식 개념

나를 안다는 것은 무엇일까?

자신의 가치, 신념, 가정, 태도 등을 아는 것을 넘어서 이것들이 자신의 행동에 어떻게 영향을 미치는지에 대한 개념이다. 즉, 자기(自己)인식은 다양한 방법을 활용하여 자신이 어떤 분야에 흥미가 있고, 어떤 능력의 소유자이며, 어떤 행동을 좋아하는지를 종합적으로 분석하는 것이라고 할 수 있다.

2) 올바른 자기인식

올바르게 자기(自己)를 인식한다는 것은 자신에 관해 통합된 관념을 바르게 가지고 있는가 이다. 올바르게 자기를 인식하게 되면 자신을 존중하고 가치있게 여기는 자기정체감이 형성되는 동시에 자신의 한계를 인식하고 더 성장하고 싶다는 욕구를 가질 수 있다. 자기의 요구가 파악되고 자기만의 자기개발 방법을 결정할 수 있으며, 이는 개인과 소속된 팀의 성과를 높이데 필수적인 사항이다.

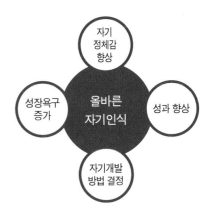

1.2. 자기인식 구성요소

자기(自己)를 구성하는 요소로는 크게 내면적 자기와 외면적 자기로 구분한다. 내면적 자기는 무의식자기라고도 하고, 자신의 내면을 구성하는 요소로 측정하기 어려운 것이 특징이다. 예를 들면 적성, 흥미, 성격, 가치관 등이 여기에 속한다. 외면적 자기는 의식자기라고 하고, 자신의 외면을 구성하는 것으로 외모, 나이 등이다.

내면적 자기

- 무의식 자기
- 자기 내면을 구성하는 요소
- 측정하기 어려운 특징
- 적성, 흥미, 성격, 가치관 태도, 학습 등

외면적 자기

- 의식 자기
- 자기 외면을 구성하는 요소
- 외모, 나이 등

1.3. 조하리의 창

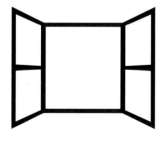

우리는 자기의 꿈을 이루기 위해 노력한다. 하지만 꿈을 이루기 위한 명확한 목표가 없이 노력만 한다면, 빠른 속도로 명확한 목적지 없이 달리는 차와 같게 된다. 우리는 자기의 꿈을 이루기 위해 명확한 목적지를 설정하고 그 방향으로 자기개발을 해나가야 한다. 따라서 올바르게 자기를 인식하는 것이야 말로 효과적으로 자기개발 방향을 제시하는 것이라고 할 수 있다.

그렇다면 사람들은 얼마나 자기자신을 잘 알고 있을까? 우린 자기가 자신을 가장 잘 알고 있다고 생각하지만 타인도 자기가 알고 있는 나처럼 나를 알고 있는 것일까?

	내가 아는 나	내가 모르는 나
타인이 아는 나	개방의 창 공개된 자기 Open Self	맹목의 창 눈먼 자기 Blind Self
타인이 모르는 나	비밀의 창 숨겨진 자기 Hidden Self	미지의 창 아무도 모르는 자기 Unknown Self

1) 개방의 창

개방의 창(내가 아는 나 & 타인이 아는 나)이 넓을수록 대체로 인간관계가 원만하며, 자기표현을 적절하게 하고, 소통이 잘 되는 것을 의미한다. 하지만 너무 지나치면 많은 개인사가 다른 사람들에게 노출될 수 있다. 이 창이 넓은 사람은 직업과 관련되어 다양한 사람들과 의견을 주고받으며 도움을 원활히 받을 수 있다.

2) 맹목의 창

맹목의 창(내가 모르는 나 & 타인이 아는 나)이 넓을수록 자신감이 있고 솔직하고, 자기주장을 잘한다. 지나친 경우 독선적이거나 눈치 없는 사람으로 보일 수 있다. 이 창이 넓은 사람은 주변사람들의 조언이나 생각을 진지하게 받아들이는 자세가 필요하다.

3) 비밀의 창

비밀의 창(내가 아는 나 & 타인이 모르는 나)이 넓을수록 나의 약점이나 비밀을 다른 사람에게 숨기는 사람으로 신중해보이기는 하지만 자기표현이 약하고, 타인과의 교류가 적다. 약점이나 문제점을 표현하고 타인으로부터 위로나 공감을 받을 수 있는 자세가 필요하다.

4) 미지의 창

미지의 창(내가 모르는 나 & 타인이 모르는 나)이 넓은 사람은 삶에서 고립되어 자신의 모습도 알지 못하고 다른 사람과의 소통도 불편하다. 빠른 시간에 고민이 해결되지 않으면 회피하거나 포기하는 경우가 있는데, 시간을 가지고 자기를 돌아보고 주변 사람과 이야기를 나누는 자세가 필요하다.

올바른 자아인식을 하기 위해서는 개방의 창 영역의 확장이 필요하다. 그러기 위해서는 자신을 알리고, 타인의 의견을 경청해야 한다. 자신을 알리기 위해서는 자신의 의견을 정중하고 분명하게 의사표현을 하면 된다. 적극적으로 자신이 알고 있는 정보를 공유하고 타인에게 자신을 알리면 된다. 타인의 의견을 경청하는 방법으로는 많은 질문을 통해 상대로 하여금 정보를 얻고, 피드백을 통해 상대방의 반응을 잘 살피는 것이 있다.

자기를 인식하는 방법으로는 자기성찰을 통해 내가 아는 나를 확인해보는 것과, 다른 사람과의 소통을 통해서 알 수 있고, 그리고 표준화된 검사를 통해서도 알 수 있다.

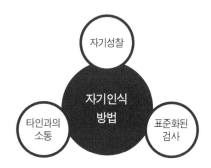

2.1. 자기성찰

자기인식을 하는 가장 기본적인 방법이 자기성찰이다. 성찰은 객관적일 수는 없지만 자신의 내면적인 요소들을 확인할 수 있다는 특징이 있다.

1) 자기성찰 기대성과

다음은 자기 성찰을 해서 기대할 수 있는 것들이다.

> • 다른 일을 하는 데 노하우가 축적된다.
> • 성장의 기회가 된다.
> • 신뢰감을 형성할 수 있다.
> • 창의적인 사고를 할 수 있다.

2) 자기성찰 요소

효과적으로 자기성찰을 하기 위해서는 몇가지 요소들이 필요하다. 먼저 혼자서 집중할 수 있는 장소와 시간이 확보되어야 하고, 성찰을 하겠다는 의지, 성찰을 위한 도구와 기록이다. 보통 성찰은 지속적인 연습을 통해 잘 할 수 있게 된다. 연습이 습관화되면 축적한 노하우를 발현할 수 있다. 그리고 사고를 깨워 줄 질문이 있다면 성찰의 깊이는 더욱 깊어질 것이다.

3) 자기성찰 내용

그렇다면 자기인식을 위한 자기성찰을 어떠한 내용으로 하면 되는 것인가?

- 나의 장단점은 무엇일까?
- 현재 내가 부족한 점은 무엇일까?
- 내가 열정적으로 관심을 갖는 일은 무엇일까?
- 나는 어떤 목표를 가지고 있는가?
- 나는 가족, 교수님, 친구, 선배, 후배 등에게 어떻게 행동하는가?
- 나는 지금 하고 있는 일을 그만둔다면, 어떤 일을 새로 시작할까?

사람들은 누구나 중요하다고 생각하는 가치들을 가지고 있는데 자신이 중요하다고 생각하는 가치는 자신의 태도나 행위에 영향을 미치게 된다. 전공하고 있는 공부나 아르바이트를 하다 보면, 이 일이 정말 나에게 맞는 일인지 의구심이 들 때가 있다. 그래서 또 다른 공부나 일을 찾기도 한다. 하지만 학교나 직장을 다니다보면 같은 것을 하는데 누구는 즐기면서 하고, 누구는 차마 그만두지 못해서 하는 경우가 있다. 왜 그러는 것일까? 그렇다면 어찌해야하는 것일까?

사람에 따라서 하고 있는 활동에 대해 관심과 애착 정도가 다르며, 잘하는 것도 다르다. 하지만 활동에 대한 흥미를 가지고 있어야만 잘 할 수 있고, 만족하고 적응할 수 있는 것이다. 가장 좋은 것은 자신의 특성을 파악하고 그에 맞는 활동을 하는 것이지만, 현재 하고 있는 일에 흥미를 갖고 꾸준한 연습과 경험을 통해 적극적으로 개발하려는 노력도 필요하다. 어느 일이나 활동도 100% 본인의 흥미와 적성에 부합되는 경우는 극히 드물기 때문이다.

그러기 위해서는 다음과 같은 노력이 필요하다.

- 마인드 컨트롤을 하라.
- 작은 단위의 성취감을 즐겨라.
- 조직의 문화와 풍토를 고려해라.

사례연구

성찰의 힘

퇴근 준비를 하고 있었는데, 상사 이 과장이 갑자기 정대리와 문대리를 급하게 부른다. 이번에 우리팀에서 제출한 보고서 마감날이였는데, 검토 중에 보고서에 심각한 오류를 발견한 이 과장이 보고서를 진행했던 두 명의 대리를 불러 혼을 냈다. 그리고는 오늘까지 마감이니 마무리를 하라고 지시한다.

문대리는 '아니, 어제 결재를 올린 보고서인데, 왜 이제야 검토하고 퇴근시간 다되어서 다시 수정하라고 하는거야?' 하고는 대충 마무리하고는 다른 팀의 직원을 만나 이 과장 때문에 일하기 힘들다면서 푸념을 늘어놓고 술을 마셨다.

정대리는 '어느 부분에서 오류가 난 걸까? 얼마나 다급하셨으면 이제라도 수정하라고 하시는 걸까?'하고는 오류사항을 꼼꼼하게 체크하고 왜 그러한 오류가 발생하게 되었는지 원인들에 대해 생각하고 메모를 해두었다.

사람은 언제든 실수할 수 있고 오류가 날 수 있다. 하지만 이후에 그에 대한 상황들에 대해 반성적으로 되돌아보는 것이 중요하다.

자신이 최근에 겪었던 일을 떠올려보고 다음을 작성해보자.

1. 최근에 있었던 일 중에 잘했던 것은 무엇인가?

_____

_____

2. 최근에 있었던 일 중에 개선해야할 점은 무엇인가?

_____

_____

3. 개선하기 위해서는 어떻게 행동해야 하는가?

_____

_____

4. 나의 장기적인 계획에서 이 일은 어디쯤에 해당하는가?

_____

_____

2.2. 타인과의 소통

두 번째, 다른 사람과의 소통을 통해 내가 몰랐던 나를 알아본다. 자신에 대해 타인은 잘 알지만 정작 자신의 모습에 대해 모르는 부분이 많을 수 있다. 따라서 이러한 과정을 통해 타인이 나의 행동을 어떻게 판단하고 보고 있는지를 보다 객관적으로 알 수 있다. 또한 타인과의 소통을 쉬워지고 마찰은 줄어들게 된다. 이것이 다시 소통을 촉진하는 구조로 선순환하여 자기에 대한 이해를 확장시켜주는 역할을 하기도 한다.

다음과 같은 질문을 통해 타인이 아는 나를 확인할 수 있다.

- 저의 장단점이 뭐라고 생각하나요?
- 저를 평소에 어떤 사람이라고 생각하나요?
- 당신이 창업을 한다면, 저와 함께 일할 생각이 있나요?
- 나의 첫인상은 어떠했나요?
- 평소 저를 어떻게 생각하셨나요?
- 나의 조직생활에서 장단점을 무엇이라고 생각하나요?
- 만약 당신이 창업을 한다면, 저와 함께 일할 생각이 있나요?

📑 학습 활동

타인이 아는 나 VS. 내가 아는 나

나에 대한 질문을 통해 다른 사람이 나를 어떻게 보고 있는지와, 내가 나를 어떻게 보고 있는지를 비교해 볼 수 있다.

❖ 타인이 보는 나

	긍정적인 의견	동의여부
1		
2		
3		
4		
5		

	부정적인 의견	동의여부
1		
2		
3		
4		
5		

❖ 내가 본 나

	내가 본 나
1	
2	
3	
4	
5	

❖ 이 과정을 통해 느낀점은 무엇인가?

_____

_____

_____

2.3. 표준화된 심리검사 도구 활용

세 번째로는 객관적으로 자기와 타인을 비교할 수 있는 표준화 검사 도구를 활용하는 것이다.

표준화된 심리검사 도구는 객관적으로 자기 특성을 타인과 비교해 볼 수 있는 기준을 제공한다. 자신의 있는 모습 그대로 응답을 해야 정확한 결과를 얻을 수 있다. 또한 검사한 다음에는 임의로 해석하기 보다는 전문 상담사와 해석을 해야 오류를 막을 수 있다.

흥미검사 도구는 Holland 의 6각형 모형을 기초로 하여 노동연구원 의뢰하여 고려대학교 행동과학 연구소 제작한 직업선호도검사(2011)를 활용하였다. 각 유형별 문항에 좋다 응답하면 1점 부여하고 가장 점수가 높을수록 그 유형의 경향이 높은 것이다.

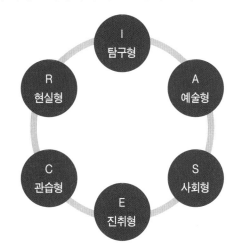

1) 현실형

현실형은 판단이나 의사결정을 하기 위해서 지식과 추리능력을 사용하기도 하며, 세밀한 것을 좋아하며, 과제완성하기를 좋아한다. 사교적인 재능보다는 손재주나 기계적인 소질이 있고, 겸손하고 솔직하지만 독단적이며 고집이 센 편이다. 특성은 실행, 사물 지향적이다.

2) 탐구형

탐구형은 분석적이며 독립적이고 호기심이 많고 합리적이며 정확한 반면 말이 별로 없는 편이고 소극적이며 복잡한 경향을 띠기도 한다. 자료를 수집하여 문제에 적용하는 데 흥미를 가지고 있으며, 자료와 사물을 계획하고 처리, 통제, 지시, 평가하는 것을 좋아한다. 대인관계보다는 학술적인 재능이 있고, 지적이며 독립적이나 내성적이다. 특성은 사고, 아이디어 지향적이다.

3) 예술형

예술형은 모호하고 자유스러우며 독립적인 활동을 선호하지만, 체계적이고 질서정연하며 실제적이고 순서적인 활동을 좋아하지 않는다. 비즈니스 실무능력보다는 심미적 재능이 있고, 유별나고, 혼란스러우며, 예민하지만 창조적이다. 특성은 창조, 아이디어 지향적이다.

4) 사회형

사회형은 다른 사람들을 가르치고 개발시키고 보호하는 활동을 선호하지만, 체계적이고 질서정연하며 분명한 활동에는 적극적으로 참여하지 않는 행동 경향이 있다. 기계적 능력보다는 대인관계적 소질이 있고, 이해심이 많고, 사교적이며 동정적이고 이타적이다. 특성은 사람, 사람 지향적이다.

5) 진취형

진취형은 조직적이고 경제적인 차원에서 뛰어난 언어구사력으로 사람을 이끌어나가는 활동을 선호하지만, 과학적인 능력을 발휘하는 활동은 꺼려한다. 과학적인 능력보다는 설득력 및 영업능력이 있고 열정적이고 외향적이며, 모험적이지만 야심이 있다. 특성은 관리, 과제지향적이다.

6) 관습형

관습형은 사물이나 일을 체계적이고 순서적으로 조작하는 일을 선호한다. 그러나 비체계적이며 탐구적이고 추상적인 관념과 관련된 활동에는 호기심을 잘 발휘하지 않으며, 애매모호하고 불규칙하며 직관력이 부족한 면이 있다. 예술적인 재능보다는 비즈니스 실무능력이 있고, 안정을 추구하고 규율적이지만 유능하다. 특성은 동조, 자료 지향적이다.

CHAPTER 11
자기
관리

▶▶ 정의

자신의 경력개발계획의 목표 성취에 필요한 기초 능력과 자질을 지속적으로 개발, 관리하여 변화하는 사회에 유연하게 적응할 수 있는 역량

▶▶ 학습목표

1.1. 자신과 자신이 속한 조직 및 주위환경의 특성을 이해하고 경력목표를 수립할 수 있다.

1.2. 경력목표를 성취하기 위해 필요한 역량을 확인하고 개발할 수 있다.

1.3. 자신의 역할 및 능력을 분석하여 과제를 발견하고 이에 따른 계획을 수립하여 역량을 개발할 수 있다.

1.4. 자신의 능력과 자질을 지속적으로 개선하기 위한 여러 방법을 시도할 수 있다.

1.5. 내면과 신체의 건강 증진을 위한 생활 습관 형성과 자기 관리를 도모할 수 있다.

▶▶ 행동사례

1. 자신의 목적을 달성하는데 무엇이 필요한지를 알고 일관성 있게 노력한다.

2. 자신의 기술과 지식을 최신의 것으로 유지하기 위해 노력한다.

3. 사내/외 교육, 세미나 등에 지속적으로 참석하여 본인의 직무 전문성을 갖추기 위해 노력한다.

4. 변화를 보다 긍정적으로 받아들여 획기적인 자기발전과 성과향상을 이룰 수 있도록 촉진한다.

5. 자신의 내면과 신체 건강 수준을 이해하고 자신에게 맞는 바람직한 생활 습관을 알고 건강관리 계획을 수립하고 실천한다.

01 자기관리 단계별 계획을 수립해보자

1.1. 비전 및 목표 정립

자기관리란 자신의 능력, 적성 및 특성 등에 있어서 강점과 약점을 찾고 확인하여, 목표를 성취하기 위해 자신의 행동 및 업무를 관리하고 조정하는 것이다. 자기개발에서 자기인식이 기본적으로 되어져야 자기관리가 가능하다. 자기관리는 5단계 단계로 이루어진다. 자신의 비전과 목표를 정립하고, 자신의 역할과 능력을 분석하여 과제를 발견하고, 이에 따른 일정을 수립한 한 후 시행하는 것이다. 또한 지속적인 자기관리를 위해서는 반성과 피드백을 해야 한다.

1단계 비전 및 목적 정립	• 자신에게 가장 중요한 것 파악 • 가치관, 원칙, 삶의 목적 정립 • 삶의 의미 파악
2단계 과제 발견	• 현재 주어진 역할 및 능력 • 역할에 따른 활동목표
3단계 일정 수립	• 우선순위 설정 • 하루, 주간, 월간 계획 수립
4단계 수행	• 수행과 관련된 요소분석 • 수행방법 찾기
5단계 반성 및 피드백	• 수행결과 분석 • 피드백

비전과 목표를 정립하는 것은 자기관리의 시작이다. 만약 어떤 행동이나 일을 하는데 비전과 목표가 없어 방향성을 가지지 못한다면 어떻게 될까? 즉 비전과 목표는 나침판 혹은 자동차 운전에 필요한 네비게이션 같은 안내자 역할을 한다. 행동이나 업무의 기초가 되며, 효과적인 의사결정을 하는데 있어 중요 지침으로 적용된다. 자신의 비전과 목표를 정립하기 위해서는 다음과 같은 질문이 도움이 될 것이다.

> • 나에게 가장 중요한 것은 무엇인가?
> • 나의 가장 소중한 가치는 무엇인가?
> • 나에게 가장 의미있는 삶은 무엇인가?
> • 나에게 가장 중요한 원칙은 무엇인가?
> • 내 삶의 목적은 무엇인가?

1.2. 과제 발견

비전과 목표가 정해지고 나면 자신이 해야 할 역할과 역량을 다음의 질문을 통해 알아보고, 할 일을 조정하여 자신이 수행해야 할 역할을 알아본다.

> • 현재 수행하고 있는 역할과 필요한 역량은 무엇인가?
> • 역할들 간에 충돌은 없는가?
> • 현재 변화되어야 하는 것은 없는가?

그리고 목표 달성을 위한 세부 활동목표를 설정한다. 현실을 고려하여 너무 높거나 큰 목표는 세우지 않고, 만약 그랬더라도 세부목표를 나누고 실행 가능한 목표로 조정하는 것이 필요하다. 실제로 성공하는 많은 사람들이 성취 가능한 목표를 설정한다고 한다. 다음은 실제적이고 확실하게 세부 활동목표를 설정할 수 있는 기준인 SMART 법칙이다.

1) SMART 법칙

① S(Specific): 구체성

달성 가능성을 높게 하기 위해서는 목표가 구체적이여야 한다. 목표가 구체적이라는 것은 해야 할 행동이 명확하다는 것이다. 따라서 구체적인 목표는 구체적인 행동을 하기 하는 것이다. 예를 들면, '올해 안에 국가공인 시험 취득하기' 혹은 '올해 안에 승급제에 합격하기' 등이 있다.

② M(Measurable): 측정 가능성

구체적인 목표는 측정 가능한 숫자를 넣으면 효과적이다. 예를 들어 '올해 안에 취득해야하는 국가공인 시험 2가지를 6월과 12월에 취득한다' 혹은 '올해 11월에 있는 승급제에 합격하기' 등이 있다. 구체적인 목표를 세웠다면 기준이 생겼기 때문에 목표달성을 했는지 파악이 된다.

③ A(Action-oriented): 행동지향성

목표는 반드시 구체적인 행동이 따라주어야 한다. 예를 들면 '국가공인 시험취득을 위해 방과 후 오후 7시~10시까지 학원에 등록한다' 혹은 '매일 출근시간보다 1시간 일찍 출근해서 승급제 준비를 한다' 등 목표를 이룰 수 있는 적절한 행동방식이 나와주어야 한다.

④ R(Relevant): 관련성

목표는 다른 목표와도 서로 연결되어야 한다. 각 목표가 충돌되지 않아야 목표 달성이 높아진다. 이때 개인의 가치, 신념, 강점 등이 기본적으로 연관되어져야 한다. 예를 들면 '취득한 국가공인 자격증을 가지고 취업을 할 수 있는 직무를 검색한다' 등을 수집한다.

⑤ T(Time-bouned): 마감시간

목표달성을 위한 마감시간은 정해두는 것이 좋다. 만약 마감시간이 없다면 중간에 흐지부지 될 가능성이 높다. 너무 무지하게 짧지도 길지도 않는 적정한 시간설정이 필요하다. 예를 들면, '올해 안에 취득해야하는 국가공인 시험 2가지를 6월과 12월에 취득한다' 라는 마감 시간 설정을 하는 것이 필요하다.

S
• Specific
• 구체성

M
• Measurable
• 측정 가능성

A
• Action-oriented
• 행동 지향성

R
• Relevant
• 관련성

T
• Time-bounded
• 마감시간

🔲 학습 활동

나의 과제 발견하기

자기에게 주어진 역할을 잘 수행하기 위해서는 확실한 기준에 따라 과제를 선정해야 한다. 이 활동에서는 SMART 법칙에 따라 본인에게 주어진 역할 중 가정과 사회에서의 역할 2가지로 구분하여 과제를 찾아본다.

SMART 법칙

주어진 역할		SMART법칙		과제 행동
가정		S	구체성	
		M	측정 가능성	
		A	행동 지향성	
		R	관련성	
		T	마감시간	
사회		S	구체성	
		M	측정 가능성	
		A	행동 지향성	
		R	관련성	
		T	마감시간	

1.3. 일정수립

수행해야 할 역할이 도출되고 그에 따른 구체적인 행동들이 정해졌다면 이를 위한 일정이 수립되여야 한다. 이때 일정은 활동목표에 따라 우선순위가 정해져야 한다. 우선순위를 잘 설정하는 사람이 직장이나 사회에서도 시간관리를 잘하는 지혜롭고 능력있는 사람으로 보여진다. 거의 동시에 업무에 대한 지시를 받았거나, 습관적인 눈에 보이는 대로 일을 하거나, 손에 잡히는 대로 하는 경우 잘못된 우선순위로 인해 시간낭비를 하게 되고, 바쁘고 정신없기만 할 뿐 성과가 좋지 못해 무능력한 사람으로 취급받게 된다.

우선순위는 즉각 처리해야하는 긴급성과 가치와 신념 등과 연관된 중요성 2가지 잣대를 가지고 판단하게 된다. 이러한 시간 매트릭스는 긴급성의 유무, 중요성의 유무에 따라서 4가지로 나눌 수 있다. 1사분면은 중요하면서도 긴급한 일, 2사분면은 중요하지만 긴급하지 않은 일, 3사분면은 중요하지는 않지만 긴급한 일, 그리고 4사분면은 중요하지도 않고 긴급하지도 않은 일로 나눌 수 있다.

	긴급함	긴급하지 않음
중요함	• 1사분면 • 제일 먼저 해결해야 될 긴급 & 중요한 문제 • 긴급회의, 급박한 문제, 마감이 임박한 과제나 보고, 돌발 상황	• 2사분면 • 계획, 준비해야 될 문제 • 계획수립, 사고예방, 미래를 위한 학습, 삶의 재충전, 삶의 가치관 및 비전 확립
중요하지 않음	• 3사분면 • 빨리 해결해야 될 문제 • 불필요한 보고 및 회의, 다른 사람의 사소한 일, 중요하지 않음 이메일, 사소한 SNS 메세지	• 4사분면 • 하찮은 일 • 인터넷 서핑, TV 시청, 다른 사람 뒷담화, 지나친 휴식, 시간이 낭비되는 하찮은 일

나의 시간관리 매트릭스

효과적으로 일정을 수립하기 위해서 먼저 대부분의 시간을 보내는 일들이 어느 분면에 많은지를 파악부터 해야 한다. 지난 한주동안 했던 일들을 적어보고, 적은 내용을 토대로 시간관리 매트릭스를 작성해 본다.

1. 지난 한주 동안 했던 일들을 순서에 상관없이 생각나는대로 적어보자.

-
-
-
-
-
-
-
-
-
-
-
-
-
-
-

2. 지난 한주 동안 했던 일들과 앞으로 해야 할 일들을 시간관리 매트릭스를 작성해보자.(한주 동안 했었던 일들과 거기에 없던 앞으로 해야 할 일을 다른 색상펜으로 구분해서 적어보자)

	긴급함	긴급하지 않음
중요함	[1사분면]	[2사분면]
중요하지 않음	[3사분면]	[4사분면]

1.4. 수행

　세부적인 일정이 수립되면 이에 따라 수행을 하게 된다. 수행에는 다양한 요소들이 영향을 주어 계획대로의 수행을 돕기도 하지만, 불가피하게 계획대로 되지 않을 수도 있게 된다. 예를 들어 갑작스럽게 교통사고가 나서 실행을 못하게 될 수도 있고, 예기치 못하게 돈이 부족하여 수행을 못하게 될 수도 있다. 따라서 수행이 원활하게 될 수 있도록 다음의 요소들을 관리할 수 있도록 노력해야 할 것이다.

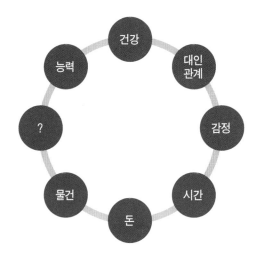

　원활한 수행을 하게 되면 제한된 자원으로 높은 성과를 얻게 되는 결과를 가져온다. 실행력있는 수행을 위한 전략에는 몇 가지가 있다.

> • 작은 일부터 우선 시작한다. 그리고 단계를 하나씩 올라간다.
> • 바로 시작할 수 있도록 사전준비를 해두어라.
> • 목표와 진행사항을 눈에 보이도록 노출시켜라.
> • 롤모델을 정하고 학습한다.
> • 결과를 상상하며 인내하는 자세가 필요하다.
> • 익숙하지 않은 새로운 방안을 찾아라.

1.5. 반성

일을 수행한 다음에는 질문을 통해 분석을 하고, 결과를 다음번 수행에 반영하면 된다.

- 어떠한 목표를 성취하였는가?
- 일을 수행하는 동안 어떠한 문제에 직면했는가?
- 어떻게 결정을 내리고 행동하였는가?
- 우선순위와 일정 수립한 계획대로 수행하였는가?

02 건강관리에는 어떤 것이 있을까?

2.1. 내면관리

　건강관리는 자신의 건강 및 신체에 대한 기능을 정확하게 인식하여 직무를 수행할 수 있는 건강한 신체능력을 바람직하게 유지하기 위해 필요한 것들을 관리하는 것이다. 세계보건기구(World Health Organization: WHO)에 의하면 '건강이란 단지 질병이 없거나 허약하지 않은 상태를 뜻하는 것은 아니고 신체적, 정신적, 사회적으로 안정된 상태를 유지하는 것'으로 정의하고 있다. 따라서 건강하다는 것은 일반적으로 우리가 이야기하는 신체적인 건강은 물론이고 정신적, 사회적인 건강도 못지않게 중요하며 이 모든 것이 같이 있을 때 완벽한 건강 상태라고 할 수 있다. 따라서 건강관리는 정신적 건강과 사회적 건강에 해당하는 내면관리와 신체적 건강에 해당하는 신체관리로 구분할 수 있다.

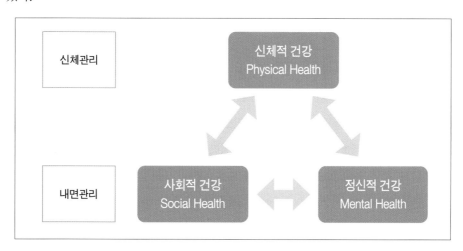

사람들은 본인 내면의 감정을 잘 관리하지 못하여 일을 그르치는 경우가 있다. 내면을 관리한다는 것은 일의 성과에도 직접적인 연관이 있는데, 자신이 가진 스트레스와 같은 부정적인 감정을 잘 다스리고 행복과 즐거움 같은 긍정적인 감정을 키워 스스로 통제하는 것이다. 이론적으로 스스로 운명을 통제할 수 있다고 믿는 사람이 그렇지 않은 사람보다 성공할 확률이 높다고 한다.

1) 스트레스 관리하기

스트레스라는 것은 생체 평형을 깨뜨릴 수 있는 모든 외부의 자극을 통칭하는 말로 쓰이고 있다. 외부로부터 주어지는 압력에 의해 내적인 긴장감을 느끼게 되는 것이다. 이러한 스트레스가 정신 건강을 해치는 것이다. 스트레스의 주요원인으로는 소음, 한정된 공간, 타인 충돌, 지나친 규정, 부적절한 관계, 복잡스러운 일 등 외적인 자극과 피로나 수면부족, 과도한 스케줄, 경직된 사고, 부정적인 사고 등의 내적인 자극으로 구분된다.

이러한 스트레스는 해로운 것만은 아니다. 적당한 스트레스는 닥친 어려움을 극복하게 하고, 목표를 이루는데 동기가 되고, 활력을 불어 넣어주기도 한다. 따라서 스트레스를 어떻게 관리하는가에 따라 오히려 건강해 질 수도 있다. 사람마다 스트레스에 대한 원인과 증상이 다르듯이 관리방법도 다를 것이다. 자신에게 맞는 방법을 선택하는 것이 필요하다.

2) 긍정적인 마인드 가지기

스스로의 감정을 인식하고 조절하는 능력을 가지고 있다면 어려운 상황에 직면하게 되더라도 부정적인 감정을 다스리고 긍정적인 마음을 가지게 된다. 긍정적인 마음은 자신에 대한 긍정적인 믿음에서부터 시작된다. 자신이 가지고 있는 능력과 가치를 믿고, 자신을 있는 그대로 받아들인다. 또한 고난이나 역경은 성장할 수 있는 기회로 믿고, 상처나 고민이 있다면 털어버린다. 또한 타인에 대한 원망하는 대신 사람과 세상에 대한 따뜻한 시선을 갖도록 노력한다.

2.2. 신체관리

신체적인 건강상태를 유지하기 위해서 다양한 활동을 한다. 올바른 생활습관, 충분한 휴식, 규칙적인 운동 등이 여기에 포함된다. 건강을 증진하기 위해서는 단기적인 것은 안되고 꾸준한 실천이 필요하다.

1) 올바른 생활 습관

- 술, 담배, 약물, 인터넷, 도박 등에 중독되지 않는 것이 중요하다.
- 정해진 시간에 식사를 한다.
- 저녁은 너무 늦게 먹지 않는다.
- 식사할 때는 편식하지 않는다.
- 과식을 해서 위나 장에 부담을 주지 않는다.
- 적당한 양의 음식과 영양분을 섭취 한다.
- 일정한 수면시간을 유지하고 숙면을 하여 면역력을 높여 주어야 한다.
- 목욕을 해서 신진대사를 촉진시키고 체온을 올리고, 땀을 나게 해서 노폐물을 배출시킨다.
- 바른 자세를 유지하여 척추나 근육에 무리가 가지 않도록 한다.

2) 수면과 숙면

우리 몸은 하루 중 반은 쉬고 반은 움직여야 한다. 움직이게 되면 피곤하고 피곤해지면 휴식과 수면이 필요하다. 만약 휴식과 수면을 충분히 하지 않으면 뇌와 근육 등 신체적 기능이 제대로 되지 않아 몸이 나른하고, 힘이 없고, 몸이 늘어지고, 기운이 빠지고, 몸이 가라앉고, 몸이 무겁고 등의 증상이 생긴다. 이는 질병이 아니라 정상적인 생리적 반응이다.

3) 규칙적인 운동

우리가 몸을 적당하게 사용하지 않으면 근육은 위축되고 약해지며, 심장과 폐는 효율적으로 움직이는 기능을 상실하고, 관절은 뻣뻣하게 굳어져 쉽게 다칠 수 있다. 하지만 운동을 하게 되면 에너지 소비를 증가시키고, 근력과 심폐지구 등을 향상시켜 체력을 유지하여 주고, 교감신경을 자극해서 스트레스 호르몬의 분비를 촉진하여 상쾌함을 느끼게 되어 업무 스트레스와 긴장감에서 오는 정신적 피로를 해소해주는 역할을 한다.

- 과도한 심리적 스트레스로 인한 나쁜 반응을 개선시켜 주는 완충 역할
- 스트레스를 받은 후에도 정상으로 회복되는 시간을 단축
- 산소 공급을 촉진
- 발을 적절하게 운동시키면 뇌 기능을 정립
- 체온 상승시키고 노폐물을 제거

4) 일과 휴식의 균형

워라밸이란, '일(Work)과 삶(Life)의 균형(Balance)'이라는 뜻으로 일과 삶의 적정 균형을 뜻하는 신조어다. OECD가 발표한 2017 고용동향에 따르면, 한국인의 1인당 평균 노동시간은 2069시간으로 OECD 평균(1764시간)보다 305시간 많고, 실질임금은 평균(4만2786달러)의 75%에 머물고 있다. 고도 경제성장을 거치며 '더 빨리, 더 많이' 일하자는 기업 문화가 우리에게 물질적 풍요를 줬지만 낮은 행복지수와 OECD 자살률 1위 등 최하위 삶의 만족도를 기록한 결과를 가져오면서 개인이 스스로 일과 삶의 균형을 맞춰야 한다는 주장이 높아지고 있다.

CHAPTER 12

경력
개발

▶▶ 정의

자신의 경력단계를 이해하고 경력개발 계획 전반에서 자신의 성과 및 역량을
스스로 평가하여 자기 개발을 위한 기회를 적극적으로 찾아낼 수 있는 역량

▶▶ 학습목표

1.1. 자신의 경력개발 계획에서 자신의 현재 역량과 단계를 파악할 수 있다.

1.2. 자신의 업무 성과를 이해하고 객관적으로 평가할 수 있다.

1.3. 현재 자신에게 가장 중요한 우선순위를 파악할 수 있다.

1.4. 자신의 현재 성과 및 역량 평가 결과를 종합하여 자기 개발을 위한 기회를
파악할 수 있다.

▶▶ 행동사례

1. 자신의 성과를 평가하여 직무 분야에서 나의 장점과 한계를 이해한다.

2. 직무 분야에서 자신의 능력과 장점을 적적하게 파악하고 효과적으로 업무를
수행한다.

3. 직무 분야에서의 본인의 약점을 파악하고 개선의 기회를 파악한다.

4. 지속적으로 자신이 부족한 부분을 평가하고 개선 방법을 모색한다.

01 나의 경력은 어떻게 이루어지는 것일까?

1.1. 경력개발 개념

경력개발은 개인이 경력목표와 전략을 수립하고 실행하며 피드백하는 과정으로, 개인은 한 조직의 구성원으로서 조직과 함께 상호작용하며 자신의 경력을 개발해나간다.

경력개발은 자신과 상황을 인식하고 경력 관련 목표를 설정하여 그 목표를 달성하기 위한 과정인 경력계획과 이에 따라 준비하고 실행하며 피드백하는 경력관리로 이루어진다.

> 경력개발 = 경력계획 + 경력관리

그렇다면 경력개발은 왜 필요할까?

환경이 변화되었고 경쟁이 심화되었기 때문에 세계화, 전문화, 내실화, 다각화가 필요하다. 이에 대응하여 취업을 하고자 하는 사람 역시 경력개발 필요성을 인식하고 전략적으로 대응해 나가는 것이 필요하다.

내·외부적 환경변화	• 지식이나 기술의 빠른 변화 • 전문적인 인재 요구 • 일과 삶의 균형을 희망 • 경력직 이동, 이직 자유로움
조직의 요구	• 경쟁의 심화 • 실무중심 변화 • 능력위주 문화
개인의 요구	• 경력 가치관의 변화 • 전문성 축적 및 성장 요구 증가 • 개인의 고용시장 가치의 증대

경력개발을 통해 개인은 적성과 희망에 맞는 일을 하게 되어 보람되고 행복한 직장생활을 할 수 있으며, 개인능력을 효율적으로 활용할 수 있기 때문에 조직성과의 극대화를 기대할 수 있다.

📑 학습 활동

나의 현재 역량과 단계를 알아보자

나는 어디쯤 있을까? 아래 수평선 가장 왼쪽에 자신의 생년월일을 적어보자. 그리고 지금 현재 당신을 어디쯤에 있는지 수평선에 점을 찍어보자. 현재 자기가 가장 잘하는 일은 무엇인가? 그렇다면 그 일을 잘하기까지 이제까지 어떤 노력을 했었는가? 그렇다면 내가 현재 잘 못하는 일은 무엇인가? 앞으로 그 일을 잘하기 위해 어떠한 노력을 할 것인가?

이제까지 노력	현재 잘 하는 일
• • • •	• • • •

▶

현재 잘 못하는 일	앞으로 노력해야 할 일
• • • •	• • • •

▶

1. 이 과정을 통해 느낀점은 무엇인가?

인생경로에 따른 일 경로를 계획하자.

■ 인생경로에 따른 일 경로 계획표

	20대	30대	40대	50대	60대	70대
내부, 외부 변화요인 예측						
인생계획						
일에 대한 계획						

1. 이 과정을 통해 깨달은 점은 무엇인가?

_____

_____

_____

_____

_____

_____

1.2. 경력단계별 특징

경력개발은 일과 관련되어 일어나는 연속적이며 순환적인 과정이다. 일정한 단계가 있긴 하나 개인별로 입직 시기도 다르고 상황이 달라 경력단계를 일반화하기는 어렵다. 하지만 일반적으로는 직업선택, 조직입사, 경력초기, 경력중기, 경력말기 이렇게 5단계로 나눌 수 있다.

① 직업선택

이 단계는 자신에게 적합한 직업이 무엇인지를 탐색하고 선택한 후 필요한 능력을 키우는 과정이다. 이때 자신에 대한 탐색과 직업에 대한 탐색을 모두 해야 한다.

자신에 대한 탐색 내용	직업에 대한 탐색 내용
• 장단점 • 흥미 • 적성 • 가치관	• 능력 • 환경 • 가능성 • 보상

위의 내용들을 고려하여 적합한 직업을 선택하고, 교육프로그램이나 자격증을 취득하여 직업역량을 키워야 한다. 일반적으로는 이 시기는 25세 이전으로 구분해놓으나, 일생동안 여러 번 일어나는 추세이다.

② 조직입사

이 단계를 일반적으로 학교를 졸업하거나 자신이 선택한 경력분야에서 요구하는 사항을 충족한 후 조직을 선택하여 입사하게 되는 단계이다. 직업을 선택할 때와 마찬

가지로 조직특성을 탐색하여 지원해야 한다. 일반적으로 18~25세에 발생한다고는 하나, 각 직무마다 교육정도나 상황에 따라 유동적일 수 있다.

③ 경력초기

조직에 입사하면, 맡은 업무 내용 파악, 조직 규칙, 규범, 분위기를 익히고 적응해 나가는 것이 중요한 시기이다. 조직에서 자신의 입지를 확고히 다지거나 승진을 위해 많은 노력을 하는 단계이다. 일반적으로 성인초기에 해당하는 25~40세를 전후로 구분하고 있지만, 개인마다 지향하는 행동노력에 따라 유동적일 수 있다.

④ 경력중기

이 단계를 그동안 성취한 것을 재평가하게 된다. 수직적인 승진가능성은 낮아지고 새로운 환경 변화 등에 직면하여 나의 역량 발휘에 한계가 느껴지는 시기이다. 일부 승진하는 경우를 제외하고는 경력에 대한 재검토가 이루어지며 현재와 관련없는 경력으로 변화가 일어나기도 한다. 이 단계는 일반적으로 40~55세 성인중기에 해당한다.

⑤ 경력말기

자신의 가치를 지속적으로 유지하기 위해 노력하면서도 동시에 퇴직을 고려하게 된다. 새로운 환경변화에 대처하는 데 더 어려움을 겪게 되고, 조직의 압력을 받기도 한다. 이 시기는 일반적으로 50대 중반부터 시작된다고는 하지만, 이 시기가 성인말기에 해당한다고는 정확히 말할 수가 없다. 퇴직은 경력중기부터 준비하는 것이 바람직하다고 하며, 평균수명 증가로 인해 제 2의 직업선택으로 이어지는 경우도 많다.

취업준비를 위한 자기평가하기

■ 나의 취업준비도 평가하기

질문	응답	응답평가(1~5점)
1. 난 회사에 입사(혹은 창업)하여 하고 싶은 구체적인 업무가 있는가?		
2. 자신이 하고 싶은 일은 주로 어떤 일인가?		
3. 그 일을 하기 위해 필요한 능력 5가지는 무엇인가?		
4. 그 능력을 갖추기 위해 준비계획은 해 두었는가?		
5. 취업(혹은 창업)을 위한 스펙에 대해서는 알고 있는가?		
6. 자기 자신은 항상 믿음직스러운가?		
점수합계		

- 23점 이상: 취업(혹은 창업)에 대한 방향성이 명확하고 준비를 아주 잘하고 있음.
- 16~22점: 목표 달성을 위한 세부적인 계획 수립 및 실행이 요구됨.
- 15점 이하: 목표를 명확하게 설정하고 구체적인 세부계획 수립이 요구됨.

1. 이 과정을 통해 느낀점은 무엇인가?

2.1. 직무정보 탐색

자신이 하고 있거나 하고자 하는 직무의 경력경로를 탐색해야 한다. 어떠한 일을 하는지, 필요한 자질은 무엇인지, 보수나 업무 환경은 어떠한지, 고용이나 승진 전망은 어떠한지, 그 직무에 종사하는 사람들의 직무만족도는 어느 정도인지 등을 탐색하는 단계이다. 이 과정에서 롤모델을 찾는 것은 중요한 의미가 있다.

2.2. 자신과 환경 이해

자신의 능력, 흥미, 적성, 가치관 등 자기인식으로부터 출발하여, 직무와 관련된 주변 환경의 기회와 장애요인을 분석함으로써 현실적이고 장기적인 관점에서 경력개발 계획을 세울 수 있다. 이는 직무에 대한 만족, 근무기간, 성공여부 등에 직접적인 영향을 줄 수 있으므로 적극적으로 탐색해야 한다. 자기탐색인 경우는 자기인식관련 워크샵에 참여하거나, 평가기관의 전문가와 면담, 검증된 표준화 검사, 자기성찰 등으로 할 수 있다. 환경탐색은 회사에서 제공하는 경영보고서와 홈페이지나 SNS을 통해 제공되는 설명자료, 주변 지인과의 대화, 기타 커뮤니티 자료 등을 참고한다.

2.3. 경력목표 설정

직무정보와 자신, 그리고 환경에 대한 정보를 토대로 자신이 하고 싶은 일이 무엇이며, 그것을 달성하기 위해서는 어떤 능력이나 자질을 개발해야 하는지 단기와 장기로 구분하여 설정한다. 장기목표는 향후 5~7년 정도 예측하여 목표를 수립한다, 단기목표는 장기목표를 달성하기 위해 필요한 능력과 장애요소를 극복하거나 대안으로 가져갈 수 있도록 2~3년 단위로 목표를 수립한다.

2.4. 경력개발 전략수립

경력목표 설정이 되면 이를 달성하기 위해 활동계획을 세운다. 전략은 행동이 중심이 되어야 하고, 목표 달성을 위해 구체적인 내용을 포함되어야 한다.

경력개발 전략은 개인적인 직무 역량을 향상을 위해서는 관련 지식확보 및 기술개발을 위해 교육프로그램 참가, 워크숍 참가, 상급 학교 진학, 관련 동아리 활동, 인적 네트워크 구축, 다른 직장으로의 이직 등이 있을 수 있다.

2.5. 실행 및 평가

경력개발 전략을 실천하기 위해서는 경력목표가 충분한지 검토하고 현실적으로 달성가능한 것인지고 검토해야 한다. 또한 예측하지 못한 환경이나 가치관의 변화, 잘못 설정된 목표는 필요시 목표 자세를 수정할 수도 있는 것이다.

1단계 직무정보 탐색	• 관심직무에서 요구하는 능력 • 고용이나 승진 전망 • 직무만족도 등
2단계 자신과 환경 이해	• 자신의 능력, 흥미, 적성, 가치관 • 직무관련 환경의 기회와 장애요인
3단계 경력목표 설정	• 장기목표 수립: 5~7년 • 단기목표 수립: 2~3년
4단계 경력개발 전략수립	• 현재 직무의 성공적 수행 • 역량 강화 • 인적 네트워크 강화
5단계 실행 및 평가	• 실행 • 경력목표, 전략 수정

➡️ 학습 활동

나만의 경력개발 계획을 세워보자

■ 나의 경력개발 계획

1단계: 직무정보 탐색		
2단계: 자신과 환경 이해	자신	
	환경	

3단계: 경력목표 설정	장기	
	단기	
4단계: 경력개발 전략수립		
5단계: 실행 및 평가		
기타		

■ 개요

　직업윤리역량은 모든 직업인들이 조직 안에서 공통적으로 지켜야 할 규범으로 조직 내에서 업무를 수행함에 있어 사회적으로 기대되는 태도, 매너, 올바른 직업관 등의 내·외연적 행위 준거를 이해하며 실천하는 역량이다.

　이 파트에서는 두 가지 하위 역량을 다룬다. 첫 번째는 책임감이며, 두 번째는 윤리의식이다. 직업을 가진 사람들에게 필요한 두 가지 덕목이라고 할 수 있으며 여기서는 직장인으로써의 책임의 범위를 파악하고 책임감을 기르며, 가장 중요한 책임인 직장 내에서의 기본 매너에 대해 학습하고자 한다. 또한 왜 윤리의식이 중요한지, 우리가 어떤 비윤리적 상황에 놓일 수 있으며, 어떻게 극복할지를 학습한다.

• **책임감** : 책임감 역량은 직장에서 주어진 업무와 맡은 바 임무를 중요하게 여기고 책임 있는 자세로 업무에 임하는 역량을 말한다.
• **윤리 의식** : 윤리의식 역량은 직장에서 정해진 규칙이나 규범 및 시대와 사회 상황이 요구하는 윤리를 준수하려는 역량을 말한다.

직업윤리역량

■ 정의
직업윤리역량은 모든 직업인들이 조직 안에서 공통적으로 지켜야 할 규범으로 조직 내에서 업무를 수행함에 있어 사회적으로 기대되는 태도, 매너, 올바른 직업관 등의 내·외연적 행위 준거를 이해하며 실천하는 역량

■ 학습목표
직장생활에서 업무를 수행함에 있어 자신의 맡은 바 임무를 인식하고 수행할 수 있으며, 직업인으로서 가지는 윤리의식을 가짐으로써 공동체에 속한 조직원으로서 활동하는 능력을 함양한다.

■ key word
· 책임감
맡아서 해야 할 임무나 의무를 중히 여기는 마음.

· 윤리
사람으로서 마땅히 행하거나 지켜야 할 도리.
'인간과 인간 사이에서 지켜야 할 도리를 바르게 하는 것' 또는 '인간사회에 필요한 올바른 질서'를 말한다.

· 근로윤리
직업을 가진 사람이라면 반드시 지켜야 할 공통적인 윤리규범을 말하는 것으로, 어느 직장에 다니느냐를 구분하지 않는다.

CHAPTER 13
책임감

▶▶ 정의
책임감 역량은 직장에서 주어진 업무와 맡은 바 임무를 중요하게 여기고 책임 있는 자세로 업무에 임하는 역량

▶▶ 학습목표
1.1. 직장생활에서 주어진 임무에 대해 책임 있는 자세를 가질 수 있다.
1.2. 자신이 속한 팀이나 조직 내에서 자신이 맡은 임무의 중요성을 인식할 수 있다.
1.3. 직장에서 주어진 임무에 대해 정해진 시간을 준수할 수 있다.
1.4. 자신의 임무가 조직 구성원들에게 어떤 영향을 미치는지 예측하고 업무에 임할 수 있다.

▶▶ 행동사례
1. 직장생활에서 주어진 업무는 정해진 시간을 준수하며 생활한다.
2. 맡은 바 역할을 타인에게 전가하지 않으며 행동한다.
3. 자기 발전을 위해 스스로를 개발한다.
4. 자신의 명예를 걸고 최선을 다해 업무를 수행한다.
5. 자신이 세운 목표를 달성하기 위해 규칙적이고 부지런한 생활을 유지한다.
6. 지킬 수 있는 약속만을 말하고 메모하여 지키려고 노력한다.
7. 자신이 속한 조직에서 힘들고 어려운 일이 있으면 지시받기 전에 자율적으로 해결하려고 노력한다.

01 누구를 위한 책임감인가?

 읽어보기

직장 선배가 말하는 요즘 후배…"능력 있지만 책임감 부족해"

직장내 밀레니얼 세대(1980~2000년 사이 태어난 세대)를 바라보는 선배 직원들은 이들은 상대적으로 'IT·컴퓨터 능력과 창의성은 뛰어나다'고 인정하지만, '책임감과 끈기는 부족'하다고 생각하는 것으로 나타났다.

- 중략 -

반면, 이들 밀레니얼 사원들이 타 세대 직원들보다 부족한 부분으로는 책임감이 응답률 32.3%로 1위를 차지했으며, 다음으로 끈기(29.2%), 성실성(24.0%), 소통능력(23.3%), 조직에 대한 충성심(18.8%) 등이 부족하다는 의견이 많았다.

중앙일보 2019월 9월 9일자 기사

직장생활을 시작하는 신입사원들에게 조차 책임감이 요구되고 있다. 아니, 오히려 신입사원들에게 가장 부족해 보이는 소양이 책임감이라는 조사 결과를 볼 수 있다. 직장생활에서 책임감이 얼마나 중요한 것이길래 이렇게 많은 사람들이 능력만큼의 책임감을 요구할까? 거꾸로 생각하면 오히려 답이 명확해진다. 책임감이 있는 사람은 그만큼 사회의 인정을 받을 수 있다는 것으로 해석할 수 있다. 그러므로 책임감은 남을 위한 것이 아니다, 나를 위한 것이다.

이번 장에서는 직장인이 가져야할 책임감이 무엇인지 살펴보고, 실제로 회사생활에서 필요한 책임감을 가지기 위해 책임범위를 규명하며, 그 책임을 완수하기 위해 생활습관을 바로잡는 법을 배우고, 마지막으로는 책임감을 지키는 원천이 되는 직장매너를 학습해보자.

1.1. 책임감의 개념

책임의 사전적 의미는 맡아서 해야 할 임무나 의무를 말하는 것으로, 어떤 일에 관련되어 그 결과에 대하여 지는 의무나 부담, 또는 그 결과로 받는 제재를 뜻하기도 한다. 상황에 따라 몫, 사명, 담당, 의무, 책무, 짐 등으로 표현되어 사용된다.

그렇다면 책임감은 맡아서 해야 할 임무나 의무를 중히 여기는 마음이라 할 수 있다. 직장생활을 가정할 때 책임감은 조직사회에서 나에게 주어지는 일에 대한 자발적인 완성의지라고도 말할 수 있다. 책임감의 시작은 자발적인 동기에서 시작된다. 많은 사람들이 책임을 의무와 혼동하여 사용한다. 그래서 회사에서 책임감을 이야기하면 내게 일이 주어질 것에 대해 걱정하는 경우가 있다. 이것은 책임을 의무와 혼동한 결과이다. 조직에서의 책임은 내가 구직활동을 통해 선택한 회사에서 내가 하고자 했던 일을 함으로써 결과를 인정받는 과정이라고 이해할 필요가 있다.

즉, 책임은 받는 것이 아니라 얻는 것이라는 사고가 필요하다. 여러분에게 책임이 있다는 것은 그만큼 그간의 일에 대해 실력과 성과를 인정받는 다는 의미가 되며, 조금 더 높은 수준의 업무로 그 범위를 확장시킬 수 있는 자격을 갖게 된다는 뜻이다. 그러므로 직장 내에서 내가 인정을 얻고, 보상을 얻는다는 것은 책임을 완수함으로써 부가되는 결과라고 할 수 있다.

1.2. 책임감을 방해하는 요소

어느 누구도 책임감이 없거나 무책임한 사람이 되려는 이는 없다. 하지만 책임감이 있다는 평을 듣는 사람도 상대적으로 적다. 그 이유는 무엇일까? 우리가 책임감을 잘 모르기 때문이 아닐까. 책임감 있게 업무를 수행하지 못하는 이유를 살펴보자.

1) 내가 할 일이 무엇인지 정확하게 파악하지 못한다

회사에 들어가면 누구에게나 업무분장에 의해 임무가 주어진다. 업무매뉴얼이 갖춰진 조직이라면 서류를 통해 내가 해야 할 일을 확인할 수 있다. 혹은 선임자의 인수인계를 통해 내 업무의 범위를 찾는 것도 가능하다. 그러나 처음에 이런 일을 소홀히 하면 내가 무슨 일을 해야 할지 몰라 내가 책임을 다하지 못하는 일이 벌어질 수 있다.

2) 스스로 일하지 않는다

일부 신입사원들이 겪는 문제 중 하나가 스스로 일하지 않는다는 것이다. 내가 선택해서 입사한 조직에서 능동적인 업무자세를 가지는 것은 누구나의 의무인데, 처음에는 잘 몰라서, 다음에는 편하다는 이유로 남이 시키는 일만 하는 경우를 말한다. 책임은 맡겨진 일을 하는 것이 아니라, 내가 맡은 일을 능동적으로 해결하는 것이다. 스스로 일하지 않는 사람은 도전적인 과제를 수행할 수 없고 몇 년이 지나도 발전하지 못하는 정체된 사람이 된다.

3) 내가 할 일을 남에게 미룬다. 오늘 할 일을 내일로 미룬다

조직 내에서의 업무는 담당하는 부서가 있고 또 담당자가 있다. 업무구분이 명확하지 않을 경우에도 결국 그 업무를 수행해야지만 조직의 성과가 생긴다. 또한 이러한 업무는 분명한 시한이 있어 정해진 시간 내에 완수되어야 한다. 그러나 무책임한 사람은 업무의 결과가 좋지 않을 경우 본인의 일이 아니었다는 듯이 책임을 미루거나, 완료되어야할 시기에 아무렇지 않은 듯 시간을 미뤄서 팀의 성과에 악영향을 끼친다.

4) 내가 잘못 처리한 일을 방치하거나 잘못을 고치지 않는다

업무를 수행하다보면 누구나 실수를 하거나 잘못된 선택을 할 수 있다. 책임감이 있는 사람은 얼른 잘못을 인정하고 타인에게 이 사실을 알리고 가능한 빠른 시간에 문제를 해결하기 위해 노력한다. 하지만 책임감이 없는 사람들은 자신의 잘못을 몰래 숨겨두거나, 잘못했음을 인정하지 않아서 초반에 해결할 수 있는 문제를 더 키우기도 한다.

5) 내가 처리하지 못한 일로 인해 주위사람들에게 불편함을 끼친다

조직에서 업무를 할 때 가장 중요한 것은 팀워크이다. 어떤 조직에서도 나홀로 하는 일은 거의 없고 대부분이 부서단위로, 팀단위로 업무를 수행하게 된다. 그런데 내가 책임을 다하지 못하는 일이 생겨 문제가 일어났을 때 잘못을 인정하지 않고, 특히 팀원들에게 사과하지 않는다면 다른 사람들에게 마음의 불편함이 야기된다. 혹자는 앞으로 그 사람에게 일을 맡기지 않을 수도 있고 경우에 따라서는 함께 일하는 것을 거절할 수도 있다. 잘못을 인정하고 동료에게 사과할 수 있는 용기도 책임감의 일부라고 할 수 있다.

📧 학습 활동 ────────────────────────────

지금까지 가장 기억에 남는 가장 책임감 있는 사람은 누구였는가? 무엇 때문에 그렇게 생각하게 되었는가?

1. 그 사례를 기술해보자.

2. 어떤 점에서 가장 책임감 있는 사람이라고 판단하게 되었는가? 이유를 3가지 이상 서술해보자.

3. 조별로 사례를 공유한 후, 공통점을 찾아보자.

02 책임감을 기르자

어릴 때부터 책임감 있는 사람이 되라는 조언을 자주 듣고 자란 A씨는 어른이 되어서도 맡은 바 임무에 충실하고 부지런한 태도로 조직에서 인정받은 성인이 되었다. 그는 자신의 일 뿐 아니라 팀원의 일에도 항상 관심을 가지고 도울 뿐 아니라 주어진 일을 놓치지 않고 항상 깔끔하게 마무리 하여 직원들에게도 존경받는 중견 사회인이 되었다. 팀원들의 어려움을 미리 간파하고 사전에 실수를 방지할 수 있도록 도와주었으며, 시간이 지체되는 일들은 항상 함께 해결하는 것을 원칙으로 하였다.

그런데 부장으로 승진한 A씨가 우연히 부서원들을 멀리서 관찰할 기회가 생겼다. 신입사원과 대리, 그리고 과장 모두 본인의 일을 하다가 결정을 할 시점이 되면 모두 A부장에게로 오는게 아닌가. 그들은 단순한 보고서의 양식에 대해서도 질문을 해왔고, 다음 과제가 무엇인지도 내게 확인을 받았다. 누가 결정해주는 일은 마무리 해오지만 부서에 주어지는 어려운 일에 대해서는 모두 부장만 쳐다보고 있음을 깨닫게 되었다. 생각해보니 주초에 항상 A부장은 사내 스케줄러를 통해 부원들의 임무를 알려주고 있었다.

무엇이 문제였던 것일까?

책임감은 말로만 강조한다고 생기는 습관이 아니다. 어릴 때부터 자신의 책임을 인지하고 조그만 일이라도 스스로 완수하는 습관을 통해 천천히 배울 수 있는 덕목이다. 문제의 A부장은 독립적인 성격으로 자라 스스로 해결하는 습관을 가질 수 있었지만, 너무 부지런한 행동 덕분에 부서원들은 남이 해결해주면 그것을 누리는 수동적인 직원으로 변하고 있었다. A부장은 이 문제를 어떻게 해결해야 할까?

2.1. 책임감 연습하기

1) 1단계(책임의 규명) 내가 할 일을 확실하게 인지하고 목표를 세운다

직장에서의 책임은 내 업무를 파악하는 것에서 시작한다. 내 업무의 범위를 어떻게 찾을 수 있을까? 일단은 업무분장 자료를 찾아본다. 업무분장표는 업무를 체계적인 기준으로 분류하여 직원들에게 할당해 둔 것으로 일반적인 기업에는 직원들의 업무를 매뉴얼 형태로 관리하고 있는 곳이 많다. 혹은 직무명세서, 직무기술서 등으로 표현되며 일의 절차, 권한과 범위, 관련 부서와 사람들, 요구되는 기능과 자질 등이 정리되어 있다. 만약에 문서가 존재하지 않는다면 선임자에게 인수인계를 받으면서 정리하자.

아래의 자료는 신입 사무직을 위한 가장 간단한 형태의 업무명세서이다. 이 자료를 확인한 신입사원은 자신이 회계처리, 세금계산서 및 매출전표 활용, 신문스크랩, 내부 전산망 사용, 컴퓨터 활용 능력, 화초관리 등의 업무가 기본적으로 본인의 책임임을 파악할 수 있다. 직속 상관 및 조직과 관련된 정보는 조직도와 전화번호부를 참조해서 정리해본다.

인터넷뉴스부 - 사무직(비서겸직) 업무명세서

1 기본정보

직무명	인터넷 뉴스부 서무
부서	뉴미디어국 인터넷뉴스부
직급	파견직사원
보고체계 (직속상관)	인터넷뉴스부 부장님 -〉 뉴미디어국 국장님

2 직무/기능/임무/과제의분류

직무(JOB)	기능(Function)	임무(Duty)	업무배분	과제(Task)
뉴미디어국 서무	뉴미디어국 사무 업무 보조	국장님 비서	40%	뉴미디어국장 비서업무
		법인카드 관리	35%	뉴미디어국 회계처리
		일급직 관리	10%	일급직 관련 업무 및 월급 회계처리
		세금계산서 담당	10%	세금계산서 발행과 매입매출전표 입력
		출장비, 출연료	5%	출장비 등록과 출연자들의 출연료 등록

3 Daily, Week, Monthly분류

구분	세부	업무
DAILY	8:00-12:00	업무준비, 신문스크랩, 환경관리, 직원근태 체크
	13:00-18:00	뉴스데스크 조회수 메일보내기, 전화업무 등
WEEK	월 or 화	화초관리, 비품청구, 주간회의 준비
	목 or 금	부서 비품 구입, 출장정산
MONTHLY	매월 4~8일	법인카드마감
	매월 마지막주	일급직 임금 등록

4 경력요건

필요/지식/스킬/능력	요구수준(상/중/하)
1. 엑셀 사용능력(간단한 함수사용 필요)	중
2. 서비스능력 및 마인드(전화응대/안내 업무 多)	상
3. 워드자격증소지자, MSOFFICE관련소지자	중
4. 맡은 업무에 대한 책임감, 꼼꼼한 업무처리능력	상

경력요건

최소학력		전공	
필요/자격면허	전산회계 자격증/ 사무자동화	필요전문교육	

5 수행과제(Mission)

1. 일급직이력등록, 사원증발급, 퇴사 등 인사정보 업무처리

2. 출장신청 및 출연료 신청업무

3. 부서서무업무(회계시스템/법인카드결산)

4. 세금계산서(매입매출전표 작성)발행 및 처리

2) 2단계(책임의 목록화) 작은 단위의 책임 수행하기

직장에서 내가 해야 할 일이 대략적으로 파악이 되었다면 이제 업무를 쪼개서 내가 할 수 있는 일과 할 수 없는 일을 구분해 본다. 즉, 구체적으로 내가 아는 업무의 범위와 배워야할 범위를 확인하여 구체적인 목표를 가지고 학습 및 인수인계 계획을 세우도록 한다. 업무를 처리하고자하는 욕심이 아무리 커도, 모든 일은 단계와 절차를 거쳐 처리해야한다. 계획이 세워지면 이제 하루 단위로 업무를 목록화 한다.

이 때 필요한 습관은 스케쥴표를 활용하는 것이다. 즉, 아침에 출근하면 컴퓨터 전원을 넣기 전에 다이어리를 꺼내고 오늘의 할 일을 적는다. 적을 때 유의할 점은 전 날 완수하지 못한 일들을 오늘의 할 일로 옮겨 적고, 업무가 완수되면 앞에 체크를 해서 완수된 업무와 내일로 넘어가는 업무를 매일 정리해보는 것이다. 예를 들어, 아래처럼 할 일을 목록화시켜 정리해보자. 할 일을 중요도 순서로 차례로 나열한 후, 하루 업무를 수행하고 당일(10월 31일) 업무 중 완료된 사항은 체크표시, 미완이면 △, 완수하지 못했을 경우 ×표시를 한 후, 다음 날 할 일에서 맨 위로 옮겨서 기재하여, 해야 할 일이 누락되거나 잊혀지는 일이 없도록 나만의 스케쥴을 관리한다.

	10월 31일(화)	11월 1일(수)
△	1. 신입직원 사원증발급	1. 국장님 언론용 이력서 정리
√	2. 국장님 출장 정산	2. 신입직원 사원증 발급완료
√	3. 방문객(10:00, 15:00)접대	3. 화초 물주기
√	4. 신문스크랩	4. 엑스트라 출연료 정산
X	5. 국장님 언론용 이력서 정리	5. 신문스크랩
√	6. 월말 부서운영비 정산	6. 월간부서회의 준비
	.	7. 부서회의 회의록 정리
	.	.
	.	.

➡ 학습 활동

1. 일상 스케쥴링

위의 양식에 어제 내가 해야 했던 일과, 오늘 할 일을 기재해보자. 어제 하려했으나 수행하지 못한 일은 무엇이었고, 오늘 내가 마무리해야 할 일에는 무엇이 있는가?

오늘	
월 일( )	
	.
비고	

내일	
월 일( )	
비고	

2. 비고란은 하루의 마무리 멘트를 적어본다. 오늘 하루는 만족스러운 하루였는지, 부족한 점
은 무엇이었는지, 혹은 업무를 통해 처음 깨닫게 된 일은 무엇이었는지 등을 간단하게 메
모하고 넘어간다. 어려운 일을 해결한 날은 간단하게 나에 대한 칭찬을 적어도 좋다.

3) 3단계(시간관리) 시간을 지켜 마무리하기

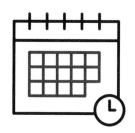

"시간 엄수는 비즈니스의 영혼이다"라는 토마스 할
리버튼의 명언이 있다.

비즈니스 상황에서 시간의 개념은 그만큼 소중한 자
산이라는 것이다. 시간은 개인의 것인 동시에 다른 사람
과 공유되는 개념이다. 직장에서 내 시간을 낭비하는 것
은 업무를 함께하고 있는 동료의 시간을 함께 낭비하는 것이며, 나를 기다리게 하는 행
위는 결과적으로 상대방에게 나는 신뢰할 수 없는 사람이라는 판단을 하게 만들 수 있
다. 사소한 시간을 조금씩 어기는 버릇은 중요한 상황에서도 어김없이 나타나게 된다.
처음에는 어려워도 습관을 만들어 두면 사회에서 가장 쉽게 신뢰를 얻을 수 있는 방법
이 시간엄수라는 것을 잊지 말자.

업무 시간을 지키기 위한 팁

1. 업무에 들어가기 전에 관련된 자료를 가능한 모아두고 시작한다. 마찬가지로 보고를 하거나 전화를 걸기 전에는 관련 자료를 근처에 모아두고 먼저 숙지한다.

2. 회의나 약속시간에는 항상 5분 일찍 가는 습관을 가진다. 미리 가서 2-3분만 회의 주제와 발표내용을 복기해두면 보다 원활한 의사 소통이 가능하고, 먼저 도착해서 회의준비를 도울 수 있으면 친근감이 형성되어 회의나 약속의 주제에 보다 쉽게 접근할 수 있다.

3. 약속시간에 늦거나 업무를 제시간에 마무리하기 어려울 경우 미리 상대방에게 연락하여 대책을 세울 수 있도록 배려한다. 시간은 항상 나만의 것이 아니라 상대방의 것이기도 하다. 내가 늦음으로써 낭비되는 시간을 상대가 다른 업무로 보충할 수 있도록 하는 것은 기본 비즈니스 매너가 된다.

4. 시간관리를 위해 함께 처리할 수 있는 일을 묶어서 처리하는 습관을 가진다. 직무와 관련된 책임은 동시다발로 발생하는 업무가 많다. 한가지씩만 일을 처리하려하면 시간이 지체되는 경우가 많이 발생한다. 처음에는 어떤 업무끼리 묶을 수 있는지 판단이 어려울 수 있지만, 업무가 익숙해지면 이 일을 하는 김에 저 일도 함께하는 요령이 생기면서 시간을 절약할 수 있다.

5. 스마트폰이나 알람기능이 있는 기기를 적극적으로 사용한다. 현대인에게 역할은 다양하게 요구된다. 대리로써의 나, 선임으로써의 나, 후배직원으로써의 나, 동료직원으로써의 나... 다양한 역할로 인해 많은 스케줄이 생기다 보면 겹치거나, 잊어서 문제가 생기는 경우가 있다. 이럴 때는 알람 기능을 적절하게 사용하여 누락되는 일이 없도록 관리한다.

6. 업무에 대한 이해가 부족하거나 모르는 문제를 만나면 동료의 도움을 구한

다. 모르는 일을 해결하기 위해 공부하는 태도는 매우 중요한 업무태도이다. 그러나 마감시간을 잊고 혼자서 해결하려다 보면 쉽게 시간이 지나버리고, 생각보다 쉬운 일을 어렵게 해결하게 되는 일이 많다. 사회 초년병들이 해결 못한 일을 서랍에 넣어두고 고민하다가 작은 일을 크게 키우는 일들이 종종 발생한다. 남에게 조언을 구하는 것은 내가 부족한 것을 인정하는 것이 아니라 업무의 효율성을 위해 팀웍을 발휘하는 일이다. 때로는 나의 실수로 업무가 방해되는 일이 생길 수 있다. 이럴 때도 빨리 인정하고 먼저 사과해서 업무 본연의 목표가 달성될 수 있는 자세를 가진다. 필요한 도움을 받고 다음에는 내가 그들에게 필요한 사람이 되자.

7. **업무시간과 휴식시간을 구분한다.** 일하는 듯 노는 것과 노는 듯 일하는 것은 충분히 일하지도, 충분히 쉬지도 못하는 아쉬운 시간관리라고 할 수 있다. 성공한 직장인들의 특성을 연구한 한 기록에 따르면 그들이 컴퓨터를 끄고 일하는 일정한 시간을 확보하고 있다는 점이었다. 사람마다 다를 수는 있지만 내가 몰입을 해야하는 시간을 정하고, 그 시간 만큼은 나를 방해하는 요소를 제거할 수 있는 자제력이 있다면 최소의 시간으로 최선의 성과를 낼 수 있는 사회인이 될 수 있을 것이다. 최근 근로시간이 단축되면서 근로시간에서의 몰입도에 대한 요구가 점점 커지고 있다. 그렇다면 더욱 나만의 몰입시간을 확보하도록 노력해 보자.

4) 4단계(더 큰 도전) 책임이 완수되면 더 큰 책임에 도전하기

책임감을 가진다는 것이 어려운 점은 한 가지 책임을 완수하면 또 다른 책임이 주어진다는 점이다. 하지만 책임은 내가 해야 할 임무를 뜻하는 동시에 내가 관리해야할 업무를 뜻하기도 한다. 책임질 위치에 있는 사람, 책임이 무거운 자리, 등에서의 책임은 의무인 동시에 내 직책에 맞는 능력과 관리의 범위라는 의미를 지니기 때문이다.

직장생활을 하는 사람이면 누구나 연차가 올라감에 따라 점차 관리의 의무가 생긴다. 신입사원보다 경력사원이 취업시장에서 인정을 받는 이유도 바로 책임지고 업무를 수행해 본 경험이 있기 때문이다. 그러므로 책임감을 기르기 위해 필요한 다음 자세는 도전의식이라고 할 수 있을 것이다. 작은 일을 해결했다면 조금 더 큰 일에 도전해보고, 실패해도 또 해보는 과정을 통해 개인의 책임 영역이 확대될 것이고, 이로 인해 여러분은 인정받는 사회인이 될 것이기 때문이다.

5) 5단계(책임의 확산) 타인의 책임감 함께 기르기

앞서 살펴본 A부장의 사례를 기억하는가? 지금까지의 책임감이 개인의 책임감을 높이는 연습이었다면, 내가 조금 시간이 지나 책임의 영역이 커질 때 내 동료와 내 후배들에게 책임감을 키울 수 있는 자세도 매우 중요할 것이다. 나의 책임감이 커진다는 것은 책임감을 수행하는 역할만큼 타인의 책임감을 일깨우는 의무가 확대된다는 것을 의미한다. 때로는 나의 과도한 책임감이 타인의 책임감을 저해할 수 있다는 생각을 가지고 조직 전체의 성과가 최적화 될 수 있도록 주위사람들의 책임감을 일깨우는 리더십이 필요하다고 할 수 있다.

존 마치카(2004)는 직원들에게 책임감을 불어넣는 원칙을 아래의 9가지로 제시하고 있다. 신뢰와 정직성, 책임의 주체 선정, 명확한 목적, 그리고 리더의 갈등조정, 그리고 실패와 위험을 감수하는 조직 문화가 직원들이 스스로 책임감을 가지고 일하는 조직으로 만들 수 있는 요소임을 말하고 있다.

---

1. [신뢰의 재구성]신뢰의 눈높이를 맞추라.
2. [책임의 주체] 선택의 주체가 누구인가를 분명히 밝혀라
3. [정직성의 힘] '정직성'의 힘을 이해하라.
4. [명확한 목적] 목적은 언제나 명확히 하라.
5. [헌신을 만드는 실행전략] 직원을 참여시켜 실행 목록을 만들라.
6. [다면적 리더십] 여러 역할을 수행하는 리더가 되어라.
7. [효과적인 의사소통] 자신의 커뮤니케이션을 점검하라.
8. [갈등해결의 기술] 차이를 존중하라.
9. [위험감수를 지지하는 조직 문화] 때로는 과감하게 위험을 감수하라.

---

03 직장매너는 책임감의 첫 단추

"Manners makes man." 영화 킹스맨의 대사로 예절이 사람을 만든다는 표현이다.

직장에서의 예절은 내부적으로는 조직의 분위기를 좌우하고 외부고객들의 조직에 대한 신뢰를 높이는 중요한 직장 윤리의 한 부분이다. 매너를 지킴으로 인해 서로간의 불필요한 갈등이 사라지고 서로 인정하는 분위기가 확산되며 개인은 자신의 조직원으로써의 수준을 상향할 수 있는 좋은 기회가 된다. 그러나 매너의 사소한 위반이나 무시는 함께 일하는 사람에게는 불편함을 주게 되며, 심해지면 그것이 이제는 법적으로도 문제가 될 수 있는 시대가 되었다. 말 한마디로 천냥 빚을 갚는다는 옛말처럼, 이제 상대를 배려하는 말과 행동은 그 자체로 부가가치를 발생하는 개인 역량의 한 부분이 되었다고 할 수 있다.

매너의 힘은 내가 지킴으로써 나도 보호를 받는다는 점이다. 일반적으로 우리가 매너가 없는 많은 사람을 불편하게 바라볼 때가 많다. 하지만 조직에서는 불특정 다수가 아닌 정해진 사람들이 조직의 문화를 만들고 유지하는 힘이 있다. 개개인이 매너를 지키게 되면 무언의 힘이 작용하여 매너가 없는 사람들을 일깨우고 다수의 힘이 방향을 바꾸게 된다. 매너는 내가 먼저 지킴으로써 나도 보호하고 남도 보호한다는 마음가짐을 가지고 하나씩 익혀가자. 이번 장에서는 여러분이 졸업 후 첫 직장을 가진다는 가정으로 직장 예절 중 일반적인 근무 예절과 퇴사 예절에 대해 알아보도록 하자.

영업팀에서 근무하는 B양은 팀의 4년차 막내다. 어려서부터 언니들과 함께 자란 B양은 탕비실에 잔이 쌓여있으면 항상 설거지를 해두었다. 그런데 어느 날 옆부서에 신입사원이 들어왔다는 얘기를 들었다. 의욕에 넘치는 신입사원은 공동으로 사용하는 탕비실 관리를 도맡아 하며 정해진 시간이 되면 항상 탕비실을 청소하기 시작했다. 그동안 4년차 직원인 B양에게 컵관리를 시키면서 미안해하던 영업팀 직원들은 하나 둘씩 컵을 쌓아두기 시작했고, 소문이 나자 3층에 있는 직원들이 대부분 본인이 사용한 컵을 그냥 개수대에 방치하고 있었다.

1. 내가 B양이라면 이 상황을 어떻게 해결하겠는가? 개개인이 매너를 지킴으로써 서로를 지킬 수 있는 방법에는 무엇이 있는가?

3.1. 근무 예절

첫 출근은 인생에서 새로운 장을 여는 새 출발이다. 많은 학생들이 아르바이트 경험을 통해 낯선 조직에서 일하게 되는 경험을 가지고 있다하더라고, 정식으로 발령받은 조직에서 신입사원으로 일하게 되는 것과는 또다른 경험이 될 것이다. 밤잠을 설치면서 첫출발을 준비하는 신입사원이라면 다음의 준비물을 챙겨본다.

▶ 신입사원 첫출근 준비물
• 필통(필기구, 수첩, 포스트잇, 작은 가위 등)

- 개인 위생 용품(칫솔, 치약, 컵, 안약, 작은 휴지 등)
- 화장품(간단한 수정용 화장도구)
- 수습기간 혹은 연수기간 받은 각종 자료(부서 소개, 회사 제반 규정, 다이어리, 사원증 등)
- 기타(업무용 USB, 즐겨찾기 목록, 업무관련 전공서적)

▶ 출근 시 유의사항
- 오늘 업무에 맞는 복장인지 출근 전에 확인한다.
- 출근시간 15분 이전에 출근하여 간단하게 주위 환경정리를 한다.
- 출근하며 만나는 모든 직원들에게 적절한 인사를 한다.
- 어젯밤 있었던 개인적인 감정을 정리하고 공적인 표정으로 업무에 임한다.
- 하루를 시작하는 오전에는 되도록 밝은 표정과 마음으로 업무에 임한다.

1) 인사 예절

신입사원의 첫 인상은 출근 첫날의 인사와 소개를 통한 만남으로 결정된다. 인사는 예절의 근본이며 인간관계의 첫출발이다. 올바른 인사를 통해 좋은 인상을 상대에게 심어주자.

▶ 신입사원의 인사 팁
- 부드러운 표정, 상대를 응시하며 자연스럽게 손을 앞으로 잡고(여성) 앞으로 고개를 숙이며 적당한 인사말을 한다.
- 신입사원이라면 모르는 사람이라도 시선을 회피하지 않고 일단 인사한다.
- 예의바른 인사를 하고 싶으면 고개를 숙인 후, 잠시 멈춘 듯 있다가 고개를 든다.
- [정중한 인사](45° 인사)는 공식석상에서 처음 인사하거나 사죄할 때, 그리고 고객에게 감사의 뜻을 표할 때 사용되는 인사이다.
- 회사 내 일상생활에서 윗사람이나 내방객을 만나고 헤어질 때는 30도 정도 숙이는 [보통인사]를 사용한다.

- 복도에서 두 번 이상 같은 사람을 만나거나 엘리베이터에서 동료를 만났을 때는 15도 정도 숙이는 [가벼운 인사]를 한다.
- 자주 마주치게 되거나 통화중인데 손님이 오실 때, 위험한 작업을 하고 있을 때는 5도 정도만 숙이는 [목례]로 인사를 대신할 수 있다.

2) 직급 호칭 예절

 읽어보기

> 신입사원인 A양은 회사에 들어가서 혼자 지내는 시간이 많았다. 그러던 중 다른 부서에서 근무하는 2년 입사 선배인 C양을 우연히 식당에서 자주 만나게 되면서 함께 식사하는 친한 동료로 발전하게 되었다. 많은 부분을 공유하던 A양은 점차 C양을 언니라고 부르게 되었고 서로가 호칭에 불편함이 없었다. 한 해가 지나 두 부서에서 TFT로 차출되어 함께 일할 기회가 생긴 두 사람. 그들은 회의 중에 거리낌 없이 언니 동생 호칭을 사용한다. 두 사람만 모를 뿐, 함께 일하는 팀원들은 그들의 사적인 호칭에 많은 불편함을 느낀다.
>
> ✱ 회사 내에서 사적인 호칭을 사용하는 것을 옳은 일일까? 어떤 점이 다른 팀원을 불편하게 하는 것일까?

회사에는 개인에게 다양한 호칭이 주어진다. 그 중에서 가장 일반적인 호칭은 사람의 이름 뒤에 직위를 붙여서 부르는 방식이다. 직위는 여기서 '직무에 따라 규정되는 사회·행정적 위치'라고 할 수 있으며, 부서의 장을 부장으로 부르는 것이 그 예가 될 것이다. 조직에서는 이러한 직위를 사용하는 공식적인 호칭을 사용하는 것이 일반적이다. 또한 그 기업이 가지고 있는 특유의 조직 체계에 따라 명칭이 달라지지만 대체적으로는 다음과 같은 위계를 따른다. 특수한 명칭은 회사의 조직도 등을 통해 확인할 수 있다.

직원급 : 사원 - 주임 - 대리 - 과장 - 차장 - 팀장 - 부장

임원급 : 이사보(촉탁) - 이사 - 상무 - 전무 - 부사장 - 사장 - 회장

상급자를 호칭할 때는 '김부장님'과 같이 '성+직급+님'을 붙인다. 상사를 직접 부를 때는 '성'을 빼고 '부장님'이라고 부른다. 다만 직급이 같은 상사가 두 명 이상 있을 때는 성을 붙여 구분한다. 문서에 직급을 표기할 때는 상관의 호칭에서 '님'자를 뺀다. 예를 들면, 부장님 특별지시가 아니라, 부장 특별지시로 표현하는 것이 옳다.

나이가 적거나 직급이 낮다고 함부로 호칭하는 것은 옳지 않다. 동료나 부하직원을 부를 때 평사원은 '○○○씨', 직급이 있으면 '김대리'라고 호칭한다. 동료 직원이 선임자이거나 나이가 많으면 '님'의 존칭을 붙인다. 동급이거나 하급자일지라도 초면인 경우에는 '님'자를 붙이면 좋다. 학번이 낮거나 나이가 어리더라도 선배라면 그에 따라 대우를 해야 한다. 특히 남자들은 군복무 때문에 나이 어린 선임자가 많은데 깍듯이 '선배님'이라고 부르는 경우가 많다. 드물긴 하지만 여사원이 많은 조직인 경우 직급이 없는 상급 여직원에게 '여사님'호칭도 합의가 될 경우 사용할 수 있다.

최근 많은 조직에서 수평적인 조직 문화를 위해 호칭을 모두 ○○님으로 통일하거나, ○○선생님으로 부르는 문화가 확산되고 있다. 창의적이고 격의없는 기업문화를 위해 사내에서 통일된 호칭으로 부르는 것은 좋은 일이나, 이것이 습관이 되어 타사의 직원이나 다른 관계에서 자신보다 높은 직위에 있는 사람에게 ○○님을 사용하는 것은 결례일 수 있으니 유의한다.

3) 지시 보고 예절

처음 조직에서 일을 할 때 가장 어려운 점은 남의 지시사항을 듣고 이해하여 수행하는 일이고, 더 어려운 일은 중간 중간 지시받은 업무에 대한 보고를 하는 일이다. 간단하게 어떻게 지시를 받는 것이 효과적이고, 보고는 어떤 원칙으로 하는 것이 옳은지 살펴보자.

▶ 지시받을 때의 TIP
- 메모준비를 한다.
- 마지막까지 들은 후 질문한다.
- 지시 받은 내용을 복창하며 오류가 없는지 확인한다.
- 지시 받은 내용을 가능한 빨리 시행한다.

▶ 보고할 때의 TIP
- 내용을 충분히 숙지하고 간단명료하게 보고한다.
- 보고내용의 목적에 맞게 정리하여 보고한다.
- 지시받은 업무 처리가 늦어질 때는 중간에 경과보고를 한다.
- 계획이 변경되거나 새로운 정보가 입수되었을 때에는 중간에 간단히 보고한다.
- 사적인 판단보다는 객관적 사실에 근거하여 보고한다.
- 결론을 먼저 말하고 이유와 경과를 설명한다.

4) 퇴근 예절

일을 마무리하고 퇴근을 할 때는 내가 한 업무가 공적인 영역의 일이었음을 잊으면 안된다. 아무리 아직 내가 하는 일이 사소한 것이라 하더라도 개인 업무의 내용이 책상에 남아, 누구나 볼 수 있는 상태로 두는 것은 옳지 않기 때문이다. 퇴근하기 전에는 다음의 내용에 유의한다.

▶ 퇴근 시 유의사항

• 업무를 마무리하면서 오늘 다 못한 일과 내일 처리해야 할 일을 스케줄표에 기입한다.

• 컴퓨터 문서는 정해진 폴더에, 서류는 문서함에 넣고 안전장치를 한다. 컴퓨터는 암호를 설정하고 필요할 경우 문서에도 사내 기준에 맞는 암호를 설정한다.

• 개인 물품을 정리하고 책상 위를 비운 뒤, 전자제품의 전원을 끈다.

• 지시된 내용이 남아있거나 팀에서 마무리 되지 않은 일이 있는지 확인한다.

• 남아 계시는 분들에게 먼저 퇴근하게 됨을 알리고 적절한 인사를 한다.

• 약속이 있더라도 퇴근 시간 전에 준비를 해두지 않는다.

3.2. 퇴사 예절

> 대학의 취업처 추천으로 졸업과 동시에 취업을 하게 된 B양. 비교적 유명한 회사이기도 하고, 교수님의 추천이 있었기에 큰 고민 없이 취업을 결정하게 되었다. 그런데 취업을 하고보니 생각했던 것과는 다른 업무가 주어졌다. 나는 일반 사무직인 줄 알고 왔는데, 부서가 요구하는 업무는 회계 및 경리였다. 며칠간 고민하던 B양은 나흘째 되던 날, 출근을 하지 않았다. 죄송한 마음도 있고 부끄럽기도 해서 전화기를 하루 종일 끄고 집에 조용히 시간을 보냈다. B양의 죄송하고 부끄러운 마음은 회사에 전달이 되었을까?

사회 초년병에게 가장 쉽지 않은 결정 중 하나가 퇴사를 결심하는 것이다. 경력자에게도 어려운 일인데 출근한지 얼마되지 않은 사람은 겪어보지 않아 피하고 싶은 일, 너무 힘들어 알리고 싶지 않은 일이라고 생각하게 되어 퇴사가 점점 더 어려워진다. 결국 위의 사례처럼 아무에게도 말 못하고 그냥 출근을 안해버리는 경우가 발생하기도 한다. 이것이 직장 매너에 맞는 일일까?

조직에서 한사람의 직원을 채용하기까지는 상당히 오랜 기간에 거쳐 절차를 진행한다. 빈 자리가 생기고 그 자리에 맞는 사람을 찾기 위해 인사팀에서는 부서의 의견을 들어보고, 자격요건을 확인하고, 자리에 맞는 예산의 유무를 검토하고서야 채용이 진행될 수 있다. 그렇게 채용한 직원이 퇴사를 희망하게 된다면 회사로써는 같은 과정을 반복해야할 뿐 아니라 그로 인해 많은 시간과 자원을 낭비하게 된다. 그만큼 퇴사는 충분한 시간을 가지고 합당한 이유로 결정을 해야 할 문제이다.

충분한 고민 끝에 퇴사를 결정했다면 퇴사에도 예절이 있다. 지속적인 사회생활을 계획하는 사람이라면 지금까지의 경력과 업무를 최선을 다해 정리해 두어야하며, 미리 통보해서 후임자를 결정하고 인수인계를 할 수 있도록 도와야 할 것이다. 자신의 경력을 통해 전직을 생각하고 있는 퇴직자라면 더욱 제대로 된 마무리를 하여 평판을 관리할 필요가 있는 것이다. 구체적으로는 어떠한 유의점이 있는지 기사를 통해 살펴보자.

 읽어보기

> ▶ 직장인을 위한 '퇴사예절' 5계명
>
> - 퇴사 통보는 적어도 퇴사 한 달 전에 한다.
> - 퇴사 통보는 평소 접촉이 잦은 자신의 직속상사(1차 평가자)에게 먼저 하는게 좋다.
> - 후임자를 위한 업무 개요 및 중요 관계자 연락처를 정리해주면 좋다.
> - 불만이 컸더라도 특정인에 대한 비방이나 조직 험담은 삼간다.
> - '퇴사'라는 카드를 원하는 보직이나 연봉을 따내기 위한 협상도구로 쓰지 않는다.
>
> 동아일보 2018년 6월 26일자 기사 중 발췌

이 외에도 최근 인사담당자들이 꼽은 최악의 퇴사 매너에는 문자 퇴직 통보가 포함된다. 퇴직은 구두로만 이루어지는 것이 아니라 서류를 제출하고 퇴직이 처리되는 절차가 회사마다 규정으로 존재한다. 이러한 절차를 무시하고 문자통보 후 출근하지 않는 것은 가장 적절하지 못한 매너라 할 수 있다. 아름다운 사람은 떠난 자리도 아름답다는 말이 있다. 내가 이 자리에 없을 때 많은 사람들이 아쉬워하고 그리움의 대상이 되는 사람이 되자.

윤리 의식

CHAPTER 14

▶▶ 정의

윤리의식 역량은 직장에서 정해진 규칙이나 규범 및 시대와 사회 상황이 요구하는 윤리를 준수하려는 역량을 말한다.

▶▶ 학습목표

1.1. 직장인으로서 윤리강령을 준수할 수 있다.

1.2. 직장인으로서 관련법규를 준수할 수 있다.

1.3. 직장 내 규정과 규칙을 철저히 지키며 법을 준수하려는 마음가짐을 갖을 수 있다.

1.4. 시대와 사회상황에 따라 변화하는 윤리 규범을 명확히 알고 적절히 대처할 수 있다.

▶▶ 행동사례

1. 남이 한 일이나 아이디어를 도용하거나 가로채지 않는다.

2. 타 회사 경영정보나 기술의 불법적인 취득 행위를 지양한다.

3. 직장 생활에 있어서 근면한 생활을 행동으로 표출한다.

4. 자신의 이익을 배제하고 타인에게 봉사하려는 마음가짐을 행동으로 표출한다.

5. 직장 내 윤리규범의 진정한 의미를 숙지하여 업무에 적용한다.

6. 다른 임직원으로 하여금 윤리규범을 위반하도록 종용하거나 방관하는 행위를 지양한다.

7. 조직 내 사람과 사람사이에 지켜야 할 도리를 지킨다.

8. 일을 하는데 있어 이익이 되더라도 윤리규범에 어긋나는 일은 지적한다.

01 직장인의 윤리란 무엇인가?

우리 모두 대학을 졸업하면 사회인으로서의 활동을 꿈꾼다. 사회인이 된다는 것은 어떠한 형태든 조직에 속하거나 조직을 만들어 일원이 되어 활동을 한다는 것을 뜻한다. 이 때 조직사회에 속한 사람들에게 우선적으로 필요한 가치를 윤리의식이라고 말할 수 있다. 개인이 아닌 사회에 속하여 영리 혹은 비영리 활동을 할 때 사회전체가 가지는 도덕적인 가치와 규범에 맞추려는 의지와 사회적 합의이기 때문이다. 그렇다면 나는 얼마나 준비되어 있는가 체크해보자.

문항	그렇지 않은 편이다.	보통인 편이다.	그런 편이다.
1. 나는 사람과 사람 사이에 지켜야 할 도리를 지킨다.	1	2	3
2. 나는 시대와 사회상황이 요구하는 윤리규범을 알고 적절히 대처한다.	1	2	3
3. 나는 직업은 나의 삶에 있어서 큰 의미가 있다고 중요하다고 생각한다.	1	2	3
4. 나는 업무를 수행하는 중에는 개인으로서가 아니라 직업인으로서 지켜야 할 역할을 더 중요하게 생각한다.	1	2	3
5. 나는 내가 세운 목표를 달성하기 위해 규칙적이고 부지런한 생활을 유지한다.	1	2	3
6. 나는 직장생활에서 정해진 시간을 준수하며 생활한다.	1	2	3
7. 나는 이익이 되는 일보다는 옳고 유익한 일을 하려고 한다.	1	2	3

8. 나는 일을 하는 데 있어 이익이 되더라도 윤리규범에 어긋나는 일은 지적하는 편이다.	1	2	3
9. 나는 조직 내에서 속이거나 숨김 없이 참되고 바르게 행동하려 노력한다.	1	2	3
10. 나는 지킬 수 있는 약속만을 말하고 메모하여 지키려고 노력한다.	1	2	3
11. 나는 내가 맡은 일을 존중하고 자부심이 있으며, 정성을 다하여 처리한다.	1	2	3
12. 나는 건전한 직장생활을 위해 검소한 생활자세를 유지하고 심신을 단련하는 편이다.	1	2	3
13. 나는 내 업무보다 다른 사람의 업무가 중요할 때, 다른 사람의 업무도 적극적으로 도와주는 편이다.	1	2	3
14. 나는 평소에 나 자신의 이익도 중요하지만, 국가, 사회, 기업의 이익도 중요하다고 생각하는 편이다.	1	2	3
15. 내가 속한 조직에 힘들고 어려운 일이 있으면 지시받기 전에 자율적으로 해결하려고 노력하는 편이다.	1	2	3
16. 내가 속한 조직에 주어진 업무는 제한된 시간까지 처리하려고 하는 편이다.	1	2	3
17. 나는 속한 조직에서 책임과 역할을 다하며, 자신의 권리를 보호하기 위해 노력한다.	1	2	3
18. 나는 업무를 수행함에 있어 조직의 규칙과 규범에 따라 업무를 수행하는 편이다.	1	2	3
19. 나는 조직생활에 있어서 공과 사를 구별하고 단정한 몸가짐을 하는 편이다.	1	2	3
20. 나는 질책보다는 칭찬이나 격려 등의 긍정적인 언행을 더욱 하는 편이다.	1	2	3

한국산업인력공단 직업윤리 사전평가 체크리스트

다 갖추고 있을 수는 없다. 다만 내가 부족한 부분이 어디인지를 파악하자. 나는 근로윤리와 관련하여 어떠한 부분을 학습해야하는가?

1.1. 윤리의 개념

윤리(倫理)는 '인간과 인간 사이에서 지켜져야 할 도리를 바르게 하는 것' 또는 '인간사회에 필요한 올바른 질서'라고 해석할 수 있을 것이다. 동양적 사고에서 윤리는 전적으로 인륜(人倫)과 같은 의미이며, 엄격한 규율이나 규범의 의미가 배어있는 느낌을 준다. 예를 들어, 석공이 돌을 잘 다듬기 위해서는 제일 먼저 보아야 할 것이 돌의 결(石理)이다. 목공은 나무의 결(木理)을 잘 보고 나무의 결을 따라야 훌륭한 작품을 만들 수 있다.

윤리란 바로 인간사회의 결(理)과 같다. 인간 집단의 결, 윤리를 존중하며 살아야 사회가 질서와 평화를 얻게 되고, 모든 사람이 안심하고 개인적 행복을 얻게 된다. 동양사회에서는 예로부터 인간관계를 천륜(天倫)과 인륜(人倫) 두 가지로 나누어 왔는데 천륜은 인간으로서는 생명과 같이 필연적인 부자관계와 같은 관계를 말하고 인륜은 후천적으로 인간사회에서 맺는 관계를 말한다.

1.2. 비윤리적 행위

1) 도덕적 타성

물리학에서 관성은 물체가 어느 한 방향으로 움직일 때 그 방향으로의 움직임을 계속하려는 힘을 가지고 있는 것을 말한다. 사람의 행동이나 사회현상에도 일정한 종래의 패턴을 반복하려는 경향, 즉 타성(惰性, inertia)이 존재한다. 타성에는 나태함이나 게으름의 뜻을 내포하고 있는데, 바람직한 행동이 무엇인지 알고 있으면서도 취해야 할 행동을 취하지 않는 무기력한 모습이라고 할 수 있다. 우리가 직면하는 윤리적 문제에 대하여 무감각 하거나 행동하지 않는 것을 '도덕적 타성'이라고 할 때, 이러한 도덕적 타성은 왜 생기는 것일까?

첫째, 윤리적인 문제에 대하여 제대로 인식하지 못하는 데에서 기인한다. 또한, 사람들이 가지고 있는 낙관적인 성향, 즉 비윤리적인 행동이 미치는 영향에 대하여 별거 아니라고 생각하거나 저절로 좋아질 것이라고 생각하는 데에도 원인이 있다.

둘째, 일상생활에서 윤리적인 배려가 선택의 우선순위에서 밀려나는 것에 원인이 있다. 비윤리적 행위라는 것은 분명히 알고 있으나 그것과 서로 충돌하는 다른 가치가 있을 경우, 그것을 선호하는 경우이다. 예를 들어, 매출실적을 올리기 위하여 구매업체에 부정한 금품을 제공한다고 할 경우, 윤리적인 올바름보다 당장의 매출 실적이 선호 대상이 되었기 때문이다. 우리가 극복해야 할 대부분의 비윤리는 도덕적 타성에서 벗어나야만 해결가능 하다.

2) 도덕적 태만

비윤리적인 결과를 피하기 위하여 일반적으로 필요한 주의나 관심을 기울이지 않는 것을 도덕적 태만이라고 한다. 즉, 어떤 결과가 나쁜 것을 알지만 자신의 행위가 그러한 결과를 가져올 수 있다는 것을 모르는 경우이다. 예를 들어, 제품을 설계할 때 안전상의 고려를 충분히 하지 않아 안전사고를 소비자에게 유발시키는 경우, 또 안전수칙을 철저히 지키지 않아 사고를 유발하는 경우가 도덕적 태만의 경우에 해당한다고 볼 수 있다.

한국사회에서 나타나는 도덕적 태만의 경우는 자기 기만적 요소가 강하다. 예컨대, 뇌물을 받고 "남들도 다하는 것이고, 이것은 관행이다." "그것으로 인하여 남들에게 피해를 준 바가 없다." "업무는 원칙에 의거하여 처리하였다. 또한 받은 뇌물을 나 혼자만 먹은 것이 아니라 동료 상사와 함께 분배해서 가졌다." "우리만 그러는 게 아닌데 잘못된 것은 아니지 않느냐?" 하는 식의 왜곡된 생각이 이에 해당한다고 볼 수 있다.

3) 거짓말

거짓말이란 '상대를 속이려는 의도로 표현되는 메시지'라고 할 수 있다. 침묵이나 표정 등도 하나의 표현방법이 될 수 있겠으나 주로 말이나 글로 표현되는 것에 한정하며, 상대의 속이려는 의도가 있는 것을 말한다. 이러한 거짓말은 그 '목적' 대상이 누구냐에 따라 유형을 분류할 수 있는데, 한국사회에서 나타나고 있는 거짓말의 일반적 유형과 특징은 다음과 같다.

첫째, 남에게 피해를 주기 위한 거짓말보다는 자기들의 입장과 처지를 보호하기 위한 보호적 거짓말이 많다. 그러한 거짓말이 결과적으로는 남에게 피해를 주는 경우도 있는데, 그것은 자기 자신을 보호하기 위한 행동의 부수적 결과일 뿐 타인에 대한 공격을 목적으로 하지는 않는다.

둘째, 거짓말에서 보호하려는 대상은 비단 말하는 사람 자신에게만 한정되지 않고 그 사람과 우호적 관계를 맺고 있는 제3자의 보호를 위한 목적으로 행해지는 것도 많이 있습니다. 다양한 학연, 혈연으로 맺어져 정과 의리를 중시하는 우리 사회의 풍토에서 주로 그러한 인연이 닿는 한정된 범위 내 사람의 보호를 위한 목적을 갖는 것인데, 확대된 제3자로서 사회전체에 미치는 영향을 배려하는 경우는 많지 않다.

셋째, 타성적 거짓말, 즉 이러한 거짓말에 대하여 당연히 여기고 심각하게 생각하거나 별반 잘못된 것이 아니라는 인식을 갖는 경향이 있으며, 심지어는 거짓말을 하는 것이 올바른 것이라는 잘못된 자기신념으로까지 진전되는 경우도 있다. 즉, 거짓말에 자기 기만적 요소가 배어 있다는 뜻이다.

1.3. 비윤리적 행위의 극복

최근에 뉴스를 보면 범죄를 저지른 많은 사회지도층 인사들이 그때는 관행이었다, 그때는 그런 법이 없었다는 등의 이유를 들어 자신의 행위를 정당화 시키곤 한다. 이러한 행동이 문제되는 이유는 이들의 변명이 사회적으로 많이 알려지면서 일반 사람들에게도 영향을 미쳐 나도 해도 되는 행동으로 여겨지는 현상 때문이다. 일반적으로 사람들은 자신의 행동의 정당성을 타인에게서 찾는 경향이 있으며 이를 통해 묘한 안도감을 느끼기도 한다. 이는 공동체 의식이 강한 동양에서 윤리적 상대주의로 흐를 가능성이 커진다. 남들도 하니까, 우리는 남이 아니니까 등등의 이유로 문제점이 묵인될 수 있는 것이다. 그렇다면 왜 사람들은 비윤리적인 행동을 할까? 거꾸로 그 이유를 분석하면 나는 그 비윤리의 유혹을 이겨낼 수 있지 않을까?

아래의 사례를 보고 흔히 겪게 되는 윤리적 딜레마를 확인해보자. 여러분들이라면 어떻게 해결하겠는가? 팀을 이루어 논의해보자.

 학습 활동

비윤리적인 행동의 사례

사례1 남들도 다하는데

A사에서 일찍 출근하는 직원들의 복지를 위해 1일 500개 한정으로 아침용 샌드위치를 제공하기로 하였다. 같은 부서에서 근무하는 직원들은 좋은 기회라고 아침 일찍 출근해서 샌드위치를 받기 시작했다. 그런데 생각보다 반응이 없어 샌드위치가 남는다는 이야기를 들은 동료들이 줄을 반복해서 서서 두 개씩 받아오게 되었다. 이제 우리부서 사람들은 점심시간에 모두 모여 샌드위치를 먹는다. 우리 모두 하는 일이니까... 문제 없지 않을까?

➡ 나라면?

_____

_____

_____

사례2 나는 업무를 하고 있을 뿐

비서실에서 근무하는 A씨는 총무팀에서 월 1회 각종 문구류를 지급받는다. 사장실 비품이라 일반 상품이 아니고 모두 꽤 알려진 고가의 상품들이다. 하지만 최근에는 컴퓨터로 출력하는 업무가 늘어 필기구는 항상 남는다. 나는 어디서든 일할 준비가 되어 있으니까 내 가방에도, 우리집 책상에도 회사의 필기구를 갖춰두었다. 나는 어디서든 일하는 사람이니까.

➡ 나라면?

_____

_____

_____

사례3 늘 그래왔던 일, 관행

총무팀에서 근무하게 된 B씨는 사내 임원실에 배치하는 생화와 화분을 관리하게 되었다. 월 2회 화초를 배치하는 화원에서는 담당자인 B씨에게 감사의 뜻으로 매월 작은 꽃다발을 두고 간다. 처음에는 꽃이 필요 없다고 했지만, 화원에서는 전임자부터 벌써 5년째 하는 일이라며 기분좋게 받아달라고 인사해왔다. 집에 가져가니 어머니가 기뻐하셨다.

➡ 나라면?

_____

_____

_____

사례4 누군가에게는 돌아갈 혜택

회사에서 출장업무를 맡고 있는 D씨. 본사가 외국계 기업이라 본사에서의 출장이 항상 잦다. 회사와 연계된 F호텔에 예약하면 직원가로 처리되어 회사로써도 이익이다. 그런데 D씨가 매번 예약을 담당한다는 것을 알게 된 호텔 홍보팀에서 지금까지 예약된 방에 대한 마일리지를 모두 D씨가 쓸 수 있도록 조치해주었다. 확인해보니 상품이 내가 좋아하는 고가의 볼링공 세트이다. 어짜피 내가 사용하지 않으면 사라질 마일리지다. 연말에 볼링대회가 있는데 어떻게 해야할까?

➡ 나라면?

_____

_____

_____

사례5 시스템이 잘못되어서

　연구소에서 근무하는 G씨는 정부기관 과제를 수탁하게 되었다. 연구비의 사용 규정에는 연구소 인근에서의 회의비만 지출하도록 되어있다. 그러나 G씨는 집이 매우 멀어 연구기간내에 주중 저녁에는 회의비를 모두 사용할 수 있는 방법이 없다. 고민하던 G씨에게 옆부서 팀장이 인근 식당에서 미리 회의비를 지출해두고 나중에 사용하는 방법이 있다는 얘기를 들었다. 규정이 너무 엄격해서 이렇게 사용할 수밖에 없다는 것이다. 어떻게 회의비를 사용할 것인가?

➡ 나라면?

_____

_____

_____

02 직장인의 근로윤리란?

직장인에게 윤리는 왜 중요한 것일까? 일반적인 윤리가 아닌 왜 직장에서의 윤리가 중요한 것인가. 우선 직업의 의미를 살펴봄으로써 윤리의 중요성을 파악해보자.

2.1. 직업의 의미

직업은 생계를 유지하기 위하여 자신의 적성과 능력에 따라 전문적으로 종사하는 경제적이고 지속적인 활동이라고 정의할 수 있다. 우리가 성인이 되어 직업을 가지는 입직 연령은 분야별로 다르지만 고등학교나 대학을 졸업하고 직업을 가지게 되면 흔히 말하는 정년에 이르기까지의 시

간을 직업을 가지고 생활하게 된다. 인간은 직업을 통해 타인과의 관계를 형성하고 업무를 통해 자아실현을 하며, 성취를 통해 행복을 느끼고, 때로는 자신의 부족함을 발견하고 자기 개발을 하게 되는 동기가 되기도 한다. 즉 직업은 아래와 같은 특징을 가지게 된다.

　① 사회적으로 맡은 역할이자 하늘이 맡긴 소명
　② 경제적 보상을 받는 일
　③ 계속적으로 수행하는 일
　④ 사회적으로 효용성이 있는 일

⑤ 성인이 하는 일
⑥ 자기의 의사에 따라 하는 일
⑦ 노력이 소용되는 일

1) 직업의 목적

그렇다면 직업을 가지는 목적은 무엇일까? 우선은 생계유지의 수단이 목적이 된다. 100세 시대를 살아야하는 현재의 젊은이들은 아마도 더 오랜 시간을 살기위해 더 오랜 시간을 일하게 될 것이다. 이 때 살아가는 원천이 되는 경제적인 보상은 직업을 가지는 가장 원초적인 동기가 될 것이다. 이러한 기본적 욕구가 충족되면 더 높은 차원의 욕구가 생기게 되며, 이는 두 번째 직업을 갖는 이유인 자아실현이라는 목적을 가지게 된다. 마지막으로 어떤 이들은 직업을 통해 자신의 소명을 완수하고 봉사를 하고자 직업을 가지기도 한다. 직업 자체가 소명이 필요하고 봉사심이 필요한 분야도 있으며, 어떠한 분야에서 직업적인 부분에서 목표를 달성한 이들이 사회성을 가지고 구성원과 사회를 위해 봉사하는 목적으로 직업을 유지하기도 한다.

직업을 가지고 일을 한다는 것은 일이 의무인 동시에 권리로서 경제적 욕구 충족 이외에 자아실현의 측면을 가지고 있으며, 인간 삶을 구성하는 가장 중요한 요소이다. 사회에 진출해서 직업을 가진다는 것을 개인의 자발적인 의지가 반영된 결과이며, 인간은 누구나가 직업을 통해 자신의 존재감과 발전에 대한 욕구를 충족하여 노력하게 된다. 즉, 내가 선택한 직업을 유지한다는 것은 그에 대한 의무가 있는 것이며, 이 의무는 성인이 주체적인 자신의 삶을 누리는 권리와 함께 존재하는 것이라고 판단할 수 있다. 그러므로 이러한 사회적 활동이 타인과 함께 이루어지기 위해서는 최소한의 규범, 가치 등이 필요한데 이것을 근로윤리라고 부르게 된다.

2.2. 근로윤리의 개념

근로윤리는 직업인으로서 마땅히 지켜야하는 도덕적 가치관이라고 볼 수 있으며 이는 일정한 사회적 규범이 같은 직종에 종사하는 사람들의 의식 속에 내재화된 윤리라고 판단할 수 있다. 비슷한 용어로 직업윤리가 있는데, 이는 개인윤리를 바탕으로 각자가 직업에 종사하는 과정에서 요구되는 특수한 윤리규범이다. 전문화된 분업체계로서의 직업이라는 특수상황에서 요구되는 별도의 덕목과 규범이 있게 마련이며 직업을 가진 사람이라면 반드시 지켜야 할 공통적인 윤리규범을 말한다.

개인이 가지는 윤리규범과 직업인이 가지는 윤리 규범은 다음과 같은 이유로 조화를 이루게 된다.

① 업무상 개인의 판단과 행동이 사회적 영향력이 큰 기업시스템을 통하여 다수의 이해관계자와 관련되게 된다.

② 수많은 사람이 관련되어 고도화 된 공동의 협력을 요구하므로 맡은 역할에 대한 책임완수가 필요하고, 정확하고 투명한 일 처리가 필요하다.

③ 규모가 큰 공동의 재산, 정보 등을 개인의 권한 하에 위임, 관리하므로 높은 윤리의식이 요구된다.

④ 직장이라는 특수 상황에서 갖는 집단적 인간관계는 가족관계, 개인적 선호에 의한 친분 관계와는 다른 측면의 배려가 요구된다.

⑤ 기업은 경쟁을 통하여 사회적 책임을 다하고, 보다 강한 경쟁력을 키우기 위하여 조직원 개개인의 역할과 능력이 경쟁상황에서 적절하게 꾸준히 향상되어야 한다.

⑥ 각각의 직무에서 오는 특수한 상황에서는 개인적 덕목차원의 일반적인 상식과 기준으로는 규제할 수 없는 경우가 많다.

이처럼 직업윤리는 좀더 구체적인 상황에서의 실천규범이라고 이해하는 것이 좋을 것이다. 그러므로 업무를 수행하다 맞이하게 되는 가치판단의 상황에서 개인의 윤리를 일반적인 원리 규범으로 인지하되, 구체적으로는 직업윤리를 우선적으로 고려하는 자세가 필요하다고 하겠다.

'유령주식 매도' 삼성증권 직원들 유죄…"직업윤리 배반"

지난해 잘못 입고된 주식을 팔아치워 재판에 넘겨진 삼성증권 전·현직 직원들이 1심에서 집행유예와 벌금형을 선고받았다.

-중 략-

삼성증권 '유령주식 사태'는 지난해 4월 6일 담당자의 전산 실수로 발생했다. 우리사주 1주당 1000원씩을 배당해야 할 것을 주당 1000주씩을 배당한 것이다. 결론적으로 존재하지 않는 약 28억주가 배당됐다. 사고 전날 종가(3만9800원)를 감안하면 시장가치가 112조원에 이르는 유령주식이 배당된 셈이다. 사태는 일부 직원들이 배당받은 주식을 시장에 내놓으면서 '역대급' 금융사고로 비화했다. 사고 당일 오전 9시35분부터 10시6분 사이 직원 21명이 매도 주문을 했고 여기서 16명의 501만주(약 1820억원) 주문이 체결됐다. 그나마 이 중 5명의 주문은 거래가 성사되지 않았다.

이 여파로 삼성증권의 주가는 전일 종가 대비 최고 11.68%까지 떨어졌다. 개별 종목 주가가 일정 기준 이상 급변동할 경우 거래를 제한하는 변동성 완화장치(VI)가 7차례나 발동됐다. 투자자들의 혼란은 극심해졌고 실마리를 제공한 삼성증권 측은 사태 수습에 애를 먹었다.

뉴시스 2019년 4월 10일자 기사

- -

금융계열 종사자의 순간의 판단이 기업 전체에 큰 영향을 미친 사례이다. 비슷한 사례인 베어링스 은행은 은행은 200년이 넘는 역사를 가진 인정받던 금융기관이지만 한 사람의 판단 착오와 은닉이 결과적으로는 은행의 파산이라는 엄청난 결과를 가져왔고, 삼성증권의 사태도 순간의 판단 오류로 자신의 자산이 아닌 주식을 팔아 이익을 봄으로써 당사자들은 범죄자가, 회사는 기업가치의 10분의 1이 사라지는 위기를 겪게 되었다.

1. 여러분의 통장에 이유를 알 수 없는 돈이 입금되었다. 여러분이라면 어떻게 처리하겠는가?

_____

_____

_____

_____

_____

_____

_____

_____

2. 그 이유는 무엇인가?

_____

_____

_____

_____

_____

_____

_____

03 나를 위한 근로윤리

많은 사례에서 살펴보았듯이 직업과 관련된 윤리의식은 이제 사회적인 요청이고 개인의 의무가 되었다. 학생 때까지는 쉽게 간과하고 넘어갔던 문제들이 직장에 소속되어 단체에서 활동을 하게 될 경우 지켜야할 무언의 규범이 생기는 것이다. 이러한 근로윤리는 다음과 같은 기본 원칙을 가지게 된다. 직업이 다양하지만 모든 직업에 공통적으로 요구되는 윤리원칙을 추출할 수 있으며 그것을 직업윤리의 5대원칙 이라고 한다.

- 객관성의 원칙: 업무의 공공성을 바탕으로 공사구분을 명확히 하고, 모든 것을 숨김없이 투명하게 처리하는 원칙을 말한다.
- 고객중심의 원칙: 고객에 대한 봉사를 최우선으로 생각하고 현장중심, 실천중심으로 일하는 원칙을 말한다.
- 전문성의 원칙: 자기업무에 전문가로서의 능력과 의식을 가지고 책임을 다하며, 능력을 연마하는 것을 말한다.
- 정직과 신용의 원칙: 업무와 관련된 모든 것을 숨김없이 정직하게 수행하고, 본분과 약속을 지켜 신뢰를 유지하는 것을 말한다.
- 공정경쟁의 원칙: 법규를 준수하고, 경쟁원리에 따라 공정하게 행동하는 것을 말한다.

출처 : 한국산업인력공단(2007)

3.1. 윤리강령의 개념

이러한 직업윤리를 구성하는 5대 원칙에 따라 많은 기업들은 최근 윤리강령이라는 것을 만들어 공유하고 있다. 윤리강령이란 일정한 조직 혹은 단체가 외부적으로 공적인 사회적 책임을 인식하고 이를 바탕으로 구성원들의 의식혁신을 통하여 조직의 투명성을 제고하고, 윤리적 소명을 다하기 위하여 사회와 직장 및 나아가 사적인 생활영역에 이르기까지 스스로 준수하여야 할 자세와 실천규범을 정립하는 것을 의미한다. 직종에 따라 조금의 차이는 있겠지만 공통적으로 직장인이라면 지켜야할 광범위한 규범을 제시하는 것으로, 이를 통해 기업은 내부인력의 보다 높은 도덕적 기준과 가치를 요구하고 함께 지킴으로서 기업의 올바른 방향으로의 발전을 기한다고 할 수 있다.

예를 들어 한국은행의 직원윤리강령을 보자. 기본적인 사명감과 근무 자세와 함께 복무, 언행, 대고객 서비스, 기밀준수, 사적이익 추구금지, 그리고 봉사와 자기계발에 대한 의무를 명기하고 있다.

우리는 물가안정을 위한 책임과 의무를 다하며, 국민에게 봉사하고 국민으로부터 신뢰받는 중앙은행 직원이 되기 위하여 스스로 실천해 나갈 복무자세와 생활규범을 직원윤리강령으로 정한다.

❶ 중앙은행 직원으로서의 투철한 사명감을 가지고 성실하며 창의적인 자세로 업무를 수행한다.

❷ 복무관련 법령과 제규정을 철저히 준수하며 예의바른 언행으로 활기찬 직장을 만든다.

❸ 권위주의적인 자세를 지양하고 친절, 겸손한 자세로 고객을 대하며 공정하고 신속하게 업무를 처리한다.

❹ 개인보다 은행의 이익을 앞세우며 직무상 알게된 기밀을 누설하거나 직무이외의 목적에 이용하지 않는다.

❺ 직무와 관련하여 어떠한 경우에도 사례나 향응을 받지 않으며, 이권청탁 등 직권 남용 행위를 하지 않는다.

---

❻ 은행의 재산을 아끼며 사적인 목적으로 사용하지 않는다.

❼ 절도있는 생활태도로 중앙은행 직원으로서의 품위와 은행의 명예를 훼손하지 않는다.

❽ 안으로는 서로 화합하고 밖으로는 이웃과 사회에 적극 봉사한다.

❾ 미래를 내다보는 진취적인 자세로 자기계발에 부단히 노력한다.

아래의 대표적인 사례를 통해 앞으로 직장생활을 할 때 지켜야 할 윤리강령의 항목에는 어떠한 것이 포함되는지 살펴보도록 하자. 각 기업에서 제시하는 윤리강령 중 공통항목을 골라 발췌한 내용이다.

기본윤리 파트에서는 임직원의 기본 의무로써의 기본 가치와 자세, 그리고 회사에 속한 개인으로써의 자세를 제시한다. 사명의 완수 부분에서는 조직원에게 주어진 업무의 권한과 책임을 명확히 규정하고 성실히 수행할 것과 동료간의 원활한 의사소통, 그리고 기밀 유지의 의무를 제시하고 있다. 자기계발은 해당 기업뿐 아니라 개인의 발전을 위해서도 필요한 부분으로 맡은바 업무에 대한 전문성을 스스로 개발할 것을 의무화하는 내용이다. 특히 공정한 직무수행이 기업에 따라 다양하게 제시되고 있는데, 구체적으로 회사규정 준수, 공정성 담보, 금전적 이익 추구의 금지, 비윤리적 행위 금지, 금전거래 금지, 그리고 최근에는 성희롱 문제 등에 대한 도덕적 기준을 명기하여 불필요하게 야기될 수 있는 사내의 갈등을 미연에 방지하는 조항들이 추가되어 있다. 또한 상호존중의 경우 직장내 괴롭힘 방지법 등이 기본이 되어 동료 및 상하관계에서의 예의와 올바른 언행에 대한 요구를 제시하고 있으며, 마지막으로는 기업과 개인의 이해가 상충되는 경우에 대한 내용과 공적인 자산에 대한 사용 금지 등에 대한 내용 등이 제시되어 있다. 과거의 윤리강령이 조직에 대한 개인의 의무를 위주로 제시하던 것에 비해 최근에는 조직내에서 직원간, 이해당사자간의 의무 등 범위가 확대되어 윤리와 인권이 함께 적시된 것이 특징이다. 윤리강령은 그 자체가 법적인 책임이나 의무사항은 아니지만 조직원이라면 누구나 자신이 속한 집단의 발전과 조직원 개인의 보호 및 안전을 위해 항상 염두에 두고 업무에 임하는 것이 바람직할 것이다.

임직원의 기본윤리

[기본윤리]

(1) 임직원은 ***인으로서 정직과 성실의 신념으로 올바른 가치관을 확립하고 끊임없는 자기계발과 공정한 직무수행을 통해 주어진 사명을 완수한다.

(2) 임직원은 ***인으로서 긍지와 자긍심을 가지며 항상 정직하고 공정한 자세를 견지한다.

(3) 높은 윤리적 가치관을 가지고 개인의 품위와 회사의 명예를 유지하도록 항상 노력한다.

[사명의 완수]

(1) 임직원은 회사가 추구하는 목표 및 가치관을 공감하고 기업문화에 적극 호응하며 본인에게 부여된 직무를 성실히 수행하여야 한다.

(2) 본인에게 주어진 권한과 책임을 명확히 인식하고 회사가 추구하는 목표에 부합되도록 권한 내에서 의사결정하고 행동 하여야 한다.

(3) 본인의 의사결정 및 행동에 의하여 발생가능 한 위험을 예측하고 관리하며 발생된 문제에 대한 책임의식을 지녀야 한다.

(4) 동료 및 관련 부서간 적극적인 협조와 원활한 의사소통으로 업무의 효율을 높인다.

(5) 회사의 재산을 유지/관리하고 업무상 취득한 회사의 비밀을 보호한다.

[자기계발]

(1) 임직원은 자율적으로 자기계발 계획을 세우고 실천하며 자질과 능력을 높이도록 한다.

(2) 회사는 종업원들의 끊임없는 자기계발을 적극권장하며 업무수행상 필요한 역량향상을 적극 지원한다.

[공정한 직무수행]

(1) 모든 직무를 공정하게 수행하며 회사규정이 없거나 명확하지 않은 업무를 처리할 경우에는 투명하고 합리적으로 수행한다.

(2) 직무와 관련하여 판단의 공정성을 저해 할 수 있는 어떠한 형태의 금전적 이익도 이해관계자로부터 취하지 않는다.

(3) 임직원 상호간에 법규 및 회사규정에 맞지 않는 업무지시를 할 수 없으며 상사로부터 법규 및 회사규정에 맞지 않는 업무지시를 받았을 때는 업무수행을 거부할 수 있다.

(4) 일상생활 및 직무와 관련하여 사회로부터 지탄받을 수 있는 비도덕적, 비윤리적 행위를 하지 않는다.

(5) 임직원 상호간 금전거래 및 대출보증, 연대보증 행위를 금지한다.

(6) 직장 내 성희롱을 철저히 방지하며 이를 위한 교육을 의무적으로 실시하고 임직원은 예방교육을 반드시 이수해야 한다.

① 직원 상호간 성적 유혹이나 성적 수치심을 유발시키는 언행, 불필요한 신체접촉을 통한 불쾌감을 주어서는 안된다.

② 사내에서 음란사이트 접속을 금하며 CD, 도서, 사진, 그림, E-mail 등을 통해 음란물을 보여주거나 보는 행위를 금한다.

[상호존중]

(1) 직장생활에 필요한 기본예의를 지키고 건전한 동료관계를 해치는 일절의 언행을 하지 않는다.

(2) 조직 내 위화감을 야기하는 파벌을 형성하거나 사조직을 결성하지 않는다.

[회사와의 이해상충 회피]

(1) 회사와 개인의 이해가 상충되는 어떠한 행위나 관계도 회피한다.

(2) 개인의 이익을 위해 회사의 재산을 무단사용해서는 안된다.

- 사기업의 윤리강령에서 발췌, 편집

3.2. 다양한 직업군의 윤리강령

직업은 모두 고유의 특성을 가지고 있다. 그러므로 직업에서 수행되는 직무에 필요한 각각의 윤리가 다양하게 필요할 수 있다. 이를 반영하는 것이 직업별 윤리강령이다. 아래의 사례를 참고하여 향후 내가 가지게 될 직업군의 윤리강령을 검색하여 내용을 숙지하고 인쇄해서 간직해보자.

사례 연구 1

비서직의 윤리강령

서문

전문비서윤리강령은 비서가 전문 직업인으로서 신뢰와 책임감을 갖추고 성실히 업무를 수행하며, 나아가 사회에 공헌하도록 함을 목적으로 제정되었다. 비서는 윤리강령을 준수할 의무를 지니며 직무를 수행함에 있어 본 강령을 행동준칙으로 채택한다.

I. 직무에 관한 윤리

【상사 및 조직과 고객의 기밀 유지】비서는 업무와 관련하여 얻게 되는 상사나 조직, 또는 고객에 대한 정보의 기밀을 보장하고 업무 외의 목적으로 기밀 정보를 사용하지 않는다.

【조직과 상사와의 관계】비서는 전문적인 지식과 사무능력을 보유하고 업무를 효율적으로 수행함으로써 상사와 조직의 이익을 증진시킨다.

【예의와 정직】비서는 항상 상사와 고객에게 예의를 갖추어 친절하게 대하며 직무수행에 있어 직위의 범위를 벗어나는 언행을 삼가고 정직하게 임하여 신뢰를 받도록 노력한다.

【동료와의 관계 및 팀웍】비서는 존중과 신뢰를 바탕으로 동료들과의 관계를 협조적, 우호적으로 유지하여 효과적인 팀웍을 이루어 나갈 수 있도록 노력한다.

【보상】비서는 최선의 업무결과에 대한 정당한 대우를 받을 권리가 있으나 부당한 목적을 위해 제공되는 보상에 대해서는 응하지 않는다.

【자원 및 환경 보존】비서는 업무 수행시 경비 절감과 자원 절약, 환경보존을 위해 노력한다.

【직무수행 봉사정신】비서는 자신의 직무와 관련된 사항에 대해 직무수행효과를 제고한다.

Ⅱ. 전문성에 관한 윤리

【전문성 유지 및 향상】비서는 지속적인 자기 계발을 위해 교육 훈련 프로그램에 적극적으로 참여함으로써 비서로서의 전문성을 유지 및 향상시킨다.

【전문직 단체 참여】비서는 자신의 전문성을 향상시킬 수 있는 전문직 단체에 참여하여 정보 교환과 상호 교류를 통해 비서직 성장 발전과 권익 옹호를 도모한다.

【품위 유지】비서는 직업의 명예와 품위 향상을 위하여 노력한다.

【사회봉사】비서는 지역 사회의 발전 및 공공의 이익을 도모할 수 있는 각종 봉사 활동에 적극적으로 참여한다.

한국비서협회

사례 연구 2

공인회계사의 윤리강령

공인회계사는 다음과 같은 윤리강령을 준수하여야 한다.

(1) 성실

공인회계사는 직무를 수행함에 있어서 솔직하고 정직하여야 한다.

(2) 공정

공인회계사는 직무를 수행함에 있어 편견이나 이해의 상충 또는 외부의 부당한 영향을 받아서는 아니된다.

(3) 전문가적 적격성과 정당한 주의

공인회계사는 의뢰인이나 자신이 소속하고 있는 조직이 최신의 업무, 법규 및 기술에 입각하여 적격성을 갖춘 전문서비스(professional service)를 제공받을 수 있도록 전문적 지식과 기법을 지속적으로 유지하여야 한다. 공인회계사는 직무를 수행함에 있어 정당한 주의를 기울여야 하며, 관련 기술적 또는 전문적 기준을 준수하여야 한다.

(4) 비밀유지

공인회계사는 직무수행과정에서 지득한 정보에 대한 비밀을 지켜야 하며, 법적 또는 직업적으로 공개할 권리나 의무가 없는 경우에 적절하고 명확한 승인없이 어떠한 정보도 제3자에게 누설하여서는 아니된다. 또한 공인회계사는 직무수행 과정에서 지득한 기밀정보를 본인 또는 제3자의 개인적 이익을 위해 사용하여서는 아니된다.

(5) 전문가적 품위

공인회계사는 관련 법규를 준수하여야 하며 공인회계사의 품위를 실추시키는 행동을 삼가하여야 한다.

한국공인회계사회 윤리강령 중 일부 발췌

앞으로 본인이 가지게 될 직업군의 윤리강령을 찾아 인쇄해보자.

생각해보기

딜레마 상황에서 마음 속에서 다음과 같은 목소리가 들릴 때는 한 번 더 생각해보고 행동하자.

'이건 나만 하는 것이 아니야.'
'이번 한 번만 하는 거야.'
'이건 아무도 모를 거야.'
'이 정도는 괜찮을 거야.'
'이 정도면 큰 액수도 아닌데 뭘.'
'이 규정은 비현실적이야.'
'그 서류는 없애면 돼.'
'어차피 누군가는 할 텐데 뭘.'
'나하고 무슨 상관이 있어.'
'이건 회사를 위한 일이야.'
'지난 번에도 그렇게 처리했어.'
'아무도 눈치채지 못할 거야.'
'아무도 다치지 않을 거야.'

최애경(2018), 『직업윤리와 기업윤리』, 내용 중 발췌

3.3. SNS 윤리강령

직장 내에서의 다양한 규범 중 최근 이슈가 되고 있는 것이 바로 SNS 관련 규정이다. 개인의 자유와 기업의 보안이 함께 고려되어야 하지만 많은 기업들이 무분별한 SNS 활동에 대해 점차 관리를 강화하고 있음을 확인할 수 있다. 기업에서 활용되는 SNS 활용 가이드를 확인하고 내가 조직에 소속이 될 경우 SNS를 활용할 때 유의할 점을 확인해 보자.

- OO사의 행동가이드라인을 따르십시오.
- 직원은 개인적으로 올린 미디어(글, 영상 등)에 책임을 집니다.
- 자신이 생성한 콘텐츠는 자신에게 귀속됨으로 자신의 사생활을 스스로 보호하세요.
- OO사에 대해서 이야기할 때는 자신의 이름, 직책을 명확히 밝히세요. 그리고 자신이 이 OO사를 공식으로 대변하는 것이 아니라, 자신의 의견임을 분명히 해주세요.
- OO사와 연관된 주제에 대해 개인적으로 쓸 경우에는 면책조항을 반영해 주세요(*면책조항 이 글은 본인 개인의 소유이며, OO사의 입장, 전략을 대변하지 않음).
- OO사나 다른 사람의 중요정보나 자산을 노출하지 마십시오. 필요시 내부승인을 요청하세요.

외국계 기업의 SNS 윤리강령

사례 연구

순식간에 퍼진 ○○○ '사망보고서'…"소방 직원 유출"

문서 작성자의 이름과 전화번호는 물론, 사망자가 발견 당시 어떤 상태였는지도 고

스란히 적혀 있습니다. 사망 속보가 전해진 뒤, 반신반의하던 네티즌들은 이 문서를 팩트체크 수단처럼 공유했고, 이후 인터넷과 SNS를 통해 순식간에 확산됐습니다. 개인정보가 담긴 소방서 내부 자료가 유출돼 논란이 일자, 경기도 소방재난본부가 대국민 사과문을 발표했습니다.

조사 결과 경기지역 소방서의 한 소방관이 호기심에 동향 보고서를 사진 찍어 다른 소방관에게 공유했고, 이후 걷잡을 수 없이 외부로 퍼져나갔다고 해명했습니다.

관련 기사 편집

오랜 기간 동안 구직활동을 해온 A씨는 원하던 기업에 입사를 하게 되었습니다. 발령을 받고 인사팀에서 사원증을 받은 후, 팀장님과 소속부서에 속한 임원과 직원들에게 인사를 드리러 가게 되었습니다.

처음으로 임원실에 가게 된 신입사원 A씨. 너무 기쁜 마음에 상무 비서실에서 대기하던 중 잠시 사람들이 없는 틈을 타 재빨리 셀카를 찍었습니다. 꿈에 그리던 기업의 임원실이라니... 친구들에게 빨리 보여주고 싶어 자리에 오자마자 SNS에 올렸습니다.

며칠 후, 인사팀 팀장의 부름에 한달음에 달려간 A씨는 엄청난 꾸중을 듣게 됩니다. 임원실에서 찍은 사진에 책상 위 서류가 함께 촬영되었고, 상당히 중요한 문서로 SNS로 인해 외부 유출이 되었다는 이유에서입니다. 회사 내에서의 개인 SNS 활동… 어떻게 관리해야 하는 것일까요?

----

1. 신입사원과 소방관이 잘못한 부분은 무엇일까? 여러분은 SNS활동에서 개인의 보안을 얼마나 중요하게 생각하고 있는지 논의해보자.

PART 01. 의사소통역량

CHAPTER 01 의사전달 1 (읽기와 쓰기)

김수중 외 4인(2002), 『삶과 글』, 조선대학교 출판부.

바바라민토·이진원 역(2005), 『논리적 글쓰기』, 더난출판.

박유희 외(2003), 『우리말 오류 사전』, 경당.

배상복(2004), 『문장기술』, 랜덤하우스중앙.

배상복(2006), 『일반인을 위한 글쓰기 정석』, 경향미디어.

사이토 다카시, 황혜숙 역(2005), 『원고지 10장을 쓰는 힘』, 루비박스.

이경우·김경희 공저(2005), 『예비사회인을 위한 커뮤니케이션과 대인관계』, 역락.

이재성(2006), 『글쓰기를 위한 4천만의 국어책』, 들녘.

임재춘(2003), 『한국의 이공계는 글쓰기가 두렵다』, 북코리아.

정승혜(2012), 『화법과 이미지메이킹』, 태학사.

정희모 외(2008), 『대학 글쓰기』, 삼인.

정희모·이재성(2005), 『글쓰기의 전략』, 들녘.

최미숙 외(2004), 『사회계열 직업세계와 맞춤형 글쓰기』, 영남대 출판부.

한국산업인력공단(2016), 『의사소통능력』, 한국산업인력공단.

한성대학교출판부(2008), 『사고와 표현』, 사고와 표현 교육과정위원회.

황소웅(2005), 『바른 글 좋은 글』, 랜덤하우스중앙.

CHAPTER 02 의사전달 2(말하기)

로버트 치알디니·이현우(역)(2002), 『설득의 심리학』, 21세기북스.

정승혜(2012), 『화법과 이미지메이킹』, 태학사.

한국산업인력공단(2016), 『의사소통능력』, 한국산업인력공단.

CHAPTER 03 경청·공감

스티븐 코비, 김경섭 (역)(2017), 『성공하는 사람들의 7가지 습관』, 김영사.

정승혜(2012), 『화법과 이미지메이킹』, 태학사.

한국산업인력공단(2016), 『의사소통능력』, 한국산업인력공단.

PART 02. 대인관계역량

CHAPTER 04 리더십

스티븐 코비, 김경섭(역)(2017), 『성공하는 사람들의 7가지 습관』, 김영사.

한국산업인력공단(2014), 『대인관계능력』, 직업기초능력프로그램: 교수자용 워크북.

CHAPTER 05 갈등관리

권민아, 오정주(2018), 『NCS 대인관계능력』, 한올.

김두열(2014), 『갈등관리 알고 보면 쉽게 풀 수 있다』, 공동체.

박효정(2019), 『조직갈등관리 트레이닝북』, brainLEO.

이임정·이공섭(2018), 『NCS 기반 대인관계능력』, 도서출판 청람.

한국산업인력공단(2014), 『대인관계능력』, 직업기초능력프로그램: 교수자용 워크북.

CHAPTER 06 배려

노주선(2019), 『감정존중』, 플랜비디자인.

미첼쿠지·엘리자베스 홀로웨이(2011), 『썩은 사과』, 예문.

박경수(2019), 『테드로 세상을 읽다』, 메이트북스.

(사)한국인성개발연구원(2018), 『덕목별로 정리한 인성교육체험프로그램』, 시그마프레스.

PART 03. 문제해결역량

CHAPTER 07 문제인식

유경철·박종하(2016), 『문제해결자』, 새로운제안.

이성대(2017), 『4차산업혁명, 문제해결력이 정답이다』, 행복한미래.

이애화(2016), 『문제해결능력』, 양성원.

정강욱(2019), 『러닝퍼실리테이션』, 플랜비디자인.

최선경 외(2018), 『체인지메이커교육』, 즐거운학교.

최오성(2018), 『퇴근을 앞당기는 문제해결의 힘』, 피플벨류 HS.

CHAPTER 08 대안도출

에이미 에드먼슨(2019), 『두려움 없는 조직』, 다산북스.

오시마 사치요(2017), 『맥킨지 문제해결의 기술』, 도슨트.

유경철·박종하(2016), 『문제해결자』, 새로운제안.

이성대(2017), 『4차산업혁명, 문제해결력이 정답이다』, 행복한미래.

이애화(2016), 『문제해결능력』, 양성원.

최오성(2018), 『퇴근을 앞당기는 문제해결의 힘』, 피플벨류 H.

CHAPTER 9 문제처리

박경수(2019), 『테드로 세상을 읽다』, 메이트북스.

우영진 외(2018), 『디자인씽킹수업』, I-scream.

유경철·박종하(2016), 『문제해결자』, 새로운제안.

이성대(2017), 『4차산업혁명, 문제해결력이 정답이다』, 행복한미래.

이애화(2016), 『문제해결능력』, 양성원.

최선경 외(2018), 『체인지메이커교육』, 즐거운학교.

최오성(2018), 『퇴근을 앞당기는 문제해결의 힘』, 피플벨류 H.

PART 04. 자기개발역량

CHAPTER 10 자기인식

김모곤 외(2013), 『대학생활설계』, 공동체.

김미옥 외(2019), 『자기계발과 인생설계』, ㈜학지사.

임경희 외(2015), 『직업기초능력 향상을 위한 자기개발과 진로설계』, ㈜학지사.

정선영(2013), 『대학생을 위한 진로탐색과 경력개발 프로그램 워크북』, 공동체.

한국산업인력공단(2014), 『자기개발능력』 직업기초능력프로그램: 교수자용 워크북.

한국표준협회 NCS연구회(2016), 『자기개발능력』, ㈜박문각출판.

CHAPTER 11 자기관리

김은주 외(2011) 『미용과 건강』, 한국미용자연치유교육개발원.

정선영(2013), 『대학생을 위한 진로탐색과 경력개발 프로그램 워크북』, 공동체.

조형훈(2018), 『자기개발능력』, 한올.

한국산업인력공단(2014), 『자기개발능력』, 직업기초능력프로그램: 교수자용 워크북.

한국표준협회 NCS연구회(2016), 『자기개발능력』, ㈜박문각출판.

CHAPTER 12 경력개발

김모곤 외(2013), 『대학생활설계』, 공동체.

김미옥 외(2019), 『자기계발과 인생설계』, ㈜학지사.

임경희 외(2015), 『직업기초능력 향상을 위한 자기개발과 진로설계』, ㈜학지사.

정선영(2013), 『대학생을 위한 진로탐색과 경력개발 프로그램 워크북』, 공동체.

한국산업인력공단(2014), 『자기개발능력』, 직업기초능력프로그램: 교수자용 워크북.

한국표준협회 NCS연구회(2016), 『자기개발능력』, ㈜박문각출판.

PART 05. 직업윤리역량

CHAPTER 13 책임감

양혜원(2010), 『어린이를 위한 책임감』, 위즈덤하우스.

유진그룹 인력개발팀(2007), 『비즈니스 매너 가이드』, 연리지.

이관춘(2016), 『NCS 직업기초능력 직업윤리, 경쟁의 새로운 패러다임』, 학지사.

임성관(2016), 『소외청소년들의 책임감 증진을 위한 독서치료 프로그램 사례 연구』, 한국비블리아학회지.

장은주·김경화·유지선(2019), 『비서실무의 이해』, 한올.

존마차카(2004), 『직원에게 책임감을 불어넣는 9가지 원칙』, 리더앤리더.

CHAPTER 14 윤리의식

[네이버 지식백과] 윤리강령[倫理綱領](실무노동용어사전, 2014.).

오정희(2016), 『NCS기반 직업기초능력 향상을 위한 직업윤리』, 동문사.

조관일(2017), 『윤리가 밥 먹여준다』, 지식노마드.

최애경(2018), 『직업윤리와 기업윤리』, 도서출판 청람.

한국산업인력공단(2007), 『직업윤리-교수자용 매뉴얼』, 기초직업능력 모듈 프로그램, 휴먼컬처아리랑.

한국직업능력개발원(2018), 『한국인의 직업의식 및 직업윤리』.

한국표준협회(2015), 『NCS 직업기초능력평가』, 직업윤리, 박문각.

정승혜

수원여자대학교 비서과 교수
고려대학교 대학원 국어국문학과 문학박사
seunghye@swc.ac.kr

유지선

수원여자대학교 비서과 교수
서울대학교 대학원 농산업교육과 교육학박사
jsyoo@swc.ac.kr

정지선

수원여자대학교 미용예술과 교수
동양대학교 대학원 경영학과 경영학박사
line-stop@swc.ac.kr

박에스더

드라마톡스 대표, 수원여자대학교 사회복지과 겸임교수
숭실대학교 대학원 사회복지학 박사 과정
dramatalks@naver.com

미래산업 대비
전문직업인 양성을 위한

직업기초역량

초판 1쇄 발행 2020년 2월 27일
초판 2쇄 발행 2021년 2월 10일

지 은 이　정승혜 유지선 정지선 박에스더
펴 낸 이　이대현

책임편집　이태곤
편　　집　권분옥 문선희 임애정 강윤경 김선예
디 자 인　안혜진 최선주
기획/마케팅　박태훈 안현진

펴 낸 곳　도서출판 역락
주　　소　서울시 서초구 동광로46길 6-6 문창빌딩 2층(우-06589)
전　　화　02-3409-2055(대표), 2058(영업), 2060(편집) FAX 02-3409-2059
이 메 일　youkrack@hanmail.net
홈페이지　www.youkrackbooks.com
등　　록　1999년 4월 19일 제303-2002-000014호

ISBN 979-11-6244-482-5　13320

*정가는 뒤표지에 있습니다.
*잘못된 책은 바꿔 드립니다.

이 도서의 국립중앙도서관 출판예정도서목록(CIP)은 서지정보유통지원시스템 홈페이지(http://seoji.nl.go.kr)와 국가자료종합목록
구축시스템(http://kolis-net.nl.go.kr)에서 이용하실 수 있습니다. (CIP제어번호 : CIP2020004864)